VOCAÇÃO MÉDICA

Um estudo de gênero

Temas de psicologia
e educação médica

VOCAÇÃO MÉDICA

Um estudo de gênero

Luiz Roberto Millan

Casa do Psicólogo®

1ª Edição
2005

Editores
Ingo Bernd Güntert e Myriam Chinalli

Assistente Editorial
Christiane Gradvohl Colas

Produção Gráfica
Renata Vieira Nunes

Capa
Ricardo Yorio, sobre fotografia de Beth Porto

Editoração Eletrônica
Helen Winkler

Revisão Gráfica
Luís Carlos Peres de Souza

Dados Internacionais de Catalogação na Publicação (CIP)
(Câmara Brasileira do Livro, SP, Brasil)

Millan, Luiz Roberto

Vocação médica: um estudo de gênero / Luiz Roberto Millan. — São Paulo: Casa do Psicólogo, 2005 — (Coleção temas de psicologia e educação médica).

Bibliografia.
ISBN 85-7396-446-4

1. Interesses vocacionais – Testes 2. Medicina com profissão – História 3. Medicina e psicologia 4. Mulheres na medicina 5. Psicanálise 6. Universidade de São Paulo. Faculdade de medicina – Estudantes – Psicologia I. Título.

04-8482 CDD- 153.9461

Índices para catálogo sistemático:

1. Testes psicológicos: Vocação médica: Psicologia 153.9461
2. Vocação médica: Testes vocacionais: Psicologia 153.9461

Impresso no Brasil
Printed in Brazil

Casa do Psicólogo® Livraria e Editora Ltda.
Rua Mourato Coelho, 1059 Vila Madalena 05417-011 São Paulo/SP Brasil
Tel.: (11) 3034.3600 E-mail: casadopsicologo@casadopsicologo.com.br
Site: www.casadopsicologo.com.br

Dedicatória

À Marília e à Laís, dois sonhos dos quais nunca quis despertar.

À memória de meu pai, Roberto Millan, que alcançou o sentido mais profundo da vocação médica.

A Paulo Vaz de Arruda, amigo generoso, sábio conselheiro, exemplo ímpar de espírito universitário.

Agradecimentos

Ao **Professor Raymundo Soares de Azevedo Neto**, que me orientou na tese que deu origem a este livro com dedicação e competência admiráveis. Mas, principalmente, por sua amizade e pela pessoa humana e sensível que é.

À **Marília Pereira Bueno Millan**, que me acompanha e me estimula desde o dia em que optei pela carreira médica, enfrentando, com sabedoria e coragem, todas as frustrações impostas a uma namorada e, posteriormente, mulher (mas ainda namorada) de médico. Pela leitura sempre atenta dos manuscritos deste livro, por suas preciosas sugestões e pela tarefa hercúlea de ter interpretado trezentas pranchas de TAT, com seu excepcional talento de psicóloga e psicanalista.

Ao **Professor Paulo Vaz de Arruda**, a quem não tenho palavras para agradecer tudo o que tem feito por mim, desde que optei pela especialidade mais emocionante da medicina, a psiquiatria. Por sua grande amizade, sabedoria, generosidade, coragem, integridade, inteligência e senso de humor, atributos que, juntos, o tornam um ser humano inigualável.

À **Eneiza Rossi** e **Orlando Lúcio Neves De Marco**, grandes amigos e companheiros do Grapal (Grupo de Assistência Psicológica ao Aluno), pelas inúmeras sugestões e pela aplicação dos testes psicológicos. Agradeço, também, à Eneiza pela tradução do livro *Olhares discretos e indiscretos sobre a medicina*, de Pierre Schneider, que tanto enriqueceu este livro.

À **Vera Ângela Belia Tancreda**, por sua competência, disponibilidade e pela digitação do texto.

À **Doutora Patrícia Lacerda Bellodi**, uma das mais talentosas pesquisadoras da psicologia médica, por sua amizade e pelas pertinentes sugestões dadas a este livro.

Aos **Professores Liliana Segnini, Maria Aparecida Basile, Maria do Patrocínio Tenório Nunes**, **Carlos Corbett** e **Wilson Jacob Filho** pela leitura atenta do texto, que resultou em ricas contribuições.

À afetuosa **Laís Pereira Bueno Millan**, pelo seu sorriso, pelo o que é e pelo o que sempre foi. Pela tolerância com seu pai, que agregou à sua rotina de médico incontáveis fins de semana para escrever este livro.

Ao **Doutor Laertes de Moura Ferrão** que, com sua grande vocação psicanalítica, conduziu-me ao desconhecido universo do inconsciente.

Ao amigo, psiquiatra e fotógrafo **Professor Renato Luiz Marchetti**, pelas ricas sugestões metodológicas ao projeto da tese que originou este livro.

Ao médico, compositor e poeta **Emmanuel Nunes de Souza**, colega de turma da FMUSP e companheiro de trabalho do Grapal, pela leitura do texto e por suas contribuições.

Ao **Professor Milton de Arruda Martins**, paraninfo de minha turma, pelo apoio que tem dado ao trabalho do Grapal e por seu esforço em desenvolver a educação médica na FMUSP.

À **Doutora Inês Sautchuk**, pela competente revisão do texto.

Ao **Professor Eduardo Marcondes**, modelo de vocação médica, que desde o meu curso de graduação destaca-se pela dedicação aos alunos. Por sua amizade e pelo apoio dado ao Grapal, desde a sua criação.

A todos os **colegas do Centro de Desenvolvimento da Educação Médica (CEDEM)**, que lutam para que a FMUSP torne-se um lugar cada vez melhor e pelo convívio frutífero que temos, desde a criação do Grapal, há vinte anos.

Aos **diretores da FMUSP** que, desde 1986, têm dado todo o apoio possível para que o Grapal continue a exercer sua missão de auxiliar o estudante de medicina em suas vicissitudes.

Aos **alunos da FMUSP** que, generosamente, dispuseram-se a participar deste trabalho.

Sumário

PREFÁCIO

"... o livro que cai na alma
é gérmen que faz a palma
é água que faz o mar"

Castro Alves
O livro e a América

O adolescente caracteriza-se por possuir uma gama vasta e variada de interesses que se alternam a cada momento, dando origem a uma instabilidade que por vezes vai para o caminho da fantasia onipotente, fazendo-o sentir capaz de tudo, e que em outros momentos o inunda de angústias, fruto natural da mutabilidade constante de suas prioridades. Esse movimento, contínuo e contraditório, é um selo marcante dessa fase de sua vida. Se isso acontece com os adolescentes em geral, naqueles mais bem dotados, possuidores de um Q.I. muito elevado, o leque de tendências é muito mais amplo e os leva, inexoravelmente, às grandes crises de angústia. Com o intuito de mitigá-la, procuram parceiros afins e deixam-se levar pelos seus ídolos, atitudes estas de evidente defesa: o despertar do "eu" próprio, longe de acontecer, é um convite sedutor para mudanças e freqüente troca de posições. Esse estágio contrapõe-se ao da evolução para a maturidade que, ao invés de mudanças, tem como denominador comum um fechamento do leque de aptidões. Ao atingir a fase de adulto jovem, o sentido de responsabilidade reavalia seus velhos interesses, gradativamente, enquadrando-os no novo sentido de vida.

Essas questões, aqui apenas esboçadas, nos fazem refletir a respeito da impropriedade da escolha vocacional nessa faixa etária, ou melhor, nessa fase da vida. Países mais desenvolvidos, por meio de mecanismos diversos, retardam o tempo para a referida escolha. Chegam mesmo a fazê-la em uma fase em que em nosso meio os jovens já se encontram na época de se diplomar. Um expediente comumente utilizado é o da inserção de um curso intermediário com características que permitam, em um ambiente cultural de neutralidade, uma escolha mais amadurecida. É bom se lembrar de que no passado já tivemos no Brasil, sob a denominação genérica de "pré", cursos com as características acima referidas. Os verdadeiros motivos porque foram abandonados, até hoje não ficaram claros. Os jovens de então dedicavam-se ao estudo de matérias gerais, que lhes conferiam uma abertura cultural. Esse período trazia, pelo próprio decorrer do tempo, acrescido de uma formação abrangente, um natural fechamento do leque de aptidões e o abandono gradativo das fantasias onipotentes infantis: a escolha da profissão se fazia de forma mais realística. Devemos lutar para que se retorne a esse modelo.

Porém, enquanto ele não vem, são necessários que os Millans se multipliquem para orientar e mitigar as angústias desses jovens. É nesse panorama, repleto de ansiedades despertadas por incertezas, que se realizaram as pesquisas deste livro que ora prefaciamos.

"O Homem é um eterno aprendiz, a dor, a sua mestra". Um antigo jovem, ou quem sabe "eterno jovem", embora já amadurecido pelos embates da vida, renunciou ou pelo menos postergou um ideal acadêmico, para que assim, "limpo" das influências universitárias da relação professor-aluno, pudesse, com sua tranqüila naturalidade, chefiar e orientar uma equipe criada com o intuito de lidar com as vicissitudes porque passam os adolescentes, ou adolescentes tardios, no transcorrer da sua formação como profissionais da saúde. Há cerca de aproximadamente vinte anos, vem executando essa tarefa com inteligência, probidade e humildade, tendo obtido magníficos resultados que tornaram o Grupo de Assistência Psicológica ao Aluno da Faculdade de Medicina da Universidade de São Paulo (Grapal) referência nacional.

Este atual trabalho nada mais é que o fruto natural do árduo exercício de uma generosa atitude profissional. A vivência adquirida nestes longos anos, aliada a seus dotes naturais, nos trás agora, como em vezes passadas, uma pesquisa estritamente correta do ponto de vista científico, original em vários de seus detalhes, de profundidade adequada para a importância do tema, e mais que isso, corajosa por abordar aquele que é considerado pela maioria dos especialistas em Psicologia Médica, como "o mais intrincado problema" da disciplina em questão: a vocação médica! Sob a batuta de um pesquisador rico em cientificidade e humanismo, o Prof. Dr. Raymundo Soares de Azevedo Neto, selo de garantia de qualidade, elaborou sua Tese de Doutorado, agora transformada em valioso compêndio científico que hoje vem a público para preencher uma lacuna em nosso meio, ao abordar a preconceituosa questão do gênero em vocação médica.

Com muita honra e gratidão pela oportunidade que nos foi conferida, analisaremos esta obra, em alguns de seus tópicos fundamentais:

- Quanto à metodologia: queremos nesse item nos ater apenas à metodologia utilizada. Fugindo de um sectarismo que domina atualmente as ciências psicológicas e principalmente as de natureza psiquiátrica, no qual se privilegia quase que unicamente a metodologia quantitativa em detrimento da qualitativa, o autor aplica ambas. Nem explica, no que faz muito bem, o emprego da metodologia qualitativa. Ambas as formas têm um caráter científico confesso, uma no sentido numérico, outra no clínico. É chegada a hora de abandonarmos o "modismo" do uso exclusivo das **Escalas** em detrimento das **Escolas**: ou se redefine o que é Ciência, ou continuaremos a empregar e valorizar de forma inadequada o critério clínico, subestimando-o: a época cartesiana de há muito já se esgotou! Ou se estuda o indivíduo como um todo não divisível, ou voltamos há décadas passadas e ficamos com os rançosos métodos dicotômicos da era psicométrica de Wundt: anulamos a Sessão Magna da OMS de 14 de abril de 1948 e retornamos ao arcaico conceito de Saúde.

  Aos pesquisadores mais jovens, me dou o direito de um aviso: o pêndulo da história é inexorável. Se, para ser lido, um trabalho necessita ter sua publicação em revista de impacto, as futuras divulgações serão mais rápidas e virtuais, em um espaço onde caberão todas as pesquisas, sendo que as mais lidas é que terão maior *impacto*. O *impacto* tem de ser da pesquisa e não do órgão de publicação. O mundo está globalizado! Os sites da Internet estão ao alcance de todos, democraticamente.

- Escapando um pouco da metodologia, duas palavras a respeito da amostragem: ela é restrita, uniforme e adequada; as conclusões são referidas como válidas apenas para esse grupo. O trabalho abre caminho para o confronto com outras investigações relacionadas com diferentes populações de diferentes escolas, em diversos estágios da formação, inclusive extendendo-se aos pós- graduados. Quanto a isso tudo, o próprio autor chama a atenção. E isso é muito importante porque aquela pesquisa que, equivocadamente, conclui que esgotou um assunto, é morta: não dá mais frutos!
- A mulher na medicina: é fascinante esse capítulo, nem tanto pelo levantamento bibliográfico sério e competente, mas, sim, pela questão levantada ao final: *mulheres médicas: uma ameaça*? O presente trabalho não teve como escopo o estudo pormenorizado sobre o assunto, ainda mais por ter sido o produto de uma Tese, submetida à argüição obrigatória por uma douta Banca Examinadora. Sabemos todos que uma Tese, na maioria das vezes, não é o melhor trabalho do pesquisador. Por sua própria condição, acima referida, ela é travada, amarrada e restrita exclusivamente ao Título que lhe foi dado. Não permite divagações maiores, a não ser no capítulo da discussão onde, mesmo assim, deve ser cuidadosamente explicada, longe daquela liberdade que os autores se dão, quando lhes é permitido a livre e total expressão de seu pensamento, de suas idéias mais gerais ou hipotéticas.

A pergunta acima, uma verdadeira hipótese levantada, entusiasma o leitor mais crítico. Millan não apenas levanta a questão mas, de forma velada, embora com grande erudição e propriedade, discorre a respeito do assunto, citando o psicanalista suíço Schneider. Trata-se, a meu ver, de um dos vários pontos de importância desta obra. Não se restringe apenas ao decantado e conhecido "machismo", mas vai à causa, ou uma das causas da origem do mesmo: a questão narcísica. Citemos, por exemplo, algumas das dissertações apresentadas:

- "O casamento entre médicos, relativamente freqüente, seria uma maneira de solucionar o problema do temor e rivalidade.
- Da ambivalência e agressividade recalcada dos homens em relação às mulheres, surgeria a rivalidade quase sempre camuflada e pouco consciente.
- A presença da mulher foi vivida como uma intrusão, como ameaça à identidade do médico e a seu narcisismo. A harmonia unissexual que satisfaria tendências homossexuais que todo o homem possui, passa a ser perturbada profundamente e obriga o médico a reconhecer em si e nas abordagens com seus pacientes a importância do lado feminino do seu psiquismo".

Por que será que em diferentes épocas, em diversas culturas, existiram "Escolas de Medicina para mulheres"? Por que, igualmente, não surgiram escolas específicas de Enfermagem, Psicologia, Fisioterapia, Fonoaudiologia e Terapia Ocupacional só para mulheres?

Além de se tornar uma excelente perspectiva para novas pesquisas, este livro abre campo para uma eventual abrangência sobre o assunto: os que se dedicam ao estudo do tema estão estendendo suas atenções não apenas à profissão médica, mas sim a todos os profissionais da Saúde. A análise da questão do gênero naqueles que se dedicam a profissões ligadas à Saúde é de extrema atualidade. Temos tido a oportunidade, em diferentes ocasiões, de levantar a questão: além do preconceito, ou até na raiz do mesmo, que outros elementos estariam em jogo na sabida preferência de um determinado gênero, em detrimento do outro? Somente a análise mais profunda sobre o tema, agora referente aos demais profissionais da Saúde, viria a aclarar o problema. O primeiro passo foi dado por Millan. Com a mesma metodologia, poderíamos vir a ter um belo estudo comparativo, se aplicado às demais profissões acima apontadas.

- A amostragem investigada e a questão da vocação médica: existiria ou não?

  Nos comentários iniciais do capítulo das Discussões há o levantamento de problemas cruciais e a análise dos mesmos. Como sempre acontece com o autor, tal análise é sóbria, pertinente e leva os leitores a uma verdadeira "massagem neuronal". Por exemplo, vejamos: existiria ou não uma vocação médica, e em caso positivo qual a relevância diante das inúmeras especialidades que surgiram com o avanço tecnológico da medicina? A resposta positiva quanto à existência da vocação médica encontra-se explícita no intróito do trabalho quando, de forma adequada, o autor nos fornece o conceito de vocação e quando, em uma postura magnífica, Millan nos diz ou ensina: "Talvez o conceito de vocação médica seja tão abstrato que não possa ser expresso em palavras, ou seja, estaria incluído na categoria dos conceitos inefáveis, assim como acontece com os sentimentos, onde todos sabem o seu significado, mas ninguém é capaz de defini-los, contentando-se apenas em descrever as situações em que se tornam presentes".

Se foi ou não apropriada a amostragem escolhida para o estudo do tema em questão, a resposta, além de explícita no próprio texto, me faz lembrar de um nosso amigo e grande professor de psiquiatria, Lopes Ibor, que em seu magnífico compêndio a respeito de "Temas de Psicologia Médica" subitamente nos surpreende com o relato de um episódio da vida cotidiana, no qual algumas crianças, ainda no grau primário de instrução, abandonam o que estão fazendo e se "inclinam" para atender a coleguinha que acaba de se machucar: "aqueles dentre os demais, que se preocupam com o bem-estar de seus semelhantes, seguramente têm vocação médica". Poderão ou não seguir a medicina. Poderão ou não pertencer à classe dos que cuidam da saúde de um modo geral. Poderão, por motivos os mais diversos, não seguir nenhuma dessas profissões, mas trazem consigo a semente daquilo que viria ser a chamada vocação médica. Esses indivíduos estão por todos os lados mas, às vezes, infelizmente, não são encontrados dentre aqueles que se propuseram a escolher o estudo da medicina. Os critérios de seleção que priorizam o grau de inteligência, a faixa etária em que se realizam as provas e dificuldades de outras naturezas, não nos dão garantia alguma de estarmos selecionando nossos alunos por pendores ou tendências verdadeiras. Mas essa é uma questão que fica para outra vez...

Prezados leitores, são de domínio público as agruras da vida universitária, principalmente as desencadeadas pelo espírito competitivo que se aquecem na fogueira das vaidades. Tudo isso é regiamente compensado pelo convívio com colegas que possuem espírito universitário, que sempre defino como sendo a capacidade de conviver com idéias diferentes das nossas. Entretanto, na falta deste, as divergências deixam a esfera das idéias e passam a seguir um rumo incorreto e por vezes deplorável! Nesse sentido, pasmem os senhores: a Tese que deu origem a este livro, agora lançado, embora elaborada por um psiquiatra e psicanalista de boa cepa, não pôde ser confeccionada no departamento que lhe deu origem. Parece incrível que em pleno século XXI, alguns profissionais, médicos até com brilhante carreira acadêmica, donos de grande cultura geral, ainda se espantem com a metodologia qualitativa e neguem a importância do estudo de gênero em medicina. Por sua vez, o Departamento de Patologia da FMUSP abrigou o autor e seu trabalho, em uma real demonstração de verdadeiro espírito universitário. Com isto concedeu-lhe a oportunidade de ter como orientador um brilhante pesquisador, o Prof. Dr. Raymundo Soares de Azevedo Neto. Na ocasião da defesa da Tese, embora fosse eu apenas membro suplente da Banca Examinadora, foi-me concedida a palavra, numa demonstração do espírito de liberalidade do orientador, Presidente da Banca. Resumo agora algumas palavras que proferi:

- "Parabéns à Comissão de Pós-Graduação que na escolha seleta dos examinadores, nos brindou com um verdadeiro jogo de esgrima de inteligência e cultura.
- Seu trabalho, Doutorando Millan, fez com que eu contrariasse a orientação do meu médico, o Prof. Dário Birollini, que proibiu-me, como um setuagenário herniado, de carregar mais de dois quilos: sua Tese mede 30 cm de comprimento, 12 cm de largura, 5 cm de espessura e pesa 2 quilos e 200 gramas.
- Não é um trabalho pesado, mas de peso, de denso conteúdo científico e brilhantemente defendido por Vossa Senhoria.
- Bom musicista que é, esta é a sua melhor obra, após compor sua filha, mas aí teve a parceria da Marília..."

Pelo rigor científico, pelas conclusões e, fundamentalmente, pelas perspectivas que esta obra abre, este livro veio para ficar! Ficar para ser lido como fonte de ensinamentos e inspiração.

Filho de um ícone em vocação médica, Roberto Millan, Luiz Roberto Millan, Prof. Dr., para os familiares apenas Luiz: você precisaria ser Paulo para poder saber como é bom e faz bem ter um Millan como amigo. Enquanto não consegue realizar essa mágica, acredite em mim! Obrigado.

Paulo Vaz de Arruda

1. A História da Profissão Médica

Em um nível não muito profundo, mas ainda inconsciente, da vida psíquica do médico, aonde as pulsões e os fantasmas desaguam na cultura, encontramos a tradição milenar da medicina, seus deuses e suas deusas, seus santos e suas santas, e também seu Hipócrates. A filiação irá desempenhar o papel de um dos estruturadores da identidade, outorgando ao médico um lugar no tempo, isto é, na genealogia (Schneider, 1991, p. 57)*.

Supõe-se que o homem pré-histórico interpretava a doença e a morte como sendo obra de espíritos malignos de pessoas mortas ou de animais abatidos em caçadas. As rezas e os sacrifícios tinham por objetivo apaziguar esses espíritos, o que deu origem aos feiticeiros que buscavam conhecer os desígnios dos astros, as propriedades curativas das plantas e os venenos. Eles usavam máscaras com o intuito de afastar o espírito causador das doenças e de impressionar o doente que, por sua vez, deveria ter fé nas fórmulas mágicas, nos rituais e nos amuletos. Os feiticeiros, porém, vez por outra, ao invés de curar, faziam sortilégios para adoecer as pessoas, o que os tornava guardiões dos segredos da vida e da morte. Com tanto poder, constituíam uma classe à parte da comunidade. Uma gravura rupestre encontrada em uma gruta na França, com idade entre dezessete e vinte mil anos, representa o feiticeiro de uma comunidade primitiva: uma figura humana com uma máscara de cervo. Os feiticeiros foram os primeiros a praticar a trepanação do crânio em seres vivos, não se

* Tradução de Eneiza Rossi.

sabe se para aliviar dores ou para retirar o demônio dos pacientes. É certo que muitos dos operados sobreviveram, pois diversos crânios cicatrizados foram encontrados (Alexander; Salesnick, 1966; Carvalho Lopes, 1970; Margotta, 1996).

Os primeiros registros

Carvalho Lopes (1970) nos ensina que a medicina sumeriana, na Mesopotâmia (antiga região do sudoeste da Ásia, entre os rios Tigre e Eufrates), é a mais antiga de que temos registro. Com seu apogeu entre 3000 e 2000 a.C., os sumerianos estabeleceram os alicerces da civilização. A medicina era exercida pelos sacerdotes-médicos que escreviam tratados em placas de argila por meio da escrita cuneiforme (não linear) e, como os antigos feiticeiros, acreditavam que os deuses e os astros eram os responsáveis pelas doenças. O famoso código do rei Hamurabi, que viveu quase dois mil anos antes de Cristo, estabelece uma diferenciação nítida entre os médicos e os cirurgiões, estes últimos considerados uma classe inferior. O código estabelecia que cabia aos sacerdotes a realização do exorcismo e ao médico prático a prescrição de medicamentos. Além disso determinava os honorários profissionais e as punições para os cirurgiões que errassem, entre elas a amputação das mãos, prática que, felizmente, era raramente utilizada.

O médico é aqui, pela primeira vez na história, considerado como um profissional, com liberdade de ação para lutar contra as doenças. Devia, porém, obedecer às regras contidas em um juramento e apresentar relatórios de suas atividades ao rei. Costumava se identificar por meio de um carimbo ou selo, prática que perdura até os nossos dias!

A profissão médica no antigo Egito

O conhecimento da medicina egípcia provém de escritos de autores gregos e romanos, e da descoberta de papiros como o de Ebers

(1550 a.C.), que contém instruções médicas. É surpreendente que já naquela época havia especialistas (de olhos, de cabeça, de intestinos e desordens internas, entre outros) e que em tempos de guerra o estado arcava com os honorários médicos. Os tratamentos, supostamente revelados pelos deuses, eram guardados em livros secretos aos quais apenas os sacerdotes tinham acesso. Imhotep, famoso arquiteto e construtor de pirâmides, foi também um médico notável, chegando a ser deificado pelos egípcios

A ciência médica era transmitida de pai para filho e era honroso para o filho suceder o pai. Os sacerdotes transmitiam seus ritos, enquanto os médicos, por sua vez, ensinavam as suas receitas a seus sucessores. Essa forma peculiar de aprendizagem devia-se ao fato de inexistirem escolas médicas. Apesar disso, o aprimoramento do aprendizado era freqüente e se dava por meio do convívio diário com médicos reconhecidamente capazes. Em geral, os médicos eram muito respeitados e ocupavam uma alta posição social, já havia uma legislação médico-sanitária e uma forte hierarquia profissional (Carvalho Lopes, 1970; Margotta, 1996).

O MÉDICO NA ÍNDIA

De acordo com Carvalho Lopes (1970), escavações recentes levaram a descobertas de cidades hindus com mais de 6 mil anos e sabe-se que a Índia possuía grandes conhecimentos de medicina. Ao contrário do que ocorria no Egito, aqui o cirurgião era tão respeitado como o clínico e havia uma integração entre as duas áreas.

O médico também ocupava um lugar de honra na sociedade e era obrigado a obedecer a um código de ética, descrito em uma passagem do *Yajur-Veda,* escrito por volta de 1500 a.C.:

> *Consagra-te a aliviar os doentes, mesmo com o sacrifício de tua própria vida. Não prejudiques o doente nem mesmo por pensamento. Esforça-te sempre para o aperfeiçoamento de teus conhecimentos. Não atendas nenhuma mulher sem*

a presença do marido e da boa conduta. Na cabeceira do doente não deve o médico preocupar-se com outra coisa. Depois, ao sair, não lhe é permitido falar do que viu dentro da casa (p. 62).

As primeiras escolas médicas da Índia foram criadas a partir de 600 a.C. Cada mestre deveria ter no máximo dez discípulos. A duração do curso era de seis anos, como nos dias de hoje! Exigia-se que aqueles que praticassem a cirurgia tivessem as unhas curtas e que usassem vestes brancas, extremamente limpas, hábito que lamentavelmente desapareceu com o passar dos séculos e que só foi retomado no final do século XIX. Ao chegar à casa dos doentes, apesar de seu impecável asseio, o médico hindu tinha o costume de tomar um banho morno para retirar as impurezas que acreditava trazer devido ao contato com os doentes que visitara. Antes de operar, costumava treinar a cirurgia em cadáveres para diminuir os riscos de erro.

A MEDICINA NA CHINA

Os tabus e os preconceitos impediam que o médico na China tocasse nos doentes, a não ser no seu pulso. Muitas vezes uma boneca era utilizada pelas mulheres para apontar o local de suas enfermidades. A dissecção era proibida e a investigação anatômica era prerrogativa dos imperadores. A medicina era pública e o estado responsabilizava-se pela edição dos livros para o ensino (Carvalho Lopes, 1970; Margotta, 1996; Scliar, 1996).

Conta-nos Lyons e Petrucelli (1997) que havia na China uma hierarquia bem delineada entre os médicos: o médico chefe, que era o responsável pelo tratamento e pelo destino profissional dos outros médicos; os médicos responsáveis pela dieta; os que tratavam doenças simples, como dores de cabeça e gripe; e, finalmente, os cirurgiões. O médico progredia de acordo com o sucesso de sua atuação profissional e seus conhecimentos eram guardados a sete chaves, e só eram revelados a seu filho ou para alguém especialmente selecionado. Como foi visto anteriormente, o estudo de cadáveres era proibido e por isso os chineses não possuíam um conhecimento preciso de anatomia.

A profissão médica na Grécia Antiga

O período pré-hipocrático

Homero, no século VII a.C., faz grandes elogios aos médicos em seus poemas épicos Ilíada e Odisséia: "Um homem que cura vale por muitos homens, exerce a sua arte absolutamente racional dentro de um mundo mágico repleto de mitos" (Homero *apud* Carvalho Lopes, 1970, p. 82). Há, portanto, indícios de que a medicina daquela época não utilizava a magia como principal forma de tratamento e que era praticada por profissionais. Na Ilíada, Homero refere-se a Esculápio, considerado por ele o maior médico da época, cujos filhos Macaón e Polidário também eram médicos. Com o passar do tempo, a medicina prática foi sendo gradativamente substituída pela medicina mágica e sacerdotal, e com isso Esculápio foi deificado. Diz a lenda que, por ordem de Zeus, Esculápio foi fulminado por Hades (Plutão para os romanos), deus do reino das trevas, pois ao salvar as pessoas despovoava seu reino, o inferno. Apolo, indignado, destruiu os Ciclopes que haviam criado o raio que matou Esculápio e com isso Zeus perdeu o seu poder. Para retomá-lo, concordou em ressuscitar Esculápio como um deus que aprendera a arte de curar com a feiticeira Medéia (Carvalho Lopes, 1970; Mazzieri, 1995).

A partir de 770 a.C., surgem os primeiros santuários onde os médicos sacerdotes realizam o culto a Esculápio e a outras divindades, em que predominam a magia e a sugestão. A presença da serpente, utilizada nos rituais, era obrigatória por significar uma divindade subterrânea e o poder da renovação da vida, por sua troca periódica de pele. Supõe-se que já era considerada um símbolo sagrado entre as tribos semitas da Ásia Menor e até hoje é considerada em todo o mundo o símbolo da medicina (Carvalho Lopes, 1970; Lyons; Petrucelli, 1997; Margotta, 1996).

Mazzieri (1995), em seu livro *Símbolos na Medicina*, nos revela que a serpente pode ser vista como o símbolo da prudência. Ela aparece no emblema da Faculdade de Medicina da Universidade de São Paulo (FMUSP), criado por Milward, professor da instituição entre 1913 e 1932. No mesmo emblema, Hipócrates é evocado por meio das palavras bondade, confiança, proteção e defesa da vida. O sol, por sua vez, que aparece como uma figura central, representa a vida. No distintivo do Centro Acadêmico Oswaldo Cruz (CAOC – FMUSP), também idealizado por Milward, podemos observar a serpente e a palavra aforismo. O verde, a cor tradicional da medicina encontrado no distintivo, representa a esperança que não deve abandonar os médicos no transcorrer das pesquisas. O branco representa o respeito à sabedoria médica clássica, a pureza da moral científica e a profilaxia. Finalmente, o dourado representa o valor dos méritos científicos. O templo de Esculápio aparece sustentado por quatro colunas que simbolizam Hipócrates, Galeno, Bichat e Pasteur.

Apesar das críticas e do crescimento posterior da medicina leiga, a prática médica dos sacerdotes perdurou até o século IV d.C. quando o culto a Esculápio se fundiu ao dos santos cristãos (Margotta, 1996).

A medicina dos filósofos e a Idade Clássica

Pitágoras (580-489 a.C.) exerceu grande influência na medicina, afastando-a do culto divino. Fundou a Escola de Crotona, cujos médicos mais importantes foram Alcméon, que abriu à medicina o caminho da ciência ao dar ênfase à observação direta da natureza e Empédocles que, segundo a lenda, suicidou-se atirando-se em uma cratera. É digno de nota que as doutrinas filosóficas pouco impressionaram Hipócrates, que se opunha à intromissão dos filósofos na medicina.

O século V a.C., a chamada Idade Clássica, caracteriza-se pelo aparecimento da escola médica pela primeira vez na história, que tinha sua identidade caracterizada pela localização geográfica e por seus métodos de ensino. Os médicos reuniam-se em grupos em torno dos mais sábios, que lhes ensinavam gratuita e devotadamente. Cada escola possuía pensamentos e condutas próprias e seus membros eram solidários entre si. Porém, mesmo estando ligado ao seu grupo, o médico tinha liberdade de ação e responsabilizava-se por suas condutas profissionais no transcorrer de sua vida, usualmente itinerante.

Os principais núcleos de ensino surgiram nas Ilhas de Cós e Rodes, em Cnido e na Sicília. A Escola de Cós destacou-se por seu caráter renovador, ao valorizar o pensamento, a observação e a experiência. O espírito científico dessa Escola muitas vezes entrou em choque com as posições da Escola de Cnido, que eram arraigadas fortemente ao passado (Carvalho Lopes, 1970; Margotta, 1996).

Hipócrates, o "Pai da Medicina"

Hipócrates (460-377 a.C.) foi o principal professor da Escola de Cós. Na sua ascendência havia cerca de quarenta médicos, muitos deles seus homônimos. Segundo seu biógrafo Sorano de Éfeso, Hipócrates aprendeu medicina com seu pai, que também era médico. Além de ter sido o criador do método científico na medicina, Hipócrates estabeleceu com solidez as normas éticas fundamentais para a prática médica de boa qualidade. Contemporâneo de Sócrates e Platão, viveu em uma época em que o pensamento humano florescia nas artes, na política e na filosofia.

Hipócrates costumava ensinar seus alunos ao ar livre, sob a sombra de um grande plátano, local preservado até hoje! Fez muitas viagens durante a sua vida, tendo chegado até o Egito e costumava dizer que o lugar do médico é na cabeceira do doente, frase que os alunos de medicina contemporâneos ouvem de seus professores com freqüência durante o curso. Curiosamente, sugeria que o médico visitasse o doente antes do meio-dia pois, de manhã, ambos estariam em um estado de espírito mais calmo. Quem sabe essa seja a origem das tradicionais visitas médicas matinais, um costume que perdura até os nossos dias. É surpreendente que Hipócrates tenha contribuído de forma marcante para a medicina em uma época em que a dissecção não era permitida e que os poucos conhecimentos de anatomia e fisiologia baseavam-se na dissecção de animais (Alexander e Selesnick, 1966; Carvalho Lopes, 1970; Margotta, 1996; Brunini, 1998).

Mais de sessenta obras da Coleção Hipocrática chegaram às nossas mãos, muitas delas escritas por seus seguidores. Uma das mais conhecidas, *O Juramento*, é ainda utilizada na formatura de grande parte das escolas médicas contemporâneas. São também famosos os seus 406 aforismos onde, ao descrever a sua experiência clínica, esbanja sabedoria. Diz o seu primeiro aforismo: "A vida é curta, a arte é longa, a ocasião fugidia, a experiência enganadora, o julgamento difícil" (Hipócrates *apud* Scliar, 1996, p. 30).

Em publicação recente, Brunini (1998) destacou alguns trechos importantes da obra de Hipócrates:

> *O sábio é aquele que procura aprender; quem acredita que a tudo conhece é ignorante (p. 61).*
>
> *... Parece-me excelente que o médico pratique o prognóstico, pois se conhece previamente e declara perante seus pacientes o presente, o passado e futuro de seus males; e se lhes fala detalhadamente de tudo quanto antes tenham omitido, os pacientes acreditarão que ele é o que melhor conheceu estes casos, de modo que os enfermos nele confiarão para o seu tratamento... (p. 47)*
>
> *O tratamento das enfermidades implica em dois pontos fundamentais: ser útil e não causar nenhum dano. Nossa arte engloba três aspectos: a enfermidade, o enfermo e o médico; o médico é um servidor da arte e o enfermo deve lutar contra a enfermidade junto com o médico (p. 47).*

Quanto à epilepsia, considerada uma doença sagrada provocada pela possessão de espíritos malignos no paciente, Hipocrátes teceu o seguinte comentário:

Em minha opinião os homens que consideram sagrada esta enfermidade são pessoas como as que, diariamente, encontramos à nossa volta, ou seja: adivinhos, falsos sacerdotes, charlatães enganadores que simulam ser temerosos a Deus e saber mais do que os demais. Todos eles recorrem ao divino para encobrir sua própria incompetência e desvalia, sendo incapazes de prestar ajuda (p. 62).

Encontramos, também, em Carvalho Lopes (1970) citações de Hipócrates de grande relevância:

É difícil possuir um conhecimento de tal modo completo que só se cometam, aqui e ali, pequenos enganos. O médico que somente comete pequenos enganos merece todos os louvores (p. 109).

Ciência e opinião são coisas diferentes: a primeira exprime conhecimento, a segunda ignorância (p. 109).

Deves cuidar atentamente de ti... dizer só o que for absolutamente necessário... Quando entrares no quarto de um doente tem sempre em mente a maneira por que hás de sentar, a reserva, a atitude, a ordem de teus trajes; usa locução decidida, brevidade no falar, compostura, modos apropriados à circunstância..., autocontrole, imperturbabilidade e prontidão para fazer tudo o que for necessário. Peço-te que sejas bondoso e que leves em conta os recursos do paciente. Sempre que puderes, preste teus serviços gratuitamente; e se surgir alguma ocasião de socorrer um estrangeiro em dificuldade, dá-lhe plena assistência... Pois onde há amor pelos homens também há amor pelas artes (p. 108).

Segundo Margotta (1996), após a morte de Hipócrates, a Escola de Cós começou a declinar por falta de seguidores a sua altura, que transformaram os seus ensinamentos em dogmas. Privilegiou-se o conteúdo em prejuízo do método, que foi a maior contribuição deixada pelo mestre.

A Escola de Alexandria

A Escola de Alexandria, no Egito, constituiu o núcleo de ensino mais importante após a morte de Hipócrates, fundindo os conhecimentos da ciência grega à civilização do Antigo Egito. Integrava o Centro Cultural criado por Alexandre Magno, em 331 a.C., onde se ensinava também filosofia, matemática, música, poesia, história e ciências naturais. Aquele que lá estudava era reconhecido e prestigiado em todo o mundo antigo. Pela primeira vez na história, as dissecções passaram a ser feitas regularmente, o que possibilitou numerosos descobrimentos da anatomia humana.

A fundação da célebre biblioteca dessa Escola, em 320 a.C., atraiu muitos médicos gregos, partidários da teoria hipocrática, que após seus estudos costumavam fixar-se em outras cidades do Oriente ou em Roma (Lyons e Petrucelli, 1997).

A profissão médica na época romana

Nos primeiros tempos, a medicina em Roma era mágica e sobrenatural, mas posteriormente sofreu forte influência grega com a chegada de vários médicos formados em Alexandria, a partir de 219 a C. Plínio, enciclopedista do século I, não costumava poupar os médicos:

> *Não há dúvida de que estão muito ocupados com nossas vidas para descobrir alguma coisa nova com que ganhar reputação... Não há, desgraçadamente, uma lei contra sua incompetência; não se lhes impõe nenhum castigo exemplar. Aprendem às custas de nosso risco corporal e experimentam até a morte do paciente, sendo o médico a única pessoa que não é castigada por assassinato* (Lyons e Petrucelli, 1997, p. 248).

> *Seduzem nossas mulheres, enriquecem com os venenos que nos vendem, aprendem às custas dos nossos sofrimentos e fazem experiência à custa de nossa morte* (Carvalho Lopes, 1970, p. 123).

Embora cidadãos livres praticassem a medicina, havia também os médicos-escravos, curadores que serviam a classe alta romana, o estado ou avaliavam os médicos livres que, com o passar do tempo, passaram a ter prestígio e a receber privilégios como a isenção de impostos e da obrigatoriedade do serviço militar. A profissão médica, por muito tempo, não foi regulamentada, até que o imperador Alexandre (222-235 d.C.) promulgou leis que oficializaram o ensino e a titulação, além de estabelecerem o controle do exercício profissional. A partir de então, o ensino deixou de ser informal e criou-se uma espécie de grêmio que possuía professores assalariados que ministravam vários cursos, entre eles o de medicina. Os primeiros hospitais edificados eram para uso estritamente dos militares, sendo que o primeiro hospital para civis foi fundado em Roma, apenas em 394 d.C. (Lyons e Petrucelli, 1997). Progressivamente, a medicina começou a dividir-se em especialidades como urologia, oftalmologia, otorrino, entre outras (Carvalho Lopes, 1970).

Celso (53 a.C.-7 d.C.) foi o médico romano mais famoso. Foi o autor da *Enciclopédia De artibus* onde abordava temas variados como agricultura, teoria militar, filosofia, direito e medicina. Foi o primeiro texto médico a ser publicado, em 1478, após a criação da imprensa por Gutenberg. Para muitos, ele não foi um médico praticante, mas certamente deixou bons conselhos:

> *O médico com experiência é reconhecido não porque toma o Sbraço do paciente tão logo chegue ao seu lado, mas porque, primeiramente, o olha como se o examinasse, com um olhar sereno para descobrir como é realmente; e se o enfermo demonstra medo, o tranqüiliza com palavras apropriadas antes de proceder à sua exploração* (Lyons e Petrucelli, 1997, p. 239).

Sorano de Éfeso (98-138 d.C.), que praticou medicina em Alexandria e depois se instalou em Roma, é considerado o pai da ginecologia-obstetrícia, sendo que sua obra foi consultada ao longo de quinze séculos.

Mas foi Galeno (129-200), médico grego que também estudou em Alexandria, o mais famoso de Roma, tendo sido confidente dos imperadores Marco Aurélio e Lúcio Nero. Segundo Carvalho Lopes (1970), seu pai, arquiteto de profissão, teve um sonho onde Esculápio predizia um grande futuro para o seu filho, caso estudasse medicina. Seus escritos, de 22 volumes, são uma das mais importantes obras da antigüidade. Os seus estudos de anatomia eram impressionantes, mas traziam deduções falsas quando aplicava ao homem os conhecimentos adquiridos por meio da observação de animais. A proibição da dissecção de cadáveres humanos fez com que seus ensinamentos não fossem questionados até o Renascimento, tendo permanecido uma autoridade incontestada por mais de mil anos! (Margotta, 1996).

Lyons e Petrucelli (1997) sugerem que vários fatores contribuíram para que os ensinamentos de Galeno não fossem questionados por tanto tempo: as condições instáveis da Idade Média trouxeram um desejo veemente de certeza e autoridade; Galeno, por sua vez, costumava vangloriar-se e atacar seus colegas; dogmático e didático, jamais deixava uma pergunta sem resposta; o seu estilo pedante adequou-se à necessidade do "absoluto" e o seu raciocínio, muitas vezes teológico, agradava à Igreja Cristã; o fato de sua obra ter integrado todos os conhecimentos médicos anteriores à sua época transformaram-na na principal fonte disponível do saber médico; e por último, o fato de os primeiros compiladores e estudiosos de seus trabalhos, pessoas de grande reputação, terem mitificado a sua obra.

A profissão médica na Idade Média

A corrupção, a opressão das minorias, a pobreza e os ataques dos povos bárbaros levaram o império romano ao declínio. Concomitantemente, epidemias com conseqüências catastróficas fizeram com que a população passasse a desacreditar na medicina e na ciência, e com isso a figura do médico leigo entrou em franca decadência. A Igreja Cristã passou a ter grande influência na área médica difundindo a idéia de que a ajuda aos doentes era uma obrigação de todos, uma obra de caridade. Para o cristianismo, as doenças só poderiam ser curadas por intervenção divina por meio de orações, de amuletos, de imagens de santos, de óleos sagrados, da imposição das mãos e do exorcismo.

Na Idade Média eram chamados de "médico" apenas aqueles que tinham formação acadêmica e posição social elevada. Em vez de cuidar dos pacientes, os médicos passavam a maior parte do tempo realizando especulações filosóficas sobre as doenças. Ocasionalmente davam consultoria em troca de elevados honorários e raramente acompanhavam o resultado de sua conduta, pois o trabalho manual era considerado inferior ao intelectual.

Segundo Carvalho Lopes (1970), em 805 Carlos Magno instituiu o ensino da medicina como um ramo da filosofia e sob a denominação de física. Assim, o aprendizado da medicina, conservador, repetitivo e escolástico passou a ser ministrado nas escolas e nos mosteiros.

Por mais de quinhentos anos, a medicina praticada pelos monges, em seus mosteiros, foi a principal organização de assistência médica do ocidente. Ministravam plantas cultivadas por eles mesmos e acolhiam todos os doentes que batiam a sua porta. Com o passar do tempo, começaram a sair de seu retiro para visitar os doentes em suas casas, infringindo, assim, o regulamento das ordens religiosas que coibia o contato dos monges com as tentações do mundo. Após grande polêmica eclesiástica, a medicina monástica foi proibida, possibilitando o restabelecimento da medicina leiga (Margotta, 1996; Carvalho Lopes, 1970).

Segundo Carvalho Lopes (1970), na Idade Média, o conhecimento caracterizou-se pelo dogmatismo e pela abolição de toda e qualquer experimentação, pondo fim à grande liberdade que caracterizou o pensamento grego. Aqui, novamente, a cirurgia é dissociada da medicina e passa a ser vista como uma arte menor, relegada aos barbeiros e curandeiros. A medicina nesse período não só parou de evoluir, mas entrou em franca decadência.

O médico árabe

A medicina árabe inclui todos os países onde se falava a língua árabe, o que abrangia os estados persas, hebreus, turcos, árabes, gregos e até espanhóis. A sua principal contribuição foi a preservação da cultura grega, sendo que a anatomia não fez nenhum progresso, pois a dissecção era considerada pecado grave. O médico árabe usufruía de prestígio social e aqueles que se dedicavam com afinco à profissão alcançavam renome e recompensa financeira. Os médicos da família Butha-Yishu eram particularmente respeitados e, junto com os tradutores de Hipócrates e Galeno, dominaram o campo profissional da época.

Somente em Bagdá existiam sessenta hospitais, sendo que alguns deles eram também escolas médicas, onde se ministrava farmacologia, terapêutica, anatomia, cirurgia e clínica médica. Após a realização de seu curso em hospitais ou centros de ensino, o médico árabe recebia um certificado de seus mestres. Havia, no entanto, muitos curadores que não tinham recebido qualquer tipo de formação e que atuaram até o século X, quando o califa de Bagdá exigiu a realização de um exame para aquele que desejasse praticar a medicina, com exceção daqueles que possuíssem uma reputação inquestionável. Esses médicos de renome somente prestavam assistência aos ricos e aos nobres (Carvalho Lopes, 1970; Margotta, 1996).

Dois médicos árabes se destacaram:

Rhazes (860-932) escreveu 237 tratados sobre astronomia, filosofia, matemática, religião e medicina, tendo sido considerado um gênio. A sua generosidade para com os pobres foi marcante, assim como os seus ensinamentos à beira do leito dos doentes. Valorizava o estudo e os textos das autoridades médicas, mas guiava-se por suas observações caso entrassem em contradição com os conhecimentos clássicos. Afirmava que a experiência era mais importante do que aquilo que se podia aprender nos livros e que não era possível alcançar a verdade em medicina. Segundo se afirma, apesar dos bens e honras que recebeu ao longo de sua vida, morreu na miséria, cego em virtude de agressões físicas que recebeu por ordem de um Califa, ofendido por sua honestidade!

Avicena (980-1037) começou a estudar medicina precocemente, aos 16 anos. Aos 18 já era médico da corte e aos 21 já havia escrito uma enciclopédia científica. Com uma vasta cultura, conhecia bem matemática, física, alquimia, ciências naturais, geologia, astronomia, jurisprudência, música, filosofia e poesia. A sua obra, *O Cânone*, traduzida para o latim no século XII, dominou o pensamento médico na Idade Média junto com a obra de Galeno. Para suportar horas prolongadas sobre os livros, fazia uso de vinho e cocaína, e a sua morte foi provocada por clísteres de pimenta que aplicou em si mesmo e que provocaram ulcerações fatais (Carvalho Lopes, 1970; Margotta, 1996; Lyons e Petrucelli, 1997).

Entre os médicos judeus, destacou-se Maimônides (1125-1204), que traduziu para o hebraico o Canône de Avicena, os Aforismos de Hipócrates e a obra de Galeno. Alguns autores atribuem a sua pessoa a autoria da "Oração Matinal do Médico", escrita por seus seguidores e que possui várias versões, mas que expressa as suas idéias:

> *Ó eterna previdência, que me escolheste para velar pela vida e saúde das criaturas, permite-me atuar em minha arte sempre com amor! Que nem a avareza, nem a mesquinharia, nem a sede de glória, nem a ânsia de grande prestígio comprometam o meu pensamento, pois os inimigos da verdade e da filantropia poderão enganar-me facilmente e fazer-me esquecer o meu sublime desígnio de praticar o bem a essas criaturas...* (Maimônides *apud* Carvalho Lopes, 1970, p. 142).

> *Afasta de mim a quimera de acreditar que possa cumprir adequadamente todos os meus propósitos. Dá-me a força, o desejo e a oportunidade de ampliar minha sabedoria cada vez mais. Hoje sou capaz de descobrir aspectos de meu conhecimento que ontem nem sequer havia podido sonhar; porque embora a Arte pareça inalcançável, o entendimento humano não deve desfalecer* (Maimônides *apud* Lyons e Petrucelli, 1997, p. 315).

A Escola de Salerno

A Escola de Salerno foi a principal instituição leiga da Idade Média e a primeira escola independente desse período. Retomou o espírito racional hipocrático, mas a prática da dissecção de cadáveres humanos não era aceita, restringindo-se a de animais. Os conhecimentos adquiridos eram redigidos na forma de versos que se tornaram conhecidos por toda a Europa e foram traduzidos para várias línguas:

> *A escola de Salerno, através destas linhas, deseja*
> *toda a saúde ao rei da Inglaterra, aconselhando,*
> *para tratar da cabeça e livrar o coração de ódios,*
> *a não beber muito vinho, cear ligeiro e levantar-se cedo.*
> *Quando não há carne, os longos descansos são benéficos:*
> *e mantêm os olhos acordados à tarde...*
> *Use três médicos: primeiro, o Doutor Sossego;*
> *o segundo, o Doutor Alegria; e, a seguir, o Doutor Dieta*
> (*apud* Margotta, 1996, p. 55).

Em 1224, Frederico II reconheceu oficialmente a Escola de Salerno e determinou que todos os candidatos a exercer a medicina fossem examinados publicamente pelos professores da Escola. Antes disso deveriam estudar lógica durante três anos, medicina e cirurgia durante cinco anos e passar por um período de aprendizado prático sob orientação de um médico experiente, durante um ano (Lyons e Petrucelli, 1997).

Segundo Carvalho Lopes (1970), a Escola de Salerno brilhou até 1811, quando teve suas atividades encerradas por falta de estudantes interessados em seu curso!

A Escola de Montpellier

Fundada por volta do ano 100, a Escola de Montpellier foi uma rival da Escola de Salerno e é considerada hoje a mais antiga escola de medicina do mundo. Assim como em Salerno, os alunos de Montpellier aprendiam os conceitos gregos clássicos e, a partir de

1376, passaram a realizar a dissecção de cadáveres. Em 1220, o Papa Honório III visitou a Escola e regulamentou o ensino médico na França, que até então era livre, dando margem a muitos abusos (Carvalho Lopes, 1970; Lyons e Petrucelli, 1997).

A Escola de Paris – as universidades

Segundo Carvalho Lopes (1970), entre 1100 e 1400 foram criadas muitas universidades na França, Inglaterra, Alemanha, nos Países Baixos e na Escandinávia. Em quase todas elas havia o predomínio da medicina sobre a cirurgia e a supremacia da teologia e da filosofia cristãs sobre as ciências da natureza.

A Escola de Paris, fundada no século XI, menos brilhante e profícua que Montpellier, instituiu o doutorado para aqueles que queriam ser professores e submetia os candidatos a um juramento, antes dos exames, no qual afirmavam que não iriam se vingar dos professores caso fossem reprovados!

O ensino na maioria das universidades fora da Itália era ministrado em casas modestas, igrejas e granjas, às vezes nas próprias residências dos professores e até em locais onde moravam prostitutas. Os alunos deviam sentar-se no chão para demonstrar humildade, abnegação e afastar seu orgulho.

A partir do século XIII, a cirurgia começa a ser um pouco mais respeitada, graças a Lanfranc, que sugeriu a unificação entre a medicina e a cirurgia, além de afirmar com sabedoria que não se deveria ignorar nem uma, nem outra.

De acordo com Margotta (1996), Mondeville (1260-1320), colega de Lanfranc, aconselhava seus colegas cirurgiões a cobrarem mais do que os médicos e preveniu-os em relação aos pacientes ricos que compareciam à consulta mal vestidos para pagar pouco!

Os médicos e os grêmios

Apesar das idéias de Lanfranc, durante a Idade Média persistiu a separação entre médicos e cirurgiões que formaram grêmios mutuamente excludentes em toda a Europa. Os grêmios dos cirurgiões admitiam barbeiros, enquanto os dos médicos admitiam os boticários e os artistas (devido ao uso comum de pós para confecção de pigmentos). Curiosamente, essa convivência íntima com os artistas possibilitou grande desenvolvimento da anatomia durante o Renascimento.

No final do período medieval, cabia aos barbeiros não só o cuidado dos cabelos, mas a extração de dentes, a execução de pequenas cirurgias e o tratamento das fraturas. Os cirurgiões, por sua vez, possuíam uma formação mais elevada, realizavam tarefas mais complexas e eram reconhecidos legalmente como superiores aos barbeiros (Carvalho Lopes, 1970).

O médico do Renascimento

Os séculos XV e XVI foram marcantes na história da humanidade: o mundo limitado da Idade Média desvaneceu-se. Colombo, Vasco da Gama e Magalhães fazem viagens que levam a novos continentes; Copérnico coloca o Sol, e não a Terra, como o centro do universo; é inventada a imprensa; as especulações são substituídas pela racionalidade sem preconceitos de Hipócrates e Platão; surge o Humanismo, que faz do homem o principal objetivo de suas preocupações e indagações; há um grande desenvolvimento econômico e a liberdade de pensamento volta a ser respeitada. A medicina não podia ausentar-se desse movimento. Porém, as mudanças nessa área foram lentas e dispersas, ao contrário do que aconteceu com a arte e outras ciências. O desenvolvimento da anatomia e a elevação da cirurgia à categoria de ciência foram os acontecimentos mais marcantes na medicina da época, além da impressão de livros clássicos que difundiram os conhecimentos médicos.

O médico renascentista, humanista e letrado, era tido em alta estima. Vinham de classes abastadas e estudavam nas universidades, sendo que as italianas eram as que tinham maior prestígio, e por isso eram freqüentadas por muitos estrangeiros. A dissecção passou a ser cada vez mais praticada mas, inicialmente, ignoravam-se as discrepâncias entre o que se via e os textos de Galeno e Avicena. A partir de 1570, a anatomia passou a ser ministrada isoladamente, como uma matéria independente da cirurgia. Em contraste com desenhos médicos imprecisos e repletos de incorreções, as ilustrações anatômicas realizadas por pintores atingiram a perfeição (Carvalho Lopes, 1970; Margotta, 1996).

No século XVI a medicina era considerada parte da física e o médico, chamado de físico, trabalhava intensamente. Os doentes eram atendidos, algumas vezes, em 15 minutos. A jornada de trabalho do médico começava às 5 horas da manhã e se prolongava até a noite, entre visitas domiciliares e consultório, sendo que mal havia tempo para as refeições. Os honorários eram cobrados pela distância a percorrer, pela gravidade do caso e pelas condições financeiras do paciente, sendo que muitas vezes os médicos acumulavam fortunas. Os do interior eram assalariados e prestavam assistência gratuita aos pobres, enquanto que nos lugarejos menos povoados o médico era substituído por curandeiros, por charlatães e pelos boticários (Carvalho Lopes, 1970).

Leonardo da Vinci

Leonardo da Vinci (1452-1519) foi reconhecido em vida como um gênio da pintura, do desenho, da astronomia, da arquitetura, da engenharia, da matemática, da física, além de ser um brilhante inventor. Dissecou mais de trinta cadáveres e fez cerca de mil desenhos dessas dissecções. Infelizmente, esses desenhos e suas respectivas notas só foram descobertos dois séculos depois de sua criação e tudo indica que da Vinci tinha a intenção de escrever um importante tratado de anatomia. A sua capacidade científica aliada a sua astuta observação e à apurada habilidade técnica fazem dele, historicamente falando-se, o pai da anatomia (Margotta, 1996).

Vesálio

Vesálio (1514-1564) nasceu em Bruxelas, estudou na Universidade de Paris e na Escola de Pádua. Já professor de medicina e anatomia, publicou sua primeira obra em 1538, após a morte de Leonardo da Vinci, persistindo nos eternos erros de Galeno, tendo como auxiliar o pintor Calcar e a colaboração de Ticiano. Em 1543, com apenas 28 anos de idade, publicou a sua segunda obra intitulada *Sete livros sobre a estrutura do corpo humano*, que provocou um grande escândalo na universidade, por contradizer, desta vez, a obra de Galeno. Incapaz de suportar os ataques de seus colegas e ameaçado pela igreja, queimou os estudos que preparava para publicação e partiu de Pádua para assumir a função de médico do imperador na Espanha, encerrando a sua carreira científica. Pelo o que realizou, é considerado um dos nomes mais notáveis da história da medicina e o pai da anatomia (Margotta, 1996).

Segundo Carvalho Lopes (1970), os conhecimentos e princípios de Vesálio foram assimilados por Falópio (1523-1562), seu discípulo e substituto na cátedra de Pádua. Em 1561, ainda na Espanha, ficou entusiasmado com as descobertas de Falópio e escreveu palavras de ardente entusiasmo ao seu discípulo. Surpreendido em 1562 com a notícia da morte de Falópio e com o convite para reassumir a cátedra, Vesálio faleceu pouco tempo depois, acometido por uma afecção desconhecida. Silvius, seu mestre, insinuara que ele era louco, por corrigir a obra de Galeno. Apesar disso, a sua obra teve continuidade, dando frutos que abriram caminho para as futuras descobertas de Harvey.

Mártires da medicina

Servet (1509-1553) foi o primeiro a observar que o sangue vindo dos pulmões, após ter o contato com o ar, circula dentro do coração. Por tal descoberta foi considerado um herege por Calvino e queimado vivo! Etienne, conhecido como Stephanus, descreveu as válvulas venosas em 1564 e foi perseguido por heresia. Morreu na prisão, depois de esperar longos anos por seu julgamento (Carvalho Lopes, 1970; Margotta, 1996).

Daré

Filho e sobrinho de barbeiros-cirurgiões, Daré (1517-1590) é considerado o maior cirurgião do Renascimento. Ao receber os agradecimentos pela cura de um paciente, costumava dizer: "Eu o tratei. Deus o curou", demonstrando a sua humildade. Inicialmente, participou de batalhas sangrentas, onde aprendeu a barbear, a lancetar e a realizar sangrias. Foi, então, admitido na corporação dos cirurgiões-barbeiros, uma profissão ainda considerada humilde e subalterna, pois aquele que fizesse uso das mãos era considerado um servidor, quase no nível dos escravos. O cirurgião que desejasse passar a exercer a medicina só seria autorizado caso se comprometesse perante um tabelião a jamais praticar ato cirúrgico e tampouco atender a parturientes! Em 1554, Daré realizou o seu doutoramento para cirurgia e quebrou muitos tabus ao ignorar as disputas entre médicos e cirurgiões, por considerá-las mesquinhas. Ao contrário de seus colegas, valorizava o trabalho manual e, mesmo depois de seu grande sucesso, manteve sua postura humilde (Carvalho Lopes, 1970).

Paracelso

Conta Margotta (1996) que Paracelso, nascido na Suíça e filho de médico, com quem aprendeu medicina, foi cirurgião do exército e dizia ter estudado em Ferrara, sem qualquer prova disso. Afirmava com orgulho que aprendera sua arte, por vezes arriscando sua própria vida, e que não se envergonhava de ter aprendido com vagabundos, açougueiros e barbeiros.

Dizia ainda, com sabedoria, que a personalidade do médico poderia ter mais influência sobre a recuperação dos doentes do que a própria medicina. Por sua grande competência clínica foi convidado a lecionar na Universidade da Basiléia, onde queimou as obras de Galeno e Avicena, por terem impedido o progresso da medicina durante séculos, e acusou seus colegas de propagarem a falsidade. Pagou caro por isso e foi expulso da Universidade, dois anos após seu ingresso.

De acordo com Carvalho Lopes (1970), Paracelso adoeceu gravemente em conseqüência de um ferimento sofrido durante uma de suas habituais bebedeiras e morreu precocemente, aos 48 anos de idade, abandonado como indigente em um hospital. Recebeu, porém, grandes homenagens póstumas.

A profissão médica no Brasil no século XVI

No Brasil, na época do descobrimento, os indígenas utilizavam técnicas na arte de curar, semelhantes a dos tempos pré-históricos. O pajé ou médico-feiticeiro ministrava o remédio e praticava o exorcismo. Utilizavam numerosas espécies da flora brasileira que passaram a ser utilizadas pelos jesuítas que, pouco a pouco, substituíram os pajés a partir de 1549, até 1759, quando foram expulsos por determinação do Marquês de Pombal. Quase todos os padres dedicaram-se à assistência médica, integrando os conhecimentos hipocráticos trazidos da Europa com o que foi aprendido com os índios. Entre eles estavam José de Anchieta e Manoel da Nóbrega que, como seus pares, atendiam indistintamente a homens, mulheres e crianças, brancas, negras ou indígenas.

Poucos foram os médicos ou físicos licenciados, que possuíam diplomas obtidos em Coimbra ou Salamanca, que se aventuraram a vir para o Brasil. Ocuparam cargos de físicos de El-Rei ou da Coroa, do Senado, da Câmara e do "partido" da tropa, além de atenderem à clínica privada. Acredita-se que Jorge Valadares foi o primeiro licenciado a exercer a profissão no Brasil, tendo sido físico-mor de Salvador de 1543 a 1553. Os físicos que não ocupavam cargos oficiais gozavam de pouco prestígio social, assim como os cirurgiões-barbeiros, que aprendiam a profissão com os mais velhos e monopolizavam o exercício da medicina devido à escassez de físicos.

Foi ainda no século XVI que as Irmandades de Misericórdia criaram as Santa Casas, destinadas a atender os pobres, assim como as enfermarias dos jesuítas. Acredita-se que a primeira delas foi criada por Brás Cubas, em Santos, em 1543. Para outros historiadores, a primeira Santa Casa foi criada em Olinda, em 1540. Até o início do século XX, foram elas as principais instituições responsáveis pela assistência hospitalar no Brasil, sempre tendo presente o espírito beneficente e recebendo doações para se manter. O provedor e os demais dirigentes dessas instituições exerciam gratuitamente os seus cargos e pouca era a ajuda da fazenda pública. Algumas dessas instituições estão em atividade até os dias de hoje, contribuindo para a assistência médica e para a formação de futuros profissionais (Santos Filho, 1966).

O século XVII

Foi no início do século XVII que Harvey (1578-1657), um dos maiores nomes da história da medicina, descobriu a circulação do sangue. Nascido na Inglaterra, estudou em Pádua, onde foi aluno de Fabricius, sucessor de Vesálio e Falópio. É digno de nota que ele jamais esqueceu seus predecessores e confessava que, graças a Servet e a Fabricius, alcançara o sucesso de sua descoberta (Carvalho Lopes, 1970).

Segundo Lyons e Petrucelli (1997), Sydenham (1624-1689), conhecido como o "Hipócrates inglês", foi a mais importante autoridade clínica do século XVII e ainda que tivesse conhecimento sobre a hipótese de Harvey sobre a circulação do sangue, não a considerou de utilidade médica, assim como a anatomia microscópica.

O século XVII não foi um período de inovações quanto à educação médica. Os professores seguiam, de modo geral, os trabalhos clássicos e os critérios para a avaliação dos estudantes, na sua maioria desrespeitosos e briguentos, variavam muito de uma escola para outra. Na maior parte dos países da Europa havia o bacharelado em letras como condição para o ingresso no curso médico. A licenciatura e o doutorado podiam, juntos, levar treze anos, sendo que o último concedia maiores privilégios. Muitos estudantes eram da classe média e alguns pertenciam à pequena nobreza. O acesso ao curso para os filhos de médicos era mais fácil, enquanto que os judeus não convertidos, bastardos e filhos de carrascos encontravam grandes dificuldades para serem aceitos.

Na França havia 24 escolas médicas, dentre as quais Montpellier (liberal) e Paris (dogmática) estabeleciam grande rivalidade entre si. Na Rússia, porém, no início do século XVII, existiam apenas vinte médicos, todos formados no exterior, pois não havia nenhuma escola médica naquele país. Enquanto esses poucos médicos atendiam a corte e a realeza, a maior parte da população era atendida por monges, por mulheres que conheciam as plantas medicinais ou por barbeiros.

Na Inglaterra e na França foram criadas sociedades científicas e o Colégio de Médicos Britânicos tinha a função de zelar pela profissão, combatendo o curandeirismo e outros grupos afins com a medicina como o dos farmacêuticos. Além disso, supervisionava os honorários e estabelecia os limites da competência dos médicos.

Em geral, os médicos recebiam bons honorários, eram considerados em alta estima e reconhecidos como parte da elite intelectual. Apesar disso, as limitações da medicina e a arrogância de alguns de seus praticantes não escapou da sátira mordaz de escritores e artistas plásticos. A imagem deixada pelos médicos do século XVII pode ser caracterizada pela arrogância, pelo pedantismo, pela vaidade e pela imponência. Desnorteados diante das mais diversas teorias, formavam facções, sustentando polêmicas inamistosas contra os rivais, confundindo seus pontos de vista com suas personalidades. Os cirurgiões não alcançavam o nível social e acadêmico dos médicos, sendo que os cirurgiões "verdadeiros" realizavam grandes cirurgias (tumores, plásticas, perfurações intestinais), enquanto que os cirurgiões-barbeiros realizavam sangrias, cuidavam de fraturas e de feridas.

Foi no século XVII que o comerciante de tecidos Leeuwenhoek descobriu o microscópio casualmente, ao utilizar uma lente para cortar fios. Em 1661, Malpighi completou a obra de Harvey, utilizando o microscópio para descrever os capilares e pagou caro por isso: dois colegas conservadores da Universidade de Bolonha atacaram-no em sua casa, enquanto os professores de anatomia insultaram-no publicamente. Apesar da dissecção ser praticada em toda Europa, principalmente em cadáveres obtidos por meio de ladrões de cemitérios, havia ainda grande oposição da opinião pública. Esse século ficou marcado pelo abismo entre a prática médica e o progresso das investigações científicas. Os médicos eram mal treinados e, como vimos, detestavam inovações.

Na Escola de Paris lecionava-se filosofia, anatomia, higiene, patologia, botânica e cirurgia. Ao terminar o curso, o estudante defendia uma tese, durante um ano inteiro, defesas que se transformavam em verdadeiros duelos intelectuais, servindo como exercícios de argumentação e dialética. Entre os temas escolhidos pelos alunos, alguns eram bastante curiosos: "O médico deve usar túnica e barba?"; "Os cabelos brancos dão mais autoridade ao médico?", "O amor é uma doença?", "O médico deve casar-se?". Entretanto, em geral, os temas eram ligados à fisiologia ou patologia. Depois das defesas, havia a colação de grau, com vestes majestosas. Muitos alunos trabalhavam em condições fatigantes para conseguir o dinheiro necessário para cobrir as despesas da tese e alguns casavam-se com as filhas de seus professores que se honravam com a profissão de realce do seu genro e o auxiliavam na sua ascensão profissional.

Quanto mais ocupado, mais valorizado era o médico mas, como em outras épocas, havia certa resistência no momento do pagamento de seus honorários, que ocasionalmente chegavam a ser cobrados por via judicial. A família real francesa era atendida por professores de Paris ou Montpellier, o que aumentava ainda mais a rivalidade entre essas escolas. Os escolhidos tornavam-se íntimos da corte e tinham acesso a todas as dependências do palácio, chegando a serem encarregados de missões secretas. Todos os médicos eram submetidos a regras éticas e a publicidade exagerada era proibida (Carvalho Lopes, 1970; Lyons e Petrucelli, 1997; Margotta, 1996).

A profissão médica no Brasil no século XVII

Os poucos físicos existentes no Brasil eram principalmente portugueses e espanhóis, mas havia também os de nacionalidade brasileira, francesa e holandesa. Willem Piso (1611-1678), médico holandês, trabalhou em Recife de 1637 a 1644, a convite de Maurício de Nassau e em 1648 publicou o primeiro tratado de patologia brasileira, denominado *De Medicina Brasiliensi.*

Outros profissionais que atuavam no campo da medicina eram os boticários e barbeiros. Assim como os físicos e cirurgiões barbeiros, os boticários eram cristãos-novos (judeus convertidos), de condição socioeconômica inferior, e naturais da Espanha e Portugal. Como não havia escolas de farmácia, aprendiam o ofício com colegas mais experientes e após a realização de exames recebiam uma carta que os autorizava a trabalhar oficialmente. Muitos, porém, aviavam as receitas sem possuírem carta e concorriam com os físicos e cirurgiões na prática da medicina.

O barbeiro, por sua vez, foi o mais humilde dos profissionais da medicina e o mais solicitado, realizando pequenas cirurgias. Assim como os boticários, deveriam possuir uma carta de "examinação", o que nem sempre acontecia. Negros e mulatos exerciam a profissão e os que eram escravos se viam forçados a entregar o ganho a seus senhores. Havia ainda os "curadores" (leigos que exerciam a profissão) como os jesuítas, já citados, e os fazendeiros, além daqueles que exerciam o curandeirismo, utilizando terapêutica mágica e sugestiva. Em geral, físicos e cirurgiões não realizavam partos, função que era determinada às "comadres" ou "aparadeiras", em geral de inferior condição social, brancas ou mulatas. Além de partos, praticavam abortos e tratavam as doenças venéreas.

Em 1683 é publicado em Lisboa o primeiro livro em português da medicina brasileira, por Simão Ribeiro Morão, intitulado *Tratado único das bexigas e sarampo*, que versava sobre varíola e sarampo (Santos Filho, 1966).

A profissão médica no século XVIII

O caráter conservador dos médicos impediu que a medicina evoluísse no mesmo ritmo do que o de outras áreas científicas durante o século XVIII e, surpreendentemente, foi nesse século que o charlatanismo, que sempre esteve presente na história da medicina, atingiu seu apogeu. Os engodos mais conhecidos foram aplicados por Stephans, que cobrava caro por um remédio que, segundo ele, era capaz de dissolver os cálculos renais e por Graham que, por meio de artefatos elétricos, dizia garantir o êxito amoroso de seus clientes.

Mesmer (1734-1815) não pode ser considerado um charlatão pois, supõe-se, agia de boa fé. Formou-se em medicina em Viena, difundindo a tese de que os planetas influenciam a saúde humana por meio de um fluido misterioso, o "magnetismo animal". Criou, assim, a terapia magnética: em luxuosos e perfumados consultórios, com iluminação especial e música ambiente, vestido de robe de seda vermelho, tocava os clientes sentados em círculos e os induzia a um transe hipnótico e, pela sugestão, convencia a todos que estavam curados. Apesar de não ter a consciência do que fazia, abriu caminho para Bernheim, Charcot e Freud.

No começo do século, antigas escolas médicas do norte da Itália perderam a sua hegemonia e novas escolas competiam pelo prestígio junto aos estudantes. O sucesso da escola, muitas vezes, dependia de seus mestres. Foi o que aconteceu com a Universidade de Jeiden, liderada por Boerhaave (1668-1738), que a converteu no centro médico mais importante da Europa. Além de grande professor com fundamentos eminentemente hipocráticos, aprofundou os seus conhecimentos na música e literatura. Haller (1708-1777), um de seus alunos, considerado um dos pais da fisiologia, escreveu livros sobre teologia e poesia, além de quatro romances.

Em 1761, Morgagni (1682-1771) publicou o trabalho fundador da anatomia patológica ao estudar as diferenças anatômicas entre as pessoas saudáveis e as doentes, associando sintomas e anormalidades. Lavoiser (1743-1794), pai da química moderna, descreveu o processo de respiração e aplicou sua descoberta à saúde pública, mostrando a importância da existência de certo volume de ar por pessoa em locais fechados. Infelizmente o homem que lutou para que as pessoas tivessem um espaço vital suficiente para respirar foi morto na guilhotina por aqueles a quem pretendia ajudar.

Foi também no século XVIII que Jenner (1749-1823), uma das mais importantes figuras da história da medicina, descobriu a vacina da varíola, doença que naquele século causava 600 mil mortes por ano na Europa. Certa vez, uma camponesa lhe disse durante uma consulta que jamais teria varíola porque já havia tido varíola bovina. Impressionado pelo que ouvira, Jenner conversou com fazendeiros e constatou a veracidade da informação. Mais de vinte anos depois, em 1796, o rapaz, que desde a infância queria ser médico e aos 13 anos já era auxiliar de um cirurgião, apresentou seu relatório sobre o sucesso da vacina contra a varíola à Sociedade Real Britânica, que o advertiu fortemente e o aconselhou a abandonar suas investigações para que não arruinasse a sua reputação. Jenner não seguiu tal conselho e, com o apoio de seu mestre Hunter, publicou, dois anos depois, o seu trabalho, que foi reconhecido em todo o mundo.

Auenbrugger (1722-1809), representante da escola vienense, inspirou-se em seu pai, dono de uma estalagem, que tinha o costume de percurtir os barris de vinho para saber o quanto restava. Em 1761 publicou um trabalho descrevendo a técnica da percussão torácica, um dos procedimentos diagnósticos de maior utilidade médica, utilizado até os nossos dias. Ridicularizado por seus colegas, seu livro foi redescoberto somente cinqüenta anos depois pelo médico de Napoleão e, a partir de então, foi divulgado para todo mundo.

É digno de nota que em 1765 Morgan cria a primeira escola médica norte-americana, na Filadélfia, seguindo os modelos europeus e que em 1769 foi publicada a primeira revista médica, na França, *Journal des nouvelles décourverts sur touts les partis de la médicine* (Carvalho Lopes, 1970; Margotta, 1996; Scliar 1996; Lyons e Petrucelli, 1997).

A profissão médica no Brasil no século XVIII

A partir do século XVIII, alguns físicos formados na Europa passam a desfrutar de uma boa condição socioeconômica. Surgem os "cirurgiões-aprovados", que faziam cursos teórico-práticos em hospitais e que após um exame recebiam uma carta que lhes autorizava praticar a cirurgia e a medicina, esta última apenas onde não existissem físicos. Além deles, chegam ao país os primeiros "cirurgiões diplomados", formados em faculdades de medicina européias. Com a expulsão dos jesuítas, os antigos edifícios dos Colégios da Campanhia de Jesus passaram a abrigar os hospitais militares que, juntamente com as Santas Casas de Misericórdia, formaram alguns cirurgiões barbeiros (Santos Filho, 1966).

A profissão médica no século XIX

A partir do século XIX, a medicina passa a se desenvolver rapidamente e de forma linear, dando fim à alternância de progresso e estagnação que caracterizara a sua história até então.

Bichat (1771-1802), sem utilizar microscópio, identifica 21 tipos de tecidos diferentes e falece prematuramente, vítima de uma infecção contraída na sala de dissecção. Laennec (1781-1826), que desde a infância demonstrou desejo de ser médico, foi orientado por seu tio, professor da Faculdade de Medicina de Nantes, onde iniciou sua formação. Estudioso e astuto, certa vez observou que os batimentos cardíacos eram mais audíveis quando um tubo de madeira era interposto entre seu ouvido e o paciente. Nasceu, assim, o estetoscópio, um dos instrumentos mais úteis para o exame físico, utilizado até hoje e que se transformou em um símbolo da profissão médica.

O conflito vocacional foi vivido até por expoentes da medicina. Um exemplo foi Claude Bernard (1813-1878), um dos maiores fisiologistas de todos os tempos que, após ter iniciado a carreira de farmacêutico, dedicou-se ao teatro. Ao mostrar sua peça a um professor da Sorbonne, ouviu a seguinte apreciação: "Meu caro rapaz, você tem trabalhado numa farmácia e a sua cabeça está cheia de idéias. Do que você gosta é de ciência, não de teatro" (Margotta, 1996, p. 141). Matriculou-se então em medicina e, logo após se formar, foi nomeado assistente do grande fisiologista Magendie, tendo publicado entre 1854 e 1878 dezoito volumes dedicados à fisiologia e à farmacologia, sendo considerado o introdutor da metodologia científica na pesquisa médica.

No início do século XIX, as salas de cirurgia ainda não observavam o menor cuidado com a higiene. Um paciente com gangrena era operado na mesma sala onde se operava outro com apendicite e no mesmo local realizavam-se autópsias. A jaqueta suja de sangue e pus do cirurgião lhe dava notoriedade por demonstrar sua grande experiência! O mau odor das enfermarias era visto com naturalidade e chamado de odor cirúrgico, enquanto que a mortalidade nos casos de amputações variava de 90%, na época das guerras e epidemias, e 45% quando realizada sob boas condições! Somava-se a essas dificuldades o milenar problema do controle da dor, que desde épocas remotas atormentava os pacientes e os cirurgiões.

Para alívio da humanidade, surge nesse século a anestesia, cuja descoberta contou com a contribuição de alguns médicos, químicos e dois dentistas. Em 1842, Long (1815-1878) realiza três cirurgias com anestesia, utilizando o éter sulfúrico e, a partir daí, gradualmente, essa prática passa a ser utilizada em todo o mundo.

O obstetra húngaro Semmelweiss (1818-1865) observou de forma brilhante, em 1847, que parturientes atendidas pelas parteiras apresentavam uma baixa incidência de mortalidade por febre puerperal (3%), enquanto que entre as mulheres atendidas por médicos ou estudantes a mortalidade era de 10 a 20%. Chamou-lhe também a atenção a morte de um colega após ferir-se com um bisturi na sala de autópsia e o fato de os estudantes ajudarem os partos após terem participado de autópsias. Concluiu, então, que alguma substância decomposta dos cadáveres estava contaminando as mulheres e solicitou que os estudantes lavassem as mãos antes dos partos. Com isso, o número de óbitos reduziu-se de forma estrondosa. Comunicou o fato à Sociedade Médica de Viena e foi imediatamente atacado e demitido de seu posto na maternidade. Em 1894, anos depois de sua morte, por septicemia, foi homenageado com um monumento em Budapeste. Por tudo o que fez, é considerado como o introdutor da antissepsia baseada na estatística, antes da formulação da teoria microbiana.

Sem ter conhecimento do trabalho de Semmelweiss, Lister (1827-1912) observou que fraturas expostas se infeccionavam com maior facilidade e concluiu que a pele constituía-se em uma barreira contra possíveis agentes patogênicos. Passou, então, a exigir rígida limpeza das salas cirúrgicas e utilizou o ácido fênico para desinfetar a pele dos pacientes e os instrumentos cirúrgicos. Em 1867, publica na revista *The Lancet* suas experiências, que foram recebidas, inicialmente, com ressalvas. Porém, poucos anos depois, seu trabalho passou a ser aceito em todo o mundo, com o apoio do monumental químico Pasteur (1822-1895), o homem que provou que os microorganismos são os causadores das doenças e que poderiam ser destruídos por meio do calor. Descobriu ainda a vacina contra raiva e foi universalmente aclamado como benfeitor da humanidade. A antissepsia é seguida, então, pela assepsia. Em 1886, o alemão Bergmann introduz a esterilização a vapor, utilizando as medidas preventivas de Pasteur. Halsted, em 1890, utiliza pela primeira vez luvas de borracha esterilizadas nas cirurgias. Assim, a mortalidade pós-cirurgia cai drasticamente e finalmente o cirurgião ganha o seu merecido reconhecimento como médico.

Em 1895, o físico alemão Roentgen descobre casualmente os raios X e a física Marie Curie descobre o rádio em 1898, uma poderosa arma contra o câncer. Com generosidade, recusou-se a explorar comercialmente a sua descoberta, afirmando tratar-se de um patrimônio da humanidade. O século XIX termina com a publicação da genial obra de Freud *A interpretação dos sonhos*, em 1900, desvendando as profundezas da alma humana.

Na primeira metade do século XIX, os avanços na fisiologia, patologia e química não tiveram uma influência imediata na prática médica. Devido a seus fracassos terapêuticos, os médicos eram até temidos pela população e havia aqueles que difundiam a não regulamentação da profissão, para que os pacientes pudessem escolher tratamentos alternativos. Em 1807, um pequeno grupo de médicos norte-americanos criou a Universidade de Maryland e a partir de então foram seguidos por muitos. Três ou quatro médicos elaboravam um estatuto, alugavam um edifício e, por meio de campanhas publicitárias, recrutavam estudantes. O curso era teórico e durava de oito a quartoze semanas! As escolas dependiam das mensalidades e por isso aceitavam quase todos os candidatos. A primeira reunião da American Medical Association, em 1847, sugeriu que o curso fosse estendido até seis meses, mas aquelas escolas que seguiram essa recomendação tiveram o número de matrículas reduzido drasticamente. Por essa razão, o nível da educação médica permaneceu baixo até o final do século, com exceção de Harvard, que instituiu, em 1871, a graduação em três anos e um curso acadêmico de nove meses, sendo seguida em pouco tempo por três outras escolas. Em 1893, a Universidade de Johns Hopkins reformulou radicalmente o ensino médico, solicitando para o ingresso um título universitário e estabelecendo um currículo de quatro anos.

Na França, aqueles que praticavam medicina eram divididos em doutores em medicina, doutores em cirurgia e funcionários da saúde pública, com requisitos e exames diferentes, enquanto que na Alemanha as regras variavam de acordo com o território. Na Prússia, por exemplo, havia três classes de médicos: os graduados após quatro anos de estudos na universidade e que se submetiam a difíceis exames; os médicos para feridas de primeira classe, com poucos anos de formação e exames menos exigentes; finalmente, os médicos para feridos de segunda classe, com pouca formação e exames fáceis. Usualmente os médicos recebiam um salário do estado mas podiam ter concomitantemente a sua clínica particular.

A tendência irreversível à especialização que se iniciou no século XIX inicialmente foi mal vista, pois era uma estratégia freqüentemente utilizada pelos charlatães, além de ser um duro golpe na tradição médica. Mas as pressões dos avanços científicos fizeram com que o médico não pudesse mais conhecer todas as áreas e os pacientes passaram a procurar os especialistas, que cobravam maiores honorários e trabalhavam menos, tendo com isso uma qualidade de vida melhor (Alexander e Salesnik, 1966; Carvalho Lopes, 1970; Margotta, 1996; Scliar, 1996; Lyons e Petrucelli, 1997).

A profissão médica no Brasil no século XIX

Ao chegar ao Brasil, em 1808, o Regente D. João criou duas escolas de cirurgia, na Bahia e no Rio de Janeiro. Pouco tempo depois, transformaram-se em "Academias Médico-Cirúrgicas", sediadas nas Santas Casas e formavam "cirurgiões aprovados" em cinco anos ou "cirurgiões diplomados" em seis anos. Em 1832, D. Pedro II transformou as Academias em Faculdades de Medicina. O curso passou a ter sempre seis anos e abrangia matérias como física, química, botânica, anatomia, fisiologia, patologia, clínica e cirurgia, entre outras. No final do curso, após a defesa de uma tese, o aluno recebia o título de doutor em medicina. No final do século foram incluídas nove matérias como ginecologia, psiquiatria e oftalmologia, entre outras.

Os médicos formados por essas duas escolas substituíram os físicos do passado e conquistaram um prestígio social nunca atingido até então, além de serem vistos com grande estima pela população. Apresentavam o perfil do médico de família, que atendia a todos os membros da família, ora como clínicos, ora como cirurgiões ou como parteiros. Eram, ainda, conselheiros da família para problemas emocionais e dificuldades do cotidiano.

É também digno de nota que, em 1808, foi impresso o primeiro livro de medicina do Brasil, de Manuel Vieira da Silva, intitulado *Reflexões sobre alguns dos meios propostos por mais conducentes para melhorar o clima da cidade do Rio de Janeiro*. Em 1827, surge a primeira revista médica brasileira, *O Propagador das Ciências Médicas*. Dois anos depois foi criada a Sociedade de Medicina do Rio de Janeiro e, em 1888, realizou-se, na mesma cidade, o "Primeiro Congresso Brasileiro de Medicina e Cirurgia" (Santos Filho, 1966).

A PROFISSÃO MÉDICA NO SÉCULO XX

A profissão médica no século XX apresentou duas fases distintas, sendo que a primeira delas durou aproximadamente até o final da década de quarenta. No transcorrer da primeira fase, destacou-se a figura do médico de família, que atendia principalmente em seu consultório ou na casa de seus pacientes particulares e que recebia seus honorários de acordo com os serviços prestados. A tecnologia disponível era muito limitada e a função do médico, um profissional de grande prestígio, era tratar apenas de pessoas doentes, havendo pouca ênfase à prevenção. Considerava-se um bom médico aquele que era gentil, simpático e agradável para com seus pacientes, e grande parte da população não tinha acesso à assistência médica (Greenlick, 1995).

A partir da segunda metade do século XX, houve dramáticas transformações na profissão médica. Graças aos grandes avanços nas áreas diagnóstica, terapêutica e cirúrgica, nunca as pessoas viveram tanto, estiveram com tanta saúde e jamais, na história da medicina, as realizações médicas foram tão grandes. Paradoxalmente, nunca tantas dúvidas pairaram sobre a medicina e sobre os médicos, que nunca foram tão desaprovados como nos dias de hoje (Hay, 1988; Porter, 1996).

No intuito de oferecer assistência médica para toda a população, diversos países criaram serviços nacionais de saúde. Como exemplo, temos a Inglaterra onde, desde o final da década de 1940, todos os cidadãos contribuem para o sistema de saúde e todos têm acesso a ele, e os médicos, apesar de serem funcionários públicos, podem ter consultórios particulares, que são procurados por apenas 4% da população. No Canadá, criou-se o chamado *Medicare*, na década de 1960, em que o dinheiro recolhido pelo governo é repassado aos Conselhos Provinciais. O médico, que não é funcionário público, atua em seu consultório particular, podendo ou não participar do programa de saúde, porém 95% deles participam. Os pacientes têm a liberdade de escolher seus médicos e os honorários são pagos pelos Conselhos.

Na maioria dos países, toda a população tem acesso ao atendimento médico gratuito, o que mostra que no século XX o Estado passou a investir pesadamente na área de saúde. O sistema norte-americano é uma exceção pois, aproximadamente, 80% da população estão vinculados a seguradoras privadas e não têm direito ao atendimento gratuito, restrito apenas àqueles que não têm seguro.

Apesar disso, o país gasta cerca de 13% de seu produto interno bruto com a saúde, o que corresponde a U$ 3.500 *per capita*/ano (Pinheiro, 1998; Conselho Federal de Medicina, 1998).

A partir da década de 1960, os seguradores norte-americanos passaram a implantar um sistema conhecido como Managed Care que, inicialmente, preconizou a escolha das condutas médicas que, segundo critérios científicos, seriam as melhores (medicina baseada em evidências). A seguir, determinou-se o custo/benefício econômico do tratamento de cada patologia e o quanto se deveria gastar caso o paciente não tivesse uma sobrevida com boa qualidade. Foram, então, criados protocolos determinando todos os procedimentos médicos, da solicitação de exames ao tipo de tratamento e investiu-se na medicina preventiva (Ferraz, 1998).

Outro elemento introduzido pelo Managed Care foi a transferência de riscos das companhias de seguro para os médicos e pacientes. Se o paciente, por exemplo, não comparecer às consultas consideradas necessárias, terá um aumento do custo de sua apólice. Para os médicos, foi criado um sistema de remuneração chamado *captation* em substituição à remuneração por serviços prestados. Criaram-se as HMOS – Health Maintenance Organizations (Organizações de Manutenção da Saúde), pelos quais a empresa de seguro faz um contrato com um clínico geral que atua como *gate keeper* (médico-porteiro). A sua função é cuidar de certo número de "corpos" (esta é a nomenclatura dos seguradores!) ou seja, de um grupo populacional e, para isso, recebe um pagamento mensal fixo. Com a quantia recebida, caberá ao médico-porteiro realizar o atendimento primário desses pacientes e determinar a necessidade de consultas com especialistas, de exames complementares e de eventuais hospitalizações. Como os custos desses procedimentos serão pagos com o dinheiro recebido antecipadamente, quanto menos dinheiro for gasto com os pacientes, mais ele ganhará. Em suma é premiado o médico que, nos moldes do sistema, puder desempenhar o papel de bom gerenciador de recursos. Há, porém, alguns planos de saúde mais caros (rede de provedores selecionados) onde não há o médico-porteiro e os segurados podem escolher os seus médicos, desde que sejam credenciados (Conselho Federal de Medicina, 1998; Pinheiro, 1998).

Inúmeras críticas vêm sendo feitas ao Managed Care. Kassirer (1998) assinala que os médicos norte-americanos consomem cada vez mais o seu tempo com trabalhos burocráticos: preenchimento de relatórios, solicitação de permissão para utilizar recursos e telefonemas para pacientes quando ocorrem mudanças nos formulários. Para manter sua renda, trabalham mais horas e têm pouco tempo para os familiares, para a realização de atividades físicas, para reflexão pessoal ou para se dedicar aos estudos. Os médicos estão cada vez mais limitados quanto à autonomia para tomar decisões clínicas como encaminhamentos para exames, para especialistas e até para decidir qual é a melhor terapêutica. Por sua vez, Pinheiro (1998), ao analisar a função do médico-porteiro, indaga: "Que tipo de atendimento poderá ter um paciente quando o rendimento do seu médico irá depender da não prestação de serviços?". E conclui: "Reside aí a perversidade do sistema" (p. 48). O autor faz ainda uma forte crítica à limitação da autonomia do médico no Managed Care e cita um exemplo:

> *Para ser atendido em uma avaliação psiquiátrica inicial, o paciente deve ser pré-autorizado pela seguradora. Depois dessa avaliação, o psiquiatra deve mandar um plano de tratamento que varia entre duas e quatro páginas, dependendo da empresa. A seguradora, então, irá julgar se o tratamento proposto é ou não uma "necessidade médica". Se não for, o pagamento é negado. Se for, revisores clínicos* (clinical reviewers) *autorizam de três a seis sessões, sendo que aos psiquiatras só são permitidas sessões de 15 minutos para "revisão de medicação"* (medication check). *Depois das sessões autorizadas, o psiquiatra deve fazer outro relatório pedindo autorização para mais sessões e assim por diante, três ou quatro sessões sendo aprovadas de cada vez* (Pinheiro, 1998, p. 49).

Para conter os custos e aumentar seus lucros, as empresas de Managed Care implantaram um sistema de prontuários informativos para controlar os pedidos de exames e para ter acesso à história pregressa e familiar dos pacientes. Realizam também a comparação de procedimentos, resultados e custos entre as equipes de um mesmo hospital e de hospitais diversos. Aqueles que gastam mais são descredenciados (Conselho Federal de Medicina, 1998). Conclui-se que a saúde nos Estados Unidos virou *"big business"* (Pinheiro, 1998).

Outra crítica freqüente ao Managed Care é o favorecimento da deterioração da relação médico-paciente. Em um editorial do Jornal da Associação Paulista de Medicina, o presidente dessa entidade protesta de forma contundente contra esse sistema:

> *Os nossos pacientes e nós, o que estamos fazendo aqui? Há ainda espaço para nós, figuras de um passado remoto, transportados para um presente onde a assistência médica é "produto" a ser "vendido"... Pois é, não há lugar para doentes, apenas para órgãos com "defeito". Não há lugar para médicos. Não nos dão tempo para que ouçamos pessoas que sofrem; que nos enteiremos do contexto em que vivem; que sejamos conselheiros; que compartilhemos suas agruras e aliviemos suas dores; que sejamos aqueles que imaginamos um dia ser. ... Distraídos em uma rotina cada vez mais absorvente, deixamos criar um sistema que transforma especialistas em técnico de linha de montagem e clínicos gerais em* "Gate Keepers" *ou gerenciadores (limitadores) de recursos...* (Gomes do Amaral, 1999, p. 2).

Monteleone (1998) também faz duras críticas ao sistema norte-americano de saúde e à perda que impõe à autonomia profissional do médico por meio da criação de protocolos e mostra preocupação quanto ao futuro da profissão médica: "Será que o estudante de medicina, aprendendo por meio de rotinas e disquetes, saberá fazer uma anamnese, um exame clínico, chegar a um diagnóstico, introduzir um tratamento? Será que não robotizamos a medicina?" (p. 10).

Alguns fatores têm sido considerados responsáveis pela emergência do Managed Care.

- Em primeiro lugar, o grande crescimento do número de faculdades, o que aumentou, além do necessário, o número de médicos em todo o mundo. Isso provocou, a partir da década de 1980, uma queda na remuneração dos profissionais (Greenlick 1995; Cohen, 1996; Medicina, 1997).
- Os custos da saúde saíram do controle devido à revolução tecnológica e ao aumento da expectativa de vida da população. A medicina passou a ser prisioneira de seu próprio sucesso (Porter, 1996).
- O povo norte-americano nunca confiou em iniciativas estatais, o que facilitou a criação do Managed Care (Pinheiro, 1998).

Os médicos do século XX passaram também a enfrentar outros problemas. As empresas de seguro transformaram a questão do erro médico em uma verdadeira indústria, enquanto que consultas médicas e vendas de medicamentos vêm sendo feitas pela Internet, nos últimos anos, sem que os órgãos fiscalizadores tenham encontrado um meio de coibir essa prática. É digno de nota também que, no final do século XX, os pacientes deixaram de ser ignorantes no que diz respeito ao saber médico e passaram a ser mais exigentes e questionadores (*Folha de S. Paulo*, 1999; Kassirer,1999; Rios, 1999).

Diante do exposto, pode-se sintetizar, em poucas palavras e com o auxílio de três autores, o que aconteceu com a profissão médica no transcorrer do século XX: a medicina transformou-se de um saber compartilhado entre poucos profissionais liberais de grande prestígio em um campo de informação de domínio público, em um trabalho assalariado, em uma estratégia governamental e em uma atividade capitalista, a "economicina", uma nova e bizarra ciência (Greenlick, 1995; Bittencourt, 1998; Rios, 1999).

A profissão médica no Brasil no século XX

De acordo com Machado(1999), assim como em outros países, o médico brasileiro da primeira metade do século XX exercia sua profissão de forma liberal, como médico de família, e possuía grande prestígio social. O paciente procurava o médico, em geral, por recomendação de terceiros quanto a sua capacidade técnica e a sua experiência clínica e, ao final da consulta, recebia seus honorários. A partir da segunda metade do século, essa realidade transformou-se radicalmente. Foi criado, inicialmente, o sistema de saúde previdenciário do governo e muitos médicos passaram a ser funcionários públicos assalariados.

Posteriormente, surgiu a medicina de grupo (convênios) e os seguros-saúde, que o cliente paga mensalmente para a empresa que, por sua vez, se responsabilizará pelos custos de internações e consultas médicas, quando necessário. Os médicos conveniados que prestam serviços, usualmente, recebem um valor arbitrado pela empresa, no prazo mínimo de um mês após a consulta ou procedimento.

Outro sistema de assistência médica é constituído pelas cooperativas, onde os médicos conveniados são concomitantemente sócios e prestadores de serviços. A maior delas é a UNIMED. É, ainda, digno de nota que o Sistema Único de Saúde (SUS) do governo estabelece contratos entre médicos e hospitais privados em todo território nacional, uma vez que a rede hospitalar pública é insuficiente para atender a população, correspondendo a apenas 30% dos hospitais.

No sistema de convênios, todos os médicos são iguais quanto a direitos e obrigações, independentemente da fase profissional em que se encontram e de sua qualificação, sendo que o pagamento é igual a todos. A autonomia do médico, técnica e econômica, se perde e passa a ser ditada pelos interesses das empresas, havendo com isso grande prejuízo na qualidade do atendimento e da relação médico-paciente.

O Brasil tornou-se um campo atraente para as empresas de Managed Care que já fizeram as primeiras tentativas para se instalar no país. Isso se deve ao fato de o mercado norte-americano estar saturado, ao baixo investimento do governo brasileiro na saúde (U$ 300,00 *per capita*/ano) e ao excessivo número de médicos existentes no país, acima do que recomenda a Organização Mundial de Saúde, 1/1.000 habitantes (Iriart, 1999; Machado, 1999). É digno de nota que esse crescimento se deu nas últimas três décadas do século devido à abertura indiscriminada de escolas médicas, sendo que, em 1970, havia, em média, apenas 0,48 médicos por 1.000 habitantes. Outro dado importante é que a grande maioria dos médicos brasileiros está concentrada nas regiões sudeste (1,64/1.000 habitantes), sul e centro-oeste (1,23/1.000 habitantes), enquanto nas regiões norte (0,52/1.000 habitantes) e nordeste (0,66/1.000 habitantes) há carência de médicos (Machado, 1999, Iriart, 1999).

Machado(1999) propõe que a vida profissional do médico brasileiro seja dividida em cinco fases:

- *Início da vida profissional:* encontra-se nessa fase um grupo que é constituído por jovens com menos de 30 anos e que em 1995 correspondia a 12,3% dos médicos brasileiros. Concentram-se nas capitais das regiões sul e sudeste, sendo que mais da metade desse grupo reside no estado de São Paulo. Estabelecem seus primeiros vínculos empregatícios informalmente e recebem, em média, U$ 786 por mês. Esse período é marcado pela procura de uma entre as 65 especialidades reconhecidas pelo Conselho Federal de Medicina e alguns, posteriormente, procuram sub-especialidades.
- *Afirmando-se no mercado:* este grupo é constituído por 16,8% dos médicos do país e estão formados de cinco a nove anos. Muitos terminam a residência médica ou algum curso de especialização e começam a se deslocar para o interior. Com clientela em consultório ainda incipiente, trabalham preferencialmente no setor privado, apesar da presença no setor público ainda ser grande. Possuem três ou mais atividades e têm renda média mensal de U$ 1053.
- *Consolidando-se na vida profissional:* são médicos formados entre 10 e 24 anos, o que corresponde a 50,7% dos profissi-

onais brasileiros. Têm até 49 anos de idade e dominam qualitativamente e quantitativamente o mercado de trabalho. Cai a participação no setor público e aumenta no consultório, porém continuam tendo um número de atividades semelhantes ao grupo anterior. A renda mensal sobe para U$ 1595.

- *Desacelerando as atividades médicas:* com idade entre 50 e 59 anos, formados há mais de 25 anos, são médicos que buscam reduzir suas atividades, conciliando um emprego público ou privado com consultório, que passa a ter maior representatividade. Correspondem a 11,6% dos médicos e têm, em média, renda de U$ 2132 por mês.
- *Paralisando a vida profissional*: este grupo é constituído por médicos com mais de sessenta anos de idade e corresponde a 8,6% do contingente médico brasileiro. Trabalham principalmente no consultório e no setor privado, concentram-se nas capitais e possuem a maior renda de todos os grupos, com uma média de U$ 2192. Cabe lembrar, porém, que em 1995, época em que a pesquisa foi realizada, o real estava supervalorizado, o que pode ter deturpado os resultados, superestimando a renda dos médicos.

2. A Mulher na Medicina

"Diferença não é sinônimo de desigualdade"

Liliana Segnini

A história mostra que, desde os primórdios da civilização, a profissão médica foi exercida quase que exclusivamente por homens. Na Grécia, na época de Hipócrates, as mulheres, que eram sempre relegadas a uma posição secundária, eram consideradas incapazes para o exercício da profissão médica e, quando muito, atuavam como parteiras.

Em Roma, algumas mulheres chegaram a ser consideradas como médicas, em uma sociedade que lhes conferia maiores direitos do que na Grécia, enquanto que na China a obstetrícia era realizada pelas mulheres e há documentos demonstrando que algumas delas chegaram a exercer a medicina durante a dinastia Han (206 a.C.-220 d.C.). Na medicina árabe, as mulheres também atuavam como parteiras, uma vez que os médicos eram proibidos de tocar na genitália de mulheres desconhecidas.

Na Idade Média, as restrições em relação às mulheres na medicina eram as mesmas, mas filha e esposa de médicos das classes baixas exerciam a medicina de forma disfarçada e, além disso, nas ordens religiosas cristãs, as mulheres atendiam os doentes (Lyons e Petrucelli, 1997).

A escola de Salerno, na Itália, que atingiu seu apogeu no final do século XI, admitia mulheres como alunas. Algumas dessas estudantes foram citadas pelo nome, nos famosos versos da escola, que eram utilizados como método didático: *"Ut ferrum magnes, juvenes sic attrahit Agnes"* (Agnes atrai os rapazes como o ferro atrai o magneto, Margotta, 1996, p. 52). Uma dessas estudantes, Trotula, escreveu um tratado de obstetrícia que foi utilizado durante quinhentos anos. Para alguns historiadores, ela não tinha sido médica, mas sim parteira ou mulher de um famoso médico (Margotta, 1996).

No final do século XIV havia na Alemanha quinze mulheres médicas autorizadas, sendo que no século seguinte esse número aumentou pelo fato de o imperador ter contratado mulheres para atender os pobres. No século XVII, Mme Bousier, na França, publica o primeiro livro científico sobre obstetrícia. Na Inglaterra, Elizabeth Cellier cria um hospital especial para mulheres e acaba tendo seus livros queimados devido as suas críticas ao rei. Em geral, as mulheres não eram aceitas para o ensino e a prática médica, com exceção na Itália e na Alemanha, como vimos.

Uma história impressionante é a de James Barry (1797-1867), uma mulher que se travestiu de homem para poder atuar como cirurgiã do exército britânico, onde gozou de notável reputação por cinqüenta anos. Apenas na sua autópsia descobriu-se que se tratava de uma mulher mas, apesar disso, foi enterrada como homem.

Nos Estados Unidos, como na Europa, as escolas médicas estavam fechadas às mulheres no período colonial, embora algumas delas atuassem como parteiras ou farmacêuticas. Harrier Hunt (1850-1875) foi impedida de assistir às aulas do curso médico em Boston e, depois de muitos obstáculos, conseguiu obter um doutorado como homeopata. Elizabeth Blackwell (1821-1910), após ser recusada por diversas escolas, foi aceita em uma pequena faculdade de Nova York por meio de um método bastante curioso: o diretor, já prevendo que seria recusada, perguntou a seus alunos qual a sua opinião a respeito de seu ingresso na escola. Os alunos, acreditando tratar-se de uma piada, deram um parecer favorável, fato que provocou grande revolta na cidade. Blackwell pôde freqüentar o curso, com exceção das aulas de anatomia do aparelho reprodutor masculino e dois anos depois, em 1849, licenciou-se.

Sua irmã, Emily, também enfrentou muitas dificuldades, mas conseguiu se formar em Cleveland, junto com outras mulheres e foi acolhida, posteriormente, por um famoso obstetra, James Simpson. Em 1857, as irmãs Blackwell e Marie Zakrzewska, médica vinda de Berlim, fundaram o hospital para mulheres pobres e crianças de Nova York, instituição que acolhia as mulheres que tentavam entrar na profissão.

Mary Putman Jacobi (1842-1906) formou-se pela primeira faculdade de medicina feminina do mundo, fundada em 1850, a Faculdade de Medicina para Mulheres da Pensilvânia e, posteriormente, formou-se também pela Universidade de Paris. Pediatra, trabalhou com Elizabeth Blackwell e recebeu um cobiçado prêmio por um trabalho enviado, propositalmente, de forma anônima.

A maior parte das escolas que eram contrárias à entrada de mulheres mudou de posição até o final do século XIX. Porém as cátedras eram sempre ocupadas pelos homens e as sociedades médicas não aceitavam mulheres como membros, e, apenas em 1915, passaram a ser aceitas como membros da Associação Médica Americana.

Na Inglaterra, a primeira mulher a obter a graduação médica foi Elizabeth Garrett (1836-1917), em 1865, após ser recusada por inúmeras escolas, em uma verdadeira odisséia. Em 1870, recebeu o título de doutorado em Paris e obteve grande sucesso profissional, chegando a ser reitora, por vinte anos, da Faculdade de Medicina para Mulheres de Londres, fundada em 1874. Mas Garrett foi uma exceção pois, em geral, as mulheres não eram aceitas pelos bons hospitais. Apenas no final do século é que quase todas as universidade européias passaram a aceitar mulheres.

A partir do século XX, a mulher, definitivamente, divide com os homens a profissão médica. Porém, não eram aceitas em algumas especialidades como cirurgia, ortopedia e urologia, além de raramente ocuparem altos cargos acadêmicos.

Marie Curie (1867-1934), já citada, foi umas das cientistas mais importantes da história e, apesar de ter ganho o Prêmio Nobel por duas vezes (física e química), não foi aceita na Academia Francesa de Ciências por ser mulher. Em 1947, Gorti Cori destaca-se como a primeira mulher a receber o Prêmio Nobel de Medicina por uma descoberta no campo da genética. Em 1977, a física Rosalyn Yalow repete o feito ao desenvolver a técnica do radioimunoensaio, após ter sido afastada de uma faculdade de medicina por ser mulher, na década de quarenta (Porter, 1996; Lyons e Petrucelli, 1997).

A partir da década de cinqüenta, lenta mas progressivamente, as mulheres passaram a estar mais presentes na profissão médica, entretanto sempre com muitas dificuldades. De Angelis (1991), em revisão da literatura, mostra que em 1960 apenas 5% dos médicos dos EUA eram mulheres, sendo que na década de noventa esse número subiu para 30%. As mulheres médicas, em geral, apresentam uma *performance* acadêmica semelhante a dos homens e concentram-se principalmente nas áreas de pediatria (onde são maioria), ginecologia-obstetrícia e psiquiatria, sendo que apenas 4% dos residentes de cirurgia são mulheres.

Enquanto 90% da população feminina norte-americana são casadas, apenas 67% das médicas o são. Porém, divorciam-se com menor freqüência quando comparadas com a população, mas duas vezes mais do que os seus colegas homens. Além disso, as médicas têm menos filhos do que as mulheres da população geral e engravidam mais tardiamente. As médicas ganham menos do que os médicos, participam menos da vida acadêmica e de publicações científicas (Porter, 1996; Lyons e Petrucelli, 1997).

De acordo com De Angelis (1991), Gordin *et al.* (1991), Kruijthof *et al.* (1992) e Goldberg (1995), as mulheres são freqüentemente discriminadas na profissão e são sobrecarregadas por terem que cuidar dos filhos. Osborn *et al.* (1992) chamam a atenção para o fato de que as mulheres são promovidas ao cargo de professor quatro vezes menos do que os homens. Uma pesquisa com estudantes de medicina, médicos assistentes e professores mostrou que as mulheres consideram, mais do que os homens, seus compromissos familiares como uma barreira para a vida acadêmica e que obtêm menor apoio de monitores no transcorrer de sua vida profissional.

Em uma pesquisa sobre as perspectivas da mulher na profissão médica, Kruijthof *et al.* (1992) mostram que na Universidade de Urije, em Amsterdam, as alunas demonstram maior preocupação do que os alunos em relação a questões humanísticas e a seus ideais. Elas temem encontrar mais obstáculos em suas carreiras devido à discriminação e à necessidade de cuidar dos filhos. Os alunos, por sua vez, mostraram maior preocupação com aspectos técnicos da medicina e com a reciclagem de conhecimentos no transcorrer da carreira.

Ao estudar os conflitos interpessoais vividos por 125 estudantes do quarto ano médico, Spiegel *et al.* (1985) mostraram que as alunas relataram viver com maior freqüência situações agressivas com as enfermeiras: eram ignoradas por elas, recebidas de forma não amistosa, além de serem tratadas com irritação e serem questionadas em quase tudo o que diziam.

Em revisão da literatura, Notzer e Brow (1995) mostram que enquanto no oeste europeu e nos EUA o número de mulheres na profissão médica cresce ano a ano, no leste europeu elas já eram maioria, chegando a 56% dos médicos na extinta União Soviética.

O Ocidente, ao considerar a profissão médica uma área masculina, sempre valorizou traços de personalidade como a objetividade, a agressividade e a habilidade para lidar com situações de emergência. Os homens, porém, estariam abandonando a profissão pela perda de *status*, pela queda dos rendimentos e pela excessiva burocratização dos serviços médicos. Na União Soviética, a profissão era associada a traços femininos como alto grau de envolvimento pessoal, compaixão, paciência e flexibilidade, além da menor preocupação em adquirir status com a profissão.

Os autores demonstram, pelos números obtidos, que as mulheres sofrem uma forte discriminação dentro da hierarquia da profissão médica: nos EUA apenas 9% dos cargos de professor titular são ocupados por mulheres, enquanto que no Estado de Israel esse número cai assustadoramente para 3%. Apesar disso, de forma otimista, os autores acreditam que a presença cada vez maior das mulheres na profissão médica deve trazer conseqüências positivas como uma maior humanização da profissão e maior ênfase nos aspectos psicológicos do doente, com uma conseqüente melhora da relação médico-paciente.

No Reino Unido, em 1993, 51% dos alunos admitidos nas escolas médicas eram mulheres, chegando ao surpreendente percentual de 70% em Newcastle. As mulheres médicas de hoje, quando comparadas com as do passado, progridem mais lentamente na profissão e raramente optam por trabalhar em hospitais. O progresso mais lento poderia ser explicado pela existência de programas de treinamento mais flexíveis que não demandam dedicação integral. Essa opção pode ser, eventualmente, uma das causas de discriminação contra a mulher (Anderson, 1995; Bynde, 1995).

Em uma pesquisa realizada com primeiranistas de medicina na França, Aron *et al.* (1968) ficaram surpresos ao descobrirem que a maior parte dos estudantes do gênero masculino considerava que a profissão médica deveria ser exercida apenas por homens e que admitiriam, a contragosto, a eventual presença de suas futuras mulheres na profissão. O autor lembra que no início do século XX as duas primeiras estudantes de medicina tiveram de entrar no anfiteatro de sua faculdade sob proteção da polícia!

Mulheres médicas no Brasil

No Brasil, até o século XIX a profissão médica foi uma prerrogativa masculina, cabendo às mulheres leigas apenas a assistência às parturientes. Comadres ou aparadeiras, como eram chamadas, aprendiam sua profissão unicamente pela experiência, sendo em geral de uma condição social inferior e, além de realizar partos, praticavam abortos e tratavam os portadores de doenças venéreas.

A partir de 1832, as faculdades de medicina da Bahia e do Rio de Janeiro passaram a ministrar o curso de obstetrícia para mulheres, sendo que em 1834 diplomou-se a francesa Maria Durocher que, por ter realizado o parto da imperatriz, tornou-se a primeira mulher a integrar a Academia Imperial de Medicina, em 1871 (Santos Filho, 1966).

A primeira médica brasileira foi Maria Augusta Generoso Estrella (1861-1946) que aos dezesseis anos de idade viajou para Nova Iorque e, após passar por exames, foi admitida no Medical College and Hospital for Women, em 1875. Formou-se em 1881 e especializou-se em obstetrícia, pediatria e dermatologia. O seu sucesso entusiasmou D. Pedro II, que financiara parte de seus estudos e abriu o caminho para que, a partir de 1879, por decreto imperial, as mulheres pudessem entrar nas faculdades de medicina.

Em 1887, diplomou-se Rita Lobato Velho Lopes (1867-1954), a primeira médica formada em uma escola brasileira. Após ter se matriculado no Rio de Janeiro, transferiu-se para a Bahia devido a problemas com professores e colegas. Defendeu, na ocasião de sua formatura, a tese intitulada *Paralelo entre os métodos preconizados na operação cesariana*, que recebeu inúmeras críticas por abordar um tema considerado indecoroso às mulheres (Santos Filho, 1991; Jornal do Cremesp, 1999; Oncken, 2000).

Em 1919, foi fundada nos EUA a Associação Internacional de Médicas por Elizabeth Backwell, devido à discriminação sofrida pelas médicas durante a Primeira Grande Guerra, quando só eram aceitas nos hospitais caso concordassem trabalhar como enfermeiras! No Brasil, apenas em 1960 foi criada a Associação Brasileira de Médicas, ligada à Associação Internacional, com o intuito de lutar contra a discriminação da mulher na medicina (Oncken, 2000).

Segundo Machado(1999), a necessidade de mão-de-obra durante as duas grandes guerras e a luta pelos direitos femininos fizeram com que houvesse um grande incremento na participação das mulheres em todos os setores de atividades profissionais. Nos anos 40, apenas 1% do contingente médico brasileiro com menos de 30 anos de idade era constituído por mulheres, passando a 12,3% na década de 1950, 15,4% na de 1960, 28,6% na de 1970, 42,9% na de 1980 e 48,9% na de 1990. Nesta última década, as mulheres já perfaziam 50,5% dos profissionais médicos das capitais do Brasil. A região nordeste destaca-se pela maior concentração de médicos do gênero feminino, incluindo aqui todas as faixas etárias, com 41%, enquanto que a região sul é a que possui menos mulheres médicas, com apenas 26,9%. No total, 32,7% dos médicos brasileiros eram mulheres em 1995.

O contingente médico feminino ocupa, na maior parte das vezes, os empregos na esfera pública (75,1% X 67,0%) e tem menor participação no trabalho em consultórios particulares (67,0% X 78,4%). Os empregos no setor privado também são ocupados principalmente pelo contingente masculino (53,9% X 61,9%), assim como os plantões (46,6% X 50%). Nota-se, porém, que as diferenças percentuais não são grandes. Um dos fatores que justifica a preferência do trabalho público pela mulher é a garantia de direitos trabalhistas como licença maternidade, abono de faltas e férias. Além disso, nessas instituições há maior flexibilidade quanto ao horário de trabalho e à produtividade.

Dados empíricos mostram que, também no Brasil, as mulheres sofrem discriminações pelos colegas e pela sociedade em geral. O número de atividades profissionais não difere entre ambos os gêneros, porém as mulheres concentram-se nas faixas de renda mais baixas: enquanto 62,2% ganham até dois mil dólares, apenas 34% dos homens se encontram nesta situação. Ocorre o oposto na faixa de renda mais elevada: 20,7% dos homens recebem entre quatro e oito mil dólares, ao passo que somente 5,2% das mulheres têm esse rendimento. Na faixa acima de oito mil dólares o contingente feminino representa apenas 0,5%, enquanto que o masculino atinge 4%.

O mercado de serviços médicos é amplo e conta com 64 especialidades reconhecidas. Porém, apenas cinco delas concentram mais de 60% de todo contingente feminino: pediatria, ginecologia, clínica geral, cardiologia e dermatologia. São apenas treze as especialidades em que essas profissionais constituem maioria: sexologia (100%), genética clínica (91,1%), cirurgia de mão (68,2%), tisiologia (65,9%), dermatologia (61,1%), alergia e imunologia (60,2%), pediatria (59,6%), reumatologia (58,8%), nutrologia (56,7%), citopatologia (54,2%), medicina sanitária (54%) e neurologia pediátrica (50,9%).

Em treze especialidades há marcante predominância do contingente masculino, perfazendo 80% ou mais dos profissionais da área: medicina de tráfego (100%), ortopedia e traumatologia (97,4%), urologia (97,3%), cirurgia geral (94,8%), cirurgia de cabeça e pescoço (93,15%), radioterapia (87,8%), hansenologia (86,3%), neurocirurgia (86,3%), cirurgia plástica (85%), endoscopia digestiva (84,1%), otorrinolaringologia (81,6%), anestesiologia (80,9%) e medicina do trabalho (80,2%).

Entre as mulheres, as dez especialidades mais escolhidas são: pediatria (24,5%), gineco-obstetrícia (14,2%), medicina interna (7%), cardiologia (3,7%), dermatologia (3,6%), psiquiatria (3,3%), anestesiologia (3,1%), oftalmologia (2,7%), radiologia (2,3%) e medicina sanitária (1,8%).

Entre os homens, as dez especialidades mais escolhidas são: ginecologia-obstétrica (10,6%), medicina interna (8,5%), cirurgia geral (7,7%), anestesiologia (6,3%), ortopedia e traumatologia (5,4%), cardiologia (5,4%), oftalmologia (4%), psiquiatria (3,4%) e medicina geral comunitária (3,1%).

Em torno de 21% das médicas brasileiras afirmaram, na pesquisa realizada por Machado, que a condição feminina influenciou a escolha da especialidade, e queixam-se de discriminações e preconceitos sociais. Por essa razão, raramente procuram a cirurgia, com exceção da cirurgia de mão, que requer habilidades finas. Em geral, optam por áreas em que há horários flexíveis e que não demandam atendimentos de urgência. Aliar a profissão com o casamento, com a função materna e com os cuidados do lar vem sendo um grande desafio para as mulheres.

Após apresentar esses dados, Machado(1999) conclui que a crescente participação feminina na profissão médica desencadeará mudanças significativas na estrutura da produção dos serviços prestados, assim como na conformação das especialidades.

Ao pesquisar, em nosso meio, a personalidade de clínicos e cirurgiões, Bellodi (1999) mostra que, para muitos médicos residentes, a mulher tende a escolher especialidades onde possa exercer a sua "condição feminina" de cuidar dos outros, enquanto os homens optam por campos onde possam ter autonomia, expressar sua agressividade e sua tendência à competição. As poucas cirurgiãs existentes queixam-se da forte discriminação que sofrem de seus colegas e dos pacientes:

> *Mulher na cirurgia sofre preconceito dos colegas que acham que você só entra nas cirurgias para paquerar. Não dá para mostrar competência. Às vezes você entra no quarto, o paciente diz: "Está tudo bem doutora, mas cadê o cirurgião para operar?"* (depoimento de uma residente de cirurgia do Hospital das Clínicas da Faculdade de Medicina da Universidade de São Paulo, Bellodi, 1999, p. 99).

Mulheres médicas: uma ameaça?

Em seu instigante livro *Olhares discretos e indiscretos sobre a medicina*, Schneider (1991) dedica parte de um capítulo para discutir as vicissitudes da mulher médica. Conta que na Suíça a primeira estudante de medicina começou seu curso na Universidade de Zurique em 1846, há mais de um século. Apesar disso, a instituição médica, em geral, mesmo sem admitir abertamente, está impregnada de um certo "machismo", que aparece no cotidiano de forma mais ou menos encoberta. Isso se torna evidente quando o chefe de um serviço de cirurgia se recusa a receber mulheres por considerá-las frágeis e incapazes de suportar o estresse na sala cirúrgica e do pós-operatório, por serem demasiadamente sensíveis e não possuírem domínio sobre si mesmas. Em outros serviços, a mulher só é admitida quando não há nenhum homem com as mesmas qualificações, sendo que o mesmo ocorre na pós-graduação. E quando são admitidas tudo vai bem desde que não sejam casadas e não tenham filhos. Ironicamente, afirma o autor que o grande problema está revelado: as mulheres são diferentes dos homens porque elas têm filhos!

Os responsáveis pelos centros de formações constatam com facilidade que as mulheres são tão eficientes, inteligentes, trabalhadoras, conscienciosas, responsáveis e capazes como os homens, senão mais que eles. Qual seria a origem, de fato, de tamanha discriminação? Por que, em muitas universidades, como na de Lausane, nenhuma mulher chegou ao cargo de professora titular, o que possibilitaria a participação no Conselho da Faculdade de Medicina, onde são tomadas as decisões mais importantes? Em outras universidades e hospitais europeus a situação não é tão caricatural como na Suíça mas, em todos os lugares, com exceção dos países da antiga União Soviética, não há igualdade de gênero na profissão médica.

Na Universidade de Lausane, as alunas abandonam o curso em maior número do que os rapazes, sem que fracassem mais nos exames. Os seus colegas homens as vêem como rivais, passam a competir com elas e dizem que fariam coisa melhor casando-se, tendo filhos e dedicando-se a eles. O casamento entre médicos, relativamente freqüente, seria uma maneira de solucionar o problema.

Há uma ambivalência e uma agressividade recalcada dos homens em relação às mulheres. Surge daí a rivalidade quase sempre camuflada e pouco consciente. No interior do hospital, há séculos, a corporação médica sempre foi dominada pelos homens, cabendo às mulheres papéis limitados e subordinados à autoridade médica: enfermeiras, parteiras, assistentes sociais e pessoal de laboratório, sendo que muitas delas eram religiosas. A presença da mulher foi vivida como uma intrusão, como uma ameaça à identidade do médico e a seu narcisismo. A harmonia unissexual, que satisfaria tendências homossexuais que todo homem possui, passou a ser perturbada profundamente e obrigou o médico a reconhecer em si e nas abordagens com seus pacientes, a importância do lado feminino de seu psiquismo.

Gradualmente, a mulher começa a encontrar seu espaço na profissão médica, mas apenas nos escalões inferiores da hierarquia hospitalar. Há, ainda, muitos obstáculos como a possibilidade de formação e de trabalho por meio período, que lhe permita dedicar-se à criação de seus filhos que, em geral, é postergada por muitos anos. Há uma grande resistência quanto ao afastamento da mulher quando está prestes a ter filhos. O mesmo não ocorre em relação aos homens quando se afastam por longos períodos para servir o exército! A maternidade torna necessária a divisão do tempo entre a família e as atividades médicas, o que só é aceito em determinadas especialidades. Quem sabe, o estresse causado pelo acúmulo de atividades profissionais e familiares dê sentido ao fato de que as médicas correm maior risco de complicações obstétricas do que a maioria das grávidas.

A médica, no momento de sua formação, sofre uma desvantagem suplementar em relação aos seus colegas homens por ter contato com poucos modelos femininos com os quais possa se identificar, por ter alcançado satisfação e prazer como mulher, casada e com filhos, e também como profissional. Além disso, apesar da obstrução masculina à presença da mulher na medicina estar diminuindo, a um nível inconsciente essa mudança é muito mais lenta, pois o que está em cheque é o narcisismo masculino de cada indivíduo, do grupo universitário e hospitalar. Muitas vezes a mulher apresenta uma atitude masculinizada e, assim, pode ser integrada ao grupo dos homens sem perturbar seu funcionamento de forma profunda. O mesmo não ocorre quando uma médica tem sucesso sem abrir mão de sua feminilidade.

Em geral, as mulheres são menos ambiciosas profissionalmente e buscam obter o prazer em outras áreas, como na educação dos filhos e no lazer gratificante. Submetem-se menos aos constrangimentos e às provas masoquistas inerentes à escalada de postos hospitalares e universitários e, deste ponto de vista, são mais sadias do que os homens. Instituições médicas e universitárias são lugares bem protegidos, casulos em relação aos quais pode-se estar dependente e que, talvez, convenham mais aos homens do que às mulheres.

3. A Intrincada Questão da Vocação

VERBO SER

Que vai ser quando crescer? Vivem perguntando em redor. Que é ser? É ter um corpo, um jeito, um nome? Tenho os três. E sou? Tenho de mudar quando crescer? Usar outro nome, corpo e jeito? Ou a gente só principia a ser quando cresce? É terrível ser? Dói? É triste? Ser: pronunciado tão depressa, e cabe tantas coisas? Repito: ser, ser, ser. Er. R. Que vou ser quando crescer? Sou obrigado a? Posso escolher? Não dá para entender. Não vou ser. Não quero ser. Vou crescer assim mesmo. Sem ser. Esquecer.

Carlos Drummond de Andrade

Conceito

O vocábulo "vocação" origina-se do latim *vocatio* e significa a tendência, propensão ou inclinação para qualquer ofício, profissão etc.; índole, talento, disposição natural do espírito; escolha, eleição, chamamento, predestinação. O sentido original do termo é teológico, pois tem sido designado assim o chamamento pelo qual Deus destina um homem a uma função determinada. Essa concepção deu origem aos significados modernos, tanto aos que são de uso da linguagem corrente como aos que se empregam em técnica científica e psicológica. A vocação relaciona-se diretamente com duas atividades: a orientação vocacional, que auxilia o indivíduo a definir sua profissão e a seleção profissional, que tem como objetivo determinar quem é melhor para uma profissão, dentro de um grupo de indivíduos (Enciclopédia Mérito, 1964; Arruda e Millan, 1999).

Teorias Vocacionais

Notas históricas

Em revisão da literatura, Campos Silva (1996) mostra que levantamentos históricos indicam que já em 1474 Campbell realizou uma pesquisa em Londres sobre as profissões existentes na época e concluiu que cada indivíduo é dotado de talentos naturais que favorecem o exercício de determinado ofício. Com sabedoria, destaca a importância do prazer do exercício profissional e sugere aos pais que permitam que seus filhos escolham a profissão que mais os agrade. Ainda no século XV, em 1488, Arévolo publica o *Speculum Vitae Humanae* onde afirma que as inclinações naturais e as circunstâncias da vida são as responsáveis pela escolha profissional.

No século XVI, Sachs e Shopper publicam em 1568 a obra intitulada *Descrição exata de todas as profissões sobre a terra*, onde são descritas nada menos do que 114 profissões. Poucos anos depois, em 1575, San Juan sugere às escolas que contratem orientadores com o intuito de, ao conhecer as habilidades dos alunos, orientá-los quanto à escolha profissional. Curiosa é a obra de Garzoni, publicada em 1585, onde define profissão como qualquer atividade exercida pelo homem, mesmo que seja em detrimento próprio ou alheio. A sua relação de 545 profissões inclui a vagabundagem, a gula, o assassinato, a tirania e a pirataria, entre outras.

No final do século XIX a orientação vocacional tornou-se uma disciplina científica graças aos trabalhos de Catell (1890), Binet (1916) e Galton (1928), que criaram os primeiros instrumentos técnicos e as bases conceituais dessa área. Em 1902 surge em Munique o primeiro escritório de seleção e orientação profissional e pouco tempo depois, em 1908, Parsons faz o mesmo em Boston. No transcorrer da Segunda Grande Guerra, a necessidade de selecionar soldados fez com que a psicologia vocacional tivesse grande desenvolvimento e, por meio da análise fatorial, detectaram-se aproximadamente cem traços de personalidade que foram, posteriormente, relacionados a diferentes atividades profissionais.

Classificação

As teorias vocacionais foram subdivididas por Crites (1969) em três grupos: psicológicos, não psicológicos (sociológicos e econômicos) e gerais (Bohoslavsky, 1977; Ramos da Silva, 1992; Pimenta, 1995; Campos Silva, 1996; Ferretti, 1997).

Teorias psicológicas

- *Teoria traço-fator:* foi a principal teoria vocacional durante as primeiras décadas do século XX. Idealizada por Parsons em 1909, pressupõe que há um homem certo para um lugar certo, ou seja, que os indivíduos possuem habilidades, interesses e traços de personalidade adequados para determinada profissão. Tem como objetivo seguir uma técnica racional de aconselhamento profissional. A partir da década de cinqüenta essa teoria passou a ser criticada por seu pragmatismo excessivo e por desconsiderar as mudanças que ocorrem nos indivíduos no transcorrer da vida.
- *Teorias evolutivas ou desenvolvimentistas*: Ginzberg (1951) e colaboradores, em 1951, propuseram que a escolha profissional é um processo que se estende durante as duas primeiras décadas de vida. Há, inicialmente, a *fase da fantasia*, que se estende dos 3 aos 11 anos, quando as escolhas são baseadas apenas no desejo, sem que se levem em conta as possibilidades individuais ou as contigências do meio. Não há ainda, nessa fase, a consciência entre o que é necessário ser feito para atingir um determinado fim, sendo que em sua última etapa há uma tendência a imitar os adultos. *A fase de tentativa* inicia-se aos 12 anos e termina aproximadamente aos 16 anos. Inicialmente o adolescente faz sua escolha baseada em seus inte-

resses, depois em suas capacidades e, finalmente, em seus valores. Nessa fase, o indivíduo possui poucas informações acerca de sua escolha profissional. Finalmente há a *fase realista*, entre os 17 e 21 anos quando o indivíduo busca alcançar equilíbrio entre os seus desejos e a realidade. Inicialmente, há o momento da *exploração*, quando são eliminadas muitas ocupações possíveis. No transcorrer da *cristalização*, o indivíduo opta por uma atividade profissional e, por último, no transcorrer da *especificação*, dá os primeiros passos para alcançar seu objetivo.

Super (1972), substitui o termo "escolha profissional" por "desenvolvimento vocacional", dividido por ele em cinco fases:

- *O estágio de crescimento,* que vai do nascimento até os 14 anos, quando há identificações com familiares e professores. Predominam as fantasias (4-10 anos), os interesses (11-12 anos) e a identificação de capacidades (13-14 anos).
- *O estágio de exploração*, dos 15 aos 24 anos, em que o indivíduo investiga seus potenciais e as ocupações existentes. Essa etapa subdivide-se em três momentos: a fase de tentativas (dos 15 aos 17 anos), quando a escolha é feita sobre a base da fantasia; a de transição (dos 18 aos 21 anos), quando se levam em conta a realidade, as oportunidades, os gostos e os interesses; a fase do ensaio (dos 22 aos 24 anos), quando se escolhe, entre muitas, a área identificada como própria e relaciona-se diretamente com ela. Como os universitários, em geral, encontram-se na fase de exploração, freqüentemente vivem crises vocacionais no transcorrer do curso.
- *O estágio de estabelecimento*, dos 25 aos 44 anos, no qual o indivíduo esforça-se para se estabilizar na área escolhida.
- *O estágio de permanência*, dos 45 aos 64 anos, quando o indivíduo já conquistou um lugar no mundo do trabalho e esforça-se para mantê-lo.

• *O estágio de declínio*, dos 65 anos em diante, quando há uma redução do ritmo de trabalho e, eventualmente, uma mudança de sua natureza, até a sua interrupção.

Para o autor, a maturidade profissional não coincide, necessariamente, com a idade cronológica e o indivíduo sofre interferência de fatores socioeconômicos que limitam suas opções. As pessoas possuem personalidades diferentes, assim como interesses e habilidades, o que as qualifica para algumas ocupações e não para outras. Com o passar do tempo, há mudanças quanto às preferências do indivíduo e quanto a sua competência, além de alterações das condições de trabalho, o que torna necessário um processo contínuo de escolha e de ajustamento profissional. A satisfação profissional surge quando o indivíduo encontra uma profissão que possibilita viver suas habilidades, seus interesses, suas características de personalidade e seus valores. É um processo que dura a vida toda.

- *Teorias direcionais*: utilizam os modelos de decisão, formulados pela economia.

Gelatt (*apud* Campos Silva, 1996) propõe em 1962 que, quando um indivíduo necessita tomar uma decisão, há duas ou mais possibilidades das quais uma deve ser escolhida a partir de informações a serem obtidas sobre elas. Por meio do chamado subsistema preditivo, ele avalia as conseqüências de uma eventual decisão e a probabilidade dessas conseqüências ocorrerem objetivamente (por exemplo, por meio de dados numéricos) e subjetivamente (julgamento do indivíduo).

Em seguida, por meio do subsistema avaliativo, o indivíduo avalia a desejabilidade dessas conseqüências (prazer ou desprazer). O critério de decisão constitui-se em uma estratégia que busca maximinizar benefícios e minimizar custos.

Hershenson e Roth (*apud* Campos Silva, 1996) chamam a atenção, em 1968, para o fato de que, quando um indivíduo define-se em relação a certas direções, torna-se cada vez mais resistente para reconsiderar sua opção, por estar mais determinado psicologicamente.

- *Teorias psicodinâmicas*: utilizam a teoria psicanalítica para compreender o processo de escolha profissional. Devido a sua grande complexidade, serão discutidas separadamente.
- *Teoria tipológica*: idealizada por Holland (1973), a teoria tipológica propõe que a escolha profissional é resultante da interação de inúmeros fatores como as características hereditárias, as experiências com familiares, com adultos significativos e com amigos, a classe social, a cultura e o ambiente físico. Personalidades e histórias de vida semelhantes favorecerão a existência de uma determinada vocação, enquanto que a realização profissional depende de uma congruência entre a personalidade e o ambiente, que foram classificados em seis tipos: realista, intelectual, social, tradicional, renovador e artístico. Na prática, raramente se encontra um tipo puro e há uma hierarquia de ambientes preferidos. Keirsey e Bates descrevem, em 1984, quatro tipos de temperamento: realista perceptivo (busca a liberdade de ação), realista predicativo (dedicação, persistência e capacidade de doação), intuitivo racional (deseja compreender e controlar a natureza) e intuitivo sensível (busca a própria autenticidade). Para esses autores, o que se encontra na realidade é uma mistura de temperamentos e assinalam que, em geral, em uma profissão encontram-se diferentes ocupações.

Teorias sociológicas

A ênfase da escolha profissional recai nos determinantes socio econômicos e culturais. São fatores decisivos à família, à raça, à classe social, à nacionalidade, às oportunidades culturais, à busca de prestígio e de *status*. São representantes dessas teorias Hollingshead (1949), Miller e Form (1951), Caplow (1962), Bordieu (1977), entre outros.

Teorias econômicas

A possibilidade de obtenção de vantagens econômicas é o principal determinante da escolha profissional, sendo que a lei da oferta e da procura seria a responsável pela distribuição dos indivíduos entre as diferentes profissões. Essa teoria é defendida por Smith (1933).

Teorias gerais

Defendem a idéia de que determinantes isolados não podem dar sentido à escolha profissional que seria resultante da interação de elementos psicológicos, econômicos e sociológicos. Os principais representantes dessas teorias são Blau e colaboradores (*apud* Ferreti, 1997), e também Bohoslavsky (1981), que será citado no item da psicodinâmica, por ter desenvolvido mais este aspecto, sem nunca ignorar os outros.

TEORIAS VOCACIONAIS PSICODINÂMICAS

As contribuições de Freud

Embora não tenha elaborado uma teoria vocacional propriamente dita, Freud (1973) construiu um dos principais alicerces dessas teorias ao formular o conceito de *sublimação*. Já em 1905, no seu clássico trabalho *Três ensaios sobre a teoria da sexualidade*, afirma que a sublimação é um processo pelo qual a sexualidade parcial infantil (oral, anal e fálica) é desviada de seu objetivo e sua energia passa a ser utilizada para a atividade artística ou intelectual. Afirma também que o mecanismo da *formação reativa** que se inicia no período de latência (dos 5 anos, aproximadamente, até a puberdade) e que pode estar presente no transcorrer da vida, também estaria relacionado

* De acordo com Laplanche e Pontalis (1997) a formação reativa caracteriza-se pela atitude ou hábito psicológico de sentido oposto a um desejo recalcado e constituído em reação contra ele (o pudor opondo-se a tendências exibicionistas, por exemplo). "Pode se constituir numa defesa bem-sucedida ou ser tão utilizada a ponto de se tornar um importante traço do caráter obsessivo".

com as virtudes humanas. Neste texto não há ainda uma diferenciação clara entre esses dois conceitos, pois Freud considera, aqui, a formação reativa como um tipo de sublimação.

O interesse de Freud pela genialidade de Leonardo Da Vinci fez com que, em 1910, publicasse o artigo intitulado *Leonardo Da Vinci e uma lembrança de sua infância*. Aqui, Freud formula a hipótese de que a maioria dos homens consegue derivar uma parte de suas forças pulsionais sexuais, por meio da sublimação, para uma atividade profissional e, assim, substitui-se um fim por outros desprovidos de qualquer caráter sexual e, eventualmente, mais valiosos.

Ainda nesse texto, Freud chama a atenção para o fato de que a partir dos três anos de idade a criança passa por um período de investigação sexual infantil, no qual se interessa muito pela origem das crianças. Uma vez terminado esse período, há uma enérgica repressão sexual e surgem três possíveis destinos para a "pulsão de investigação":

- Assim como a sexualidade, o desejo de saber pode ser coartado, limitando a livre atividade da inteligência, ocasionalmente, por toda a vida, caracterizando uma inibição neurótica.
- O desenvolvimento intelectual é suficientemente enérgico para resistir à repressão da sexualidade e atua sobre ela. Após algum tempo, a investigação sexual reprimida retorna do inconsciente, na forma de obsessão investigadora que substitui a satisfação sexual. Por tratar-se de uma falsa investigação, não chega à conclusão nenhuma e a solução torna-se cada vez mais distante.
- Na terceira possibilidade, mais perfeita e menos freqüente, uma parte da libido consegue escapar da repressão e, desde o início, por meio da sublimação, incrementa a pulsão de investigação que se torna intensa. Aqui não há o caráter neurótico obsessivo e tampouco a inibição intelectual, o que possibilita que a pulsão atue livremente a serviço do interesse intelectual. Até certo ponto, mas em menor grau, a investigação constitui-se, também neste caso, em uma substituição da atividade sexual.

Quatro anos depois, em *Sobre o narcisismo: uma introdução*, um de seus mais importantes trabalhos, Freud volta a falar da sublimação e procura diferenciá-la do conceito de *ideal do ego*, introduzido nesse artigo. Neste último caso, o narcisismo é deslocado para um outro objeto, visto como perfeito, idealizado. O narcisismo infantil é, portanto, projetado naquele que é, na verdade, o seu próprio ideal. O conceito de sublimação descreve algo que ocorre com a pulsão, enquanto o de idealização, algo que ocorre com o objeto e, por isso, são dois conceitos totalmente diferentes. Enquanto a sublimação é uma forma de cumprir as exigências do ego sem recorrer à repressão, o ideal do ego favorece a repressão, por relacionar-se com a consciência moral, ao comparar incessantemente o ego com esse ideal. Aqui, Freud começa a esboçar o conceito de *superego*[*] formulado em 1923, em *O ego e o id*.

Nos dois anos seguintes (1915-1916), Freud apresenta as *Conferências introdutórias à Psicanálise*, nas quais expôs uma visão panorâmica de sua obra publicada até então. Na conferência XXII, *Algumas considerações sobre desenvolvimento e regressão*, volta a abordar o tema da sublimação ao afirmar que ela ocorre quando a pulsão sexual renuncia ao prazer e à função de procriação para dirigir-se a atividades com fins sociais, "menos egoístas" e por isso consideradas como tendo um maior valor.

Na conferência seguinte, *Os caminhos para a formação de sintomas*, volta a tratar da questão da arte. O artista possui uma forte capacidade de sublimação e uma debilidade para efetuar repressões e superar seus conflitos. Ao contrário das outras pessoas, é capaz de despojar seus "sonhos diurnos" (fantasias e vida imaginativa) de um caráter pessoal, o que possibilita transformá-los em uma fonte de gozo para os outros, uma vez que há uma tendência geral da humani-

[*] Uma das instâncias da personalidade cuja função é semelhante a de um juiz ou a de um censor do ego. Relaciona-se à consciência moral, à auto-observação e à formação de objetos ideais (ideal do ego). O ideal do ego seria, portanto, uma subestrutura do superego. Mas, enquanto o ego submete-se ao superego por medo do castigo, faz o mesmo em relação ao ideal do ego por amor. A fascinação amorosa, a submissão a líderes e ao hipnotizador seriam alguns exemplos (Laplanche e Pontalis, 1997).

dade em buscar o conforto na fantasia, quando se vê diante de qualquer frustração. O artista tem a capacidade de embelezar suas fantasias inconscientes a ponto de conseguir um disfarce e, assim, evitar, em parte, a repressão. A arte é fonte de prazer para a maior parte das pessoas que, sem a obra de arte, não teriam acesso a tal satisfação. O artista de sucesso, por sua vez, passa a ser reconhecido, admirado e recebe o que mais desejava em sua fantasia: a honra, o poder, a glória, a riqueza e o amor, que jamais seriam obtidos de outra forma.

Em *A Psicanálise e a teoria da libido*, publicado em 1923, Freud volta a afirmar que o fim da pulsão sexual é sempre a sua descarga com o intuito de obter uma satisfação, havendo sempre um objeto e uma finalidade. Na sublimação, ambos são substituídos, sendo que a pulsão originalmente sexual encontra uma satisfação em uma função não sexual e mais elevada do ponto de vista não apenas social, mas também ético.

No *Esboço de Psicanálise*, último artigo escrito por Freud em 1938, aos 82 anos, pouco antes de sua morte, o tema da sublimação volta a ser abordado. Afirma que a organização sexual completa só ocorre na puberdade, quando a libido é, em parte, incorporada à função sexual e a seus coadjuvantes, em parte é reprimida ou então é responsável pela origem dos traços de caráter e sublimada, com deslocamento de seus fins. Vê-se, portanto, que durante décadas a questão da sublimação foi um tema considerado de grande importância por Freud que a cada momento buscou delinear com maior precisão o seu significado e a sua origem.

As contribuições de Melanie Klein

A reparação e a teoria kleiniana das posições

Klein (1974, 1975, 1981, 1982) afirma que a complexidade da personalidade madura só pode ser entendida por meio da compreensão do desenvolvimento emocional da criança. O motivo dessa afirmação é o fato, facilmente observável, de que configurações emocionais primitivas não elaboradas são revividas, de forma modificada, pelo indivíduo adulto. Segundo a autora, os acontecimentos internos e externos que ocorrem no primeiro ano de vida da criança são decisivos para o estabelecimento de sua estrutura psicológica e, por esta razão, trarão repercussões para o resto da vida da pessoa.

Ao nascer, a criança evidentemente não é capaz de compreender intelectualmente a origem dos desconfortos a que é submetida, começando pelo parto, até experiências de fome, frio, cólicas etc. Ela vive tais desconfortos como se fossem provocados por objetos externos hostis. Ao contrário, ao ser confortada pelo calor, pelo carinho materno e pela amamentação, sente que está recebendo cuidados de um objeto bom. Portanto, para a autora, desde o início da vida estabelece-se uma relação objetal. Ainda segundo Melanie Klein, é no início da vida que os impulsos sádicos atingem o seu ápice, na forma de impulsos orais destrutivos ligados ao instinto de morte. Esses impulsos são mobilizados diante da frustração e a sua intensidade relaciona-se a características inatas do bebê que, em sua fantasia, ataca o seio e teme ser atacado por ele com a mesma intensidade, o que dá origem à *ansiedade persecutória*. Ao ser gratificado, há uma compensação parcial dessa ansiedade e são mobilizados os impulsos orais libidinais, ligados ao instinto de vida. Diante disso, de forma maniqueísta, há uma cisão do seio na mente do bebê, em seio mau (aquele que frustra) e seio bom (aquele que gratifica), como se fossem dois objetos diferentes.

Os impulsos agressivos e libidinais são ininterruptamente projetados no seio, reintrojetados, projetados novamente e assim por diante. Esse complexo processo contínuo de projeção-reintrojeção é que possibilita a paulatina internalização do objeto externo, formando uma imagem que, inicialmente, é bastante distorcida pela fantasia do

* Joseph (1987), em artigo apresentado na Sociedade Brasileira de Psicanálise de São Paulo, assinala que a identificação projetiva, descrita por Melanie Klein, pode ter múltiplas funções: livrar-se de partes indesejadas do self que causam ansiedade ou dor; projetar essas partes dentro do objeto com o intuito de controlá-lo e, assim, evitar a ansiedade de separação; apoderar-se das capacidades do objeto e danificá-las. A criança ou o adulto que utiliza intensamente esse mecanismo busca evitar qualquer sentimento de separação,

bebê. O ego primitivo é, portanto, carente de integração. Enquanto o seio mau é sentido como um feroz perseguidor, o seio bom é idealizado e visto como aquele que proporcionará proteção e uma gratificação imediata e sem limites. A idealização torna-se, assim, uma defesa contra a ansiedade persecutória.

Na tentativa de evitar a ansiedade persecutória e a frustração, o bebê realiza, por meio da alucinação, a gratificação de seus desejos e, de forma onipotente, fantasia ter o controle dos objetos internos e externos, cuja realidade é negada. A fantasia do controle do objeto se dá por meio do mecanismo de *identificação projetiva**. Enquanto ataques sádico-orais buscam esvaziar a mãe de tudo o que é bom e desejável, ataques anais tentam preencher o corpo da mãe com substâncias más e partes do ego que foram projetadas, constituindo-se em tentativas de controlar, destruir ou danificar o objeto, que passa a ser considerado como um prolongamento do ego.

Quanto mais intenso for o componente agressivo inato da criança maior será a sua ansiedade persecutória, maior a sua avidez e menor será a sua tolerância à frustração. Porém, segundo a autora, as circunstâncias externas, como o parto e os cuidados maternos, também são fundamentais para que exista o desenvolvimento satisfatório da criança.

Segundo Melanie Klein, essas configurações descritas até aqui ocorrem durante os primeiros três a quatro meses de vida. A autora chamou o conjunto de acontecimentos psicológicos observados nesse período de *posição esquizoparanóide.*

Com o passar dos meses e com a existência de uma relação satisfatória com a mãe, sentimentos amorosos (instinto de vida), dirigidos ao objeto, sobrepujam os destrutivos (instinto de morte). A ansiedade persecutória tende então a esvanecer-se, há uma redução da cisão e o ego torna-se, paulatinamente, capaz de integrar-se. Conse-

---

dependência, admiração ou suas concomitantes sensações de perda, raiva e inveja. Isto acaba por provocar ansiedades persecutórias, pânico e claustrofobia. Apesar de tratar-se de uma fantasia, a identificação projetiva pode ter um efeito poderoso no receptor e, por estar associado a uma relação de objeto, diferencia-se da projeção.

qüentemente, inicia-se a síntese entre os sentimentos de amor e os destrutivos, que já estão menos intensos, ou seja, o bebê começa a perceber que o amor e o ódio são dirigidos a um mesmo objeto e não a objetos diferentes. Essa percepção dá origem a sentimentos de culpa, à ansiedade depressiva e, com isso, surge o desejo de realizar a *reparação* do bom objeto. Intensifica-se, gradualmente, a introjeção do bom objeto, que é seguidamente projetado e reintrojetado. Como conseqüência, o sentimento de posse de um bom objeto se fortalece e há uma redução da ansiedade persecutória. Assim, o ego torna-se mais integrado e vigoroso, além de estabelecer uma relação melhor e mais realista com o mundo interno e externo. É dessa forma que a criança passa a ter uma imagem da mãe como pessoa única. Os impulsos destrutivos são mitigados e esvanece-se a divisão entre consciente e inconsciente, que se torna mais "porosa", o que possibilita a existência de uma percepção íntima *(insight)*. À medida que o ego se fortalece, passa a ser capaz de tolerar a ansiedade, e o mecanismo de defesa preponderante passa a ser a repressão.

A essa segunda etapa do desenvolvimento, Melanie Klein denominou *posição depressiva*, conceito que não deve ser confundido com o quadro clínico de depressão, descrito pela psiquiatria, ao qual a autora denominava "melancolia". Paulatinamente, as experiências felizes auxiliam a criança a elaborar a posição depressiva, superando sentimentos melancólicos, onde predominam a culpa e o sentimento de perda. O uso do termo *posição* e não da palavra *fase* não foi casual, uma vez que no transcorrer de toda a vida o indivíduo oscila entre as duas posições. Quanto mais fortalecido for o ego, mais tempo estará na posição depressiva e oscilará com maior facilidade da posição esquizoparanóide para a depressiva, sendo que a integração plena e permanente nunca é possível.

A teoria das posições, que foi utilizada por Melanie Klein para a compreensão de características psicológicas e de patologias encontradas no indivíduo adulto, será descrita a seguir, de forma suscinta:

- O paciente do tipo esquizóide teve dificuldade de superar a posição esquizoparanóide e por essa razão utiliza principalmente os mecanismos de defesa característicos dessa posição, o que incrementa a sua desconfiança em relação aos outros, o seu temor à perseguição e a sua intolerância à frustração.

- A falta de integração e a excessiva projeção de partes agressivas do ego o deixam debilitado porque tais partes relacionam-se a qualidades desejáveis como a força, a potência e o conhecimento.
- A excessiva projeção de partes boas do ego também traz conseqüências, por transformar o outro no ideal do ego, enquanto o indivíduo sente-se debilitado, empobrecido e dependente.
- Quando ainda não há confiança nos sentimentos construtivos, lança-se mão, a princípio, da reparação maníaca (onipotente) e, depois, da obsessiva (repetitiva e ineficaz).
- O suicídio seria um meio para destruir as partes do ego que estão identificadas com os maus objetos.
- Aquele que tem sua ansiedade persecutória facilmente mobilizada é incapaz de suportar críticas, de corrigir seus erros e de aprender com os outros. Desconfia que é objeto de ódio, o que o leva a ter atitudes anti-sociais, que, por sua vez, contribuem para aumentar essa desconfiança, criando assim um círculo vicioso.
- As ansiedades persecutórias, de natureza psicótica, são as principais responsáveis pelo medo excessivo da morte, uma vez que ela é vivida como conseqüência de ataques internos ou externos.
- Na melancolia, o ego duvida da sua capacidade de efetuar a reparação, que se torna impossível, porque é um objeto "perfeito" que está em pedaços. Daí vem o desespero e o forte sentimento de culpa diante da perda do objeto.
- O paciente maníaco-depressivo, ao contrário do esquizofrênico, alcança a posição depressiva, mas não é capaz de elaborá-la. Há, ainda, muito ódio do objeto e a impossibilidade de repará-lo.
- No luto normal, o ego está capacitado a se entregar aos seus sentimentos de dor diante da perda, vivendo, dessa maneira, o pesar. Como, aqui, o bom objeto interno está bem estabelecido, o indivíduo sente que, apesar da perda real, o mundo interno e externo continuarão a existir e que o objeto amado poderá ser conservado internamente.

- A inveja é uma expressão dos impulsos destrutivos, está presente desde o início da vida e possui uma base constitucional. É mobilizada quando se depara com alguém que possui algo que se preza e deseja, seguido da tentativa de expoliar e destruir esse objeto. O invejoso não tolera o bem-estar e a fruição dos outros, e sente-se bem diante do infortúnio alheio.
- A voracidade é a ânsia insaciável diante de algo que é dado pelo objeto. Trata-se de uma introjeção destrutiva, enquanto que a inveja, além de tentar despojar o objeto, deposita maldade nele com o intuito de destruí-lo, e está ligada principalmente à projeção.
- O invejoso não tolera o sucesso alheio e a criatividade, mesmo que sejam para seu próprio benefício. Por isso, não é capaz de sentir gratidão, que, por sua vez, deriva da capacidade de amar.
- Há uma estreita conexão entre inveja, voracidade, ciúme e posição esquizoparanóide.
- A crítica destrutiva é uma conseqüência da inveja.
- A necessidade de triunfo, o ódio, o desejo de humilhar e destruir os outros são emoções primitivas ligadas à inveja.
- O ciúme, ao contrário da inveja, envolve pelo menos duas pessoas e relaciona-se ao sentimento de que o amor do objeto está sendo ameaçado ou foi roubado por outra pessoa.
- Diante da frustração e de circunstâncias infelizes, qualquer indivíduo pode viver sentimentos de ódio e de inveja. Porém, quando o ego está bem integrado, essas emoções são menos intensas e mais passageiras, havendo com isso menos ressentimento.
- Pessoas que não estabeleceram, com segurança, um bom objeto interno estão mais propensas a apresentar uma deterioração de caráter, que pode manifestar-se pela ânsia por poder e prestígio.
- A onipotência, a negação e a cisão são reforçadas pela inveja. A idealização, por sua vez, é uma tentativa de defesa não só contra a perseguição, mas também contra a inveja, podendo o mesmo ocorrer quando há confusão entre o bom e o mau objeto.

- A desvalorização do objeto (não precisa mais ser invejado) ou do próprio eu (afastando a possibilidade de rivalidade com uma pessoa importante) também são defesas contra a inveja. Têm a mesma função a possessão de atributos que são dos objetos, a tentativa de despertar inveja nos outros (por meio da ostentação de sucesso, posses ou boa sorte) e a aparente indiferença.
- A pessoa excessivamente ambiciosa nunca está satisfeita, por mais que conquiste os bens materiais, o *status* e o prestígio que procura tanto. Além disso, não permite que o outro se destaque, impondo a ele sempre um papel secundário e não estimula ou auxilia os mais jovens, por temer que tirem o seu lugar. Soma-se a isso o fato de não se interessar pelo próprio trabalho, mas apenas por aquilo que possa manter seu prestígio pessoal. Quando não é excessiva, a ambição, que está ligada à voracidade primitiva, pode dar ímpeto a realizações construtivas. Essas pessoas são os verdadeiros líderes.
- A crítica construtiva tem como objetivo, ao contrário da destrutiva, auxiliar a outra pessoa a desenvolver o seu trabalho. Ela só é possível quando a confiança na própria criatividade acaba por neutralizar a inveja. Algumas vezes tem como base a identificação com o outro ou a mobilização de atitudes maternais ou paternais.
- A dedicação às pessoas, a defesa de causas e a existência de valores pessoais só são possíveis caso exista a construção satisfatória de um bom objeto interno, ou seja, a elaboração satisfatória da posição depressiva.
- A capacidade de experimentar a satisfação está intimamente ligada à capacidade de amar e à gratidão.
- A generosidade e a gratidão também estão estritamente vinculadas. Quando o ego está bem integrado, a generosidade não desaparece diante da falta de reconhecimento. Caso contrário, há uma necessidade exagerada de reconhecimento e gratidão, além de surgir a sensação de ter sido espoliado.

- A capacidade de empatia e a compreensão dos outros só é possível quando há um equilíbrio na interação da projeção e introjeção, ou seja, quando a posição depressiva foi elaborada.
- A capacidade de gratidão e de se identificar com alguém permitem que o indivíduo possa admirar o caráter e as realizações alheias, o que traz serenidade e felicidade. O trabalho em equipe só poderá ser bem-sucedido caso exista a capacidade de admirar as realizações de outras pessoas.
- Quanto maior a capacidade de sentir gratidão, maior a capacidade para o prazer e menor o ressentimento, a inveja e a rivalidade em relação aos outros.
- O sentimento de generosidade é fundamental para a criatividade.
- A gratidão experimentada de forma profunda mobiliza o desejo de retribuir a bondade recebida, ou seja, está ligada intimamente à generosidade. Há, portanto, uma íntima conexão entre poder receber e dar.
- As identificações projetivas e introjetivas, quando não são excessivas, constituem a base para a compreensão dos outros e para a experiência de se sentir compreendido.
- A integração satisfatória do objeto bom possibilitará o fortalecimento do sentimento de bondade e confiança em relação ao objeto e ao próprio eu.
- A redução da onipotência que surge com a integração acarreta certa perda de esperança. Há, porém, maior discriminação entre o ódio e a agressividade, a aceitação das próprias limitações, o alívio dos ressentimentos por frustrações passadas e a possibilidade de experimentar o prazer. As recordações de experiências felizes trazem a esperança de que elas se repitam no futuro.
- O sentimento de esperança está ligado à atenuação da severidade do superego, que, quando é rígido, não aceita a existência de impulsos destrutivos em si mesmo e nos outros.
- A capacidade para estar só e para estabelecer uma boa relação com os outros está ligada ao estabelecimento do bom objeto interno e à posição depressiva elaborada.

- A capacidade de sentir prazer vincula-se à resignação de poder aproveitar o que é possível. Tal resignação aplaca a voracidade por gratificações inacessíveis e, também, o ressentimento pela frustração inevitável de não atingi-las. A resignação está ligada à tolerância e à esperança de vida, por sentir-se que os impulsos destrutivos não sobrepujarão os construtivos.
- Os primeiros objetos incorporados formam a base do superego primitivo, que é severo e inflexível. Com o desenvolvimento emocional, há maior tolerância e flexibilidade. A tolerância não significa estar cego à falta alheia, mas reconhecê-la e, apesar disso, mostrar a capacidade de amar e construir. O superego maduro se restringe à função de administrar e refrear os impulsos destrutivos.
- Nenhum indivíduo adulto sadio está inteiramente isento de sentimentos de culpa, o que faz com que o desejo de reparação nunca seja plenamente esgotado. Todas as formas de atuação sociais originam-se dessa necessidade reparatória.

O impulso epistemofílico

Cronologicamente, Melanie Klein formulou inicialmente o conceito de posição depressiva, em 1935, no artigo *Uma contribuição à psicogênese dos estados maníacos depressivos* e apenas em 1946 descreveu a posição esquizoparanóide, no artigo *Notas sobre mecanismos esquizóides*. Porém, antes disso, em 1928, no artigo *Primeiras fases do Complexo de Édipo* e em 1930, no artigo *A importância da formação de símbolos no desenvolvimento do ego*, já chamava a atenção para a conexão entre o impulso epistemofílico (desejo de conhecimento e curiosidade) e o sadismo. Haveria um forte desejo de apropriar-se dos conteúdos do corpo materno e de saber o que há dentro dele. Por meio do simbolismo, haveria, no transcorrer da vida, uma substituição do corpo materno por outras coisas, atividades ou interesses. Durante sua vida, Melanie Klein abandonou o conceito de impulso epistemofílico e passou a privilegiar a dinâmica entre o instinto de vida e de morte (Segal, 1979).

A CULPA PERSECUTÓRIA

Grinberg (1963) alerta para o perigo de se confundir o conceito de posição depressiva com o de depressão, que advém da nosologia psiquiátrica e é patológico. Enquanto que na depressão há uma regressão narcísica, uma predominância do superego sádico e um abandono da luta pela vida, na posição depressiva, pelo contrário, há responsabilidade pelos próprios atos levando a um desejo de reparação do dano causado ao objeto ou por sua perda, além de um forte desejo de viver, impulsionado pela integração do ego. Para o autor, na posição depressiva aparece a *culpa depressiva,* com todas as características descritas por Melanie Klein, enquanto que na depressão aparece a *culpa persecutória,* mesclada de componentes esquizoparanóides, que massacram o indivíduo, levando-o a uma paralisação de suas atividades. Aqui, em vez de reparação, há uma tentativa de apaziguar o objeto temido e perseguidor. Enquanto a culpa depressiva está ligada à pulsão de vida, a culpa persecutória tem estreita relação com a pulsão de morte e, para suportá-la, o indivíduo muitas vezes é obrigado a recorrer a defesas primitivas como a dissociação, a idealização e a negação, ou a pseudorreparações onipotentes ou maníacas.

As contribuições de Bohoslavsky

Bohoslavsky (1981), aos 27 anos, escreveu o livro *Orientação vocacional – a estratégia clínica,* considerado um clássico pela maior parte dos autores. O seu falecimento precoce, aos 35 anos, interrompeu a carreira de um dos mais brilhantes pensadores da área da orientação vocacional. Em um adendo à edição brasileira, em 1977, afirma com grande sabedoria:

> *Diante do "vocacional" cabe diferenciar dois planos: o de problemas e o das problemáticas. O primeiro diz respeito às dificuldades das pessoas em alcançar escolhas conscientes e autônomas – quando existem condições para optar... A problemática teórica atinge uma variedade de setores do campo psicológico e extrapsicológico, pois não envolve somente um simples problema de medir aptidões e interes-*

> *ses, e devolver resultados de testes, mas principalmente a escolha mais livre possível, pelas pessoas, da sua vida futura. É fácil imaginar a complexidade das problemáticas que esta questão compromete. Elas se estendem desde o estritamente psicológico até profundas questões ético-filosóficas e ideológicas, sem esquecer que o humano não pode ser lido somente no nível de análise psicológica, sendo necessário dispor-se teoricamente para uma literatura convergente da Sociologia, da Economia, da Antropologia, da Pedagogia...* (p. 18).

Bohoslavsky chama de *modalidade estatística* a posição daqueles que acreditam que, uma vez conhecida, por meio de testes, as aptidões e interesses de um indivíduo, será possível apontar-lhe a melhor opção profissional. Os interesses são específicos, enquanto que as profissões e a realidade sócio-cultural são estáticas, segundo essa concepção. De acordo com aqueles que utilizam a *modalidade clínica*, onde o autor se inclui, o adolescente só chega a uma decisão profissional quando elabora conflitos e ansiedades ligados ao futuro, enquanto que as profissões requerem potencialidades que não são específicas e tampouco podem ser medidas, além de se modificarem no transcorrer da vida. O prazer no estudo e na profissão depende do vínculo que se estabelece com eles que, por sua vez, dependem da personalidade do indivíduo. As profissões e a realidade sociocultural são dinâmicas e, por isso, apesar da importância de se conhecer a realidade atual, ninguém pode prever o sucesso de uma escolha profissional, a não ser que seja entendido como a possibilidade de superar obstáculos com maturidade.

A escolha profissional, segundo o autor, está sempre relacionada com os outros, reais ou imaginários, ou seja, o adolescente não quer ter determinada profissão, ele quer ser como alguém, com quem se identifica e que possui determinados atributos. O sistema de valores sociais e as dificuldades econômicas fazem com que, em geral, o trabalho e o *hobby* sejam dissociados, sendo pouco os afortunados que não realizam tal dissociação. Para o adolescente, o futuro profissional não se restringe *no que fazer* mas fundamentalmente em *quem ser* e em *quem não ser*.

É na adolescência que o indivíduo define a sua *identidade ocupacional*, um conceito formulado por Erikson (1976), e desenvolvido por Bohoslavsky (1981): a autopercepção, ao longo do tempo, em termos de papéis ocupacionais. A ocupação não é algo definido a partir do que ocorre dentro de um indivíduo e tampouco fora, mas da interação entre ambos. Portanto, utilizada como exemplo a medicina, não existe um médico "em geral" e tampouco uma ocupação médica abstrata, mas sim o que é resultado das expectativas que se tem em relação a esse papel, em um determinado contexto histórico-social.

A identidade ocupacional forma-se a partir do ideal do ego (eu queria ser como fulano...), das identificações com o grupo familiar (como referência positiva ou negativa), das identificações com pares (cultura da sociedade adolescente) e, finalmente, das identificações sexuais (ocupações consideradas mais ou menos "masculinas" ou "femininas"). Quando as diferentes identificações estão integradas e a pessoa sabe o que quer fazer, de que modo e em que contexto, pode-se considerar que a sua identidade ocupacional foi adquirida.

Por sua vez, a *identidade vocacional* relaciona-se ao porquê e para quê da assunção de uma determinada identidade ocupacional. Trata-se, portanto, da compreensão psicodinâmica da identidade ocupacional e está ligada, necessariamente, a uma teoria da personalidade. Dentro da teoria psicanalítica, o processo de sublimação e o processo de reparação, já citados, são considerados essenciais para a formação dessa identidade.

Bohoslavsky, assim como Melanie Klein, assinala que muitas vezes não há reparações verdadeiras, mas sim pseudorreparações. Na *reparação maníaca*, o processo é contaminado pelo desprezo dos aspectos bons do objeto, triunfo em relação ao objeto (nega-se a perda e os sentimentos de abandono), pelo controle do objeto (nega-se a sua autonomia), enquanto que a culpa, em vez de ser elaborada, é negada.

Na *reparação compulsiva*, surge uma culpa persecutória, pela destruição do objeto na fantasia, de tal amplitude que o indivíduo busca realizar uma reparação rígida e autoritária que restringe a autonomia do objeto e acaba por danificá-lo ainda mais. *Na reparação melancólica*, a tentativa de reparação se dá por meio da autoestruição. Dentro desse referencial teórico, a carreira escolhida seria a representante exterior do objeto interno, que pede para ser reparado.

Finalmente, Bohoslavsky define que a *escolha madura* é aquela que resulta da elaboração dos conflitos, o que permite ao adolescente identificar-se com seus próprios gostos, interesses, aspirações e conhecer o mundo exterior, as profissões, as ocupações etc. A *escolha ajustada* é aquela que possibilita a união dos gostos e capacidades com as oportunidades exteriores.

4. A Vocação Médica

A revisão da literatura mostra que inúmeros trabalhos abordam o tema "vocação médica", que pode ser dividido em diferentes subtemas: o momento da opção pela carreira médica, o perfil social e as expectativas do estudante de medicina e do médico, encorajamentos e desencorajamentos de amigos e familiares, motivos da rejeição pela profissão médica, atributos desejáveis para o médico, motivos conscientes e inconscientes da escolha profissional, características de personalidade do estudante de medicina e do médico, a escolha da especialidade e, finalmente, as relações entre a medicina e a literatura. Cada um desses temas serão abordados separadamente, com o intuito de tornar a exposição mais clara e didática.

O momento da opção pela carreira médica, o perfil social, e as expectativas do estudante de medicina e do médico

Em um estudo com alunos de 28 escolas norte-americanas, Yancik (1977) buscou avaliar quando se deu a escolha definitiva da carreira médica. Aproximadamente 10% dos alunos fizeram essa opção antes da *high school*, enquanto que 25,9% optaram nesse período. A maior parte dos alunos (52,7%) escolheu estudar medicina durante o *college* e 11,4% após esse curso. Aqueles que optaram por especialidades cirúrgicas decidiram-se mais cedo do que os alunos de outras especialidades (55% antes do *college*), enquanto que os psiquiatras e clínicos gerais foram os últimos a decidir, definitivamente, pela carreira médica. Por sua vez, Beedham (1996) mostrou que, na

Inglaterra, 62% dos alunos optaram pela carreira antes de ingressar no *college* (24% no curso básico e 38% no colegial).

Em uma entrevista realizada com 1.044 estudantes de escolas médicas mexicanas, Fejardo-Dolci (1995) refere que 27% dos alunos optaram pela carreira já na infância, 26% entre 14 e 16 anos, sendo que o restante optou posteriormente. Por sua vez, D'Ottavio *et al.* (1997) lembram que, na década de sessenta, 73% dos estudantes de medicina argentinos pensavam em fazer medicina antes dos 15 anos e que faziam a decisão final aos 17 anos. Quanto mais precoce era a decisão, mais satisfeito estava o aluno com o curso médico. Na década de noventa, 52% dos estudantes pensavam em fazer medicina pela primeira vez aos 16 anos e apenas 17% antes dessa idade. A maior parte dos alunos tomava a decisão final pouco tempo antes dos exames. Um maior número de alunos pensava em fazer outras carreiras (54% X 10%) e tinha dúvidas quanto à escolha profissional (30% X 5%). Enquanto que na década de sessenta, 55% dos alunos escolheram a profissão pelo interesse pela biologia, na década de noventa, 30% disseram ser o interesse pela alta tecnologia da medicina o principal motivo da escolha, sendo que apenas 16% disseram ter interesse pela biologia.

Muitos jovens iniciam o curso médico sem ter uma noção clara das demandas da profissão médica. Alexander *et al.* (1992) afirmam que, algumas vezes, após o ingresso na faculdade, os alunos sofrem uma grande desilusão ao dar-se conta de que estão realizando algo que não queriam e acabam por abandonar o curso, perdendo oportunidades, tempo e dinheiro. Os autores relatam a sua experiência orientando alunos que pretendiam inscrever-se no curso médico. Durante várias semanas têm contato com a terminologia e com procedimentos médicos, com a bioética e com a jurisprudência médica. Além disso, chama-se a atenção para a importância do sigilo médico e de qualidades como a honestidade, capacidade de ter compaixão, de ser compreensivo e para o fato de que a medicina demanda longo tempo de estudo para proporcionar algum fruto profissional e pessoal.

Em um curioso artigo, Weisse (1993) conta que Albert Sabin optou pela medicina e, particularmente, pela microbiologia, quando era estudante de odontologia, após ler o livro *O caçador de micróbios* de Paul Kruif. Tal informação mobilizou o autor a realizar uma pesquisa com 154 primeiranistas de faculdades norte-americanas e a comparar o resultado com os colegas de sua turma, formados há 35 anos. O número de mulheres aumentou significativamente, de 8% para 49%. Cerca de 27% de seus colegas eram filhos de médicos, sendo que esse número aumentou para 34%. O nível socioeconômico melhorou, uma vez que 51% das famílias da sua turma pertenciam à classe baixa, enquanto que, entre os alunos da pesquisa, 82% pertenciam à classe média. A influência de livros para a escolha da carreira médica esteve presente em 28% de seus colegas e aumentou para 31% da classe atual, o que mostra a forte influência desse fator, que usualmente é desconsiderado. Em seu estudo já citado, Fejardo-Dolci (1995) concluiu que metade dos alunos tinha algum familiar que atuava no campo da saúde, sendo que 83% deles eram médicos.

O perfil socioeconômico dos alunos da Faculdade de Medicina da Universidade de São Paulo e da Escola Paulista de Medicina foi estudado por Pacheco e Silva e Lipszic (1962). Apenas vinte dos 124 alunos eram do gênero feminino, sendo que 43% eram provenientes da Capital e subúrbios, 41% do interior, 9% de outros estados e 7% de outros países. Quanto ao nível social, apenas 3% eram de nível socioeconômico alto, 12% de classe média alta, 40% de classe média e 45% de classes inferiores, sendo que 24 deles passaram por grandes dificuldades e privações para ingressar na escola médica. Apenas 36% dos alunos conseguiram ingressar no curso médico na primeira tentativa, sendo que 40% tentaram duas vezes, 19% três vezes e 5% quatro vezes.

Quanto às aspirações e aos ideais, 65% dos alunos esperavam ser médicos capazes e bons profissionais; 25,6% buscavam alcançar um ideal filantrópico e ético, sendo médicos na extensão da palavra, responsáveis, conscientes e dignos da profissão; 27,8% tinham como objetivo constituir família; para 27%, o importante seria alcançar projeção profissional e social, enquanto que 5% gostariam de alcançar uma boa formação cultural.

Segundo Rosenthal *et al.* (1992), os alunos que optam por medicina da família apresentam menor expectativa de ganho financeiro ao entrar na faculdade e que isso é um importante fator para predizer quem irá optar por essa área ao entrar na faculdade. Por sua vez, aqueles que possuem maiores expectativas optam por cirurgia. Kahler e Soule (1991) mostraram que 90% dos alunos da Faculdade de Medicina de Dakota do Sul gostariam de trabalhar em clínica privada após se formar, 18% como docentes, 3% no exército e 2% em pesquisas.

Ginzberg e Brann (1980), ao analisarem as expectativas de 150 segundanistas de medicina, mostraram que estavam preocupados com a perda de liberdade do médico, o excessivo controle governamental na profissão, a tendência ao assalariamento, o declínio da prática privada e o excesso de burocracia. Apenas um estudante previu um futuro sem problemas. As mulheres mostraram-se mais preocupadas com a saúde dos carentes, com a educação médica e com os direitos humanos, enquanto os homens preocuparam-se mais com a competitividade, com a falta de humanismo de seus colegas, com a ingerência governamental e com o ganho financeiro.

Em sua tese de doutorado Zaher (1999) indagou a 293 médicos quais as mudanças que gostariam de fazer em suas vidas. Cerca de 31% responderam que se possível cuidariam mais de si, teriam mais lazer e maior dedicação para o social. Para 19,45% dos entrevistados, seria desejável uma redução da carga horária de trabalho, sendo que 18,77% gostariam de aumentar seus rendimentos e 17,74% gostariam de melhorar a qualidade de suas relações afetivas, familiares e sociais. Apenas 7,5% gostariam de mudar de profissão e 5,46%, de especialidade, enquanto que 18,43% mostravam-se plenamente satisfeitos e não pretendiam realizar nenhuma mudança em suas vidas.

Encorajamentos e desencorajamentos quanto à escolha da profissão médica

A influência de terceiros é marcante na escolha profissional. Por essa razão alguns autores estudaram o quanto futuros alunos de medicina são estimulados ou desestimulados a procurar a profissão médica. De acordo com Baird (1975), em geral os alunos são estimulados por seus familiares para serem médicos e mostraram-se preocupados pelo fato de não terem perspectivas de ganho financeiro a médio prazo.

Imperato e Nayeri (1991) realizaram um estudo com 314 primeiranistas da Universidade de New York. Cerca de 68% dos alunos foram desencorajados a fazer medicina, 43% por médicos e 40% por amigos e vizinhos. Os pais foram os que mais encorajaram, fato que ocorreu com 58% dos alunos, seguidos por amigos e vizinhos (47%). As razões alegadas para o desencorajamento foram os longos anos de treinamento (55%), o custo do seguro por erro médico (50%), a excessiva regulamentação governamental (43%), o estilo de vida do médico (40%), a queda de rendimentos (39%), o alto custo da formação (26%) e o risco de contaminação por doenças graves (22%). Não foram encontradas diferenças entre os gêneros. Os autores chamam a atenção para o fato de que estudos da década de setenta mostram que apenas 25% dos alunos haviam sido desencorajados, havendo naquela ocasião um predomínio do grupo feminino (19% X 8%).

Motivos da rejeição pela profissão médica

Procurando compreender a queda de inscrições para os cursos médicos norte-americanos na década de oitenta, Colquitt e Killian (1991) realizaram uma pesquisa para descobrir as razões que levaram muitos estudantes a rejeitar a carreira médica apesar de terem, inicialmente, interesse pela medicina. No ano de 1986 as principais razões foram: a possibilidade de satisfazer o interesse pela ciência em outras profissões (38%); o alto custo financeiro da formação

(28%); a perda da independência dos médicos (25%); o fato de terem sido desaconselhados por médicos a fazer medicina (22%); e, finalmente, por ser uma formação muito longa (19%). Dois anos depois, nova pesquisa foi realizada e, desta vez, o percentual surpreendente de 48,2% dos desistentes disseram que foram desencorajados por médicos a desistir da profissão! A forte competição existente entre os estudantes de medicina fez com que 12,4% desistissem e o interesse financeiro fez com que 34,8% optassem por outras áreas. Outro achado surpreendente é que 22,9% dos alunos disseram que em outras carreiras teriam maior possibilidade de ajudar as pessoas.

Complementarmente, os autores compararam as opiniões daqueles que optaram pela faculdade de medicina e dos desistentes, quanto aos aspectos positivos e negativos da prática médica. As principais diferenças encontradas foram que os desistentes eram mais pessimistas quanto à possibilidade de não alcançar uma carreira de sucesso na profissão médica e estavam mais preocupados com o grande período de tempo consumido pela profissão, o que iria interferir na vida privada. Finalmente, os autores chamam a atenção para o preocupante fato de que a proporção de inscritos por vaga no final da década de oitenta foi de 1,6% inscritos por vaga, a mais baixa dos últimos 55 anos.

Por sua vez Chuck (1996) mostra que os alunos do curso pré-médico temem a longa duração do curso e da residência (56%), o alto custo da formação (52%), o *stress* profissional (51%), o medo de cometer erros (46%), o cansaço físico (43%), o alto custo dos seguros contra o erro médico (40%), o risco de contrair doenças (27%) e os problemas administrativos (20%). Todos esses fatores foram considerados pelos alunos como motivos que poderiam desencorajá-los a seguir a carreira médica.

Em revisão da literatura, Beedham (1996) indaga o motivo pelo qual os jovens médicos ingleses estão abandonando a medicina. A satisfação dos médicos ingleses com o seu trabalho caiu de 81% no passado para 44%, enquanto 20% estavam arrependidos pela escolha da profissão, sendo que um terço destes gostaria de abandonar a profissão, se possível. O *stress* relacionado ao trabalho é o principal motivo da insatisfação, enquanto que as mulheres, particularmente, queixam-se da superposição da profissão com as responsabilidades domésticas. Nas escolas médicas inglesas, 13,7% dos alunos abandonam o curso. As razões alegadas para a desistência do curso médico foram os longos anos de treinamento (55%), o custo do seguro por erro médico (50%), a excessiva regulamentação governamental (43%), o estilo de vida (40%), a queda de rendimentos (39%), o alto custo da formação (26%) e o risco de contaminação por doenças graves (22%). Não foram encontradas diferenças significativas entre os gêneros.

Atributos do médico

Há mais de 2.400 anos, Hipócrates, em *A lei*, discorria acerca dos atributos necessários para aquele que tinha o desejo de abraçar a profissão médica (Brunini, 1998):

> *Aquele que deseja adquirir um bom conhecimento de medicina deve ter as seguintes características: aptidão natural, cultura, disposição para estudar, instrução desde cedo, perseverança, amor ao trabalho e tempo disponível. Antes de mais nada, é preciso talento natural, pois quando a natureza se opõe, tudo é em vão. Quando porém ela indica o caminho e a direção do que é melhor, o aprendizado da arte se faz de maneira prazerosa. O estudante deve tentar, por seu lado, assimilar esse aprendizado através da reflexão, tornando-se logo de início um aluno em um local apropriado à instrução, de modo que os conhecimentos que estão se enraizando produzam frutos apropriados e abundantes* (p. 165).

Lê-se, também, nos aforismos de Hipócrates, que o médico deve ter uma boa capacidade de observação, sem qualquer tipo de preconceito, deve ser honesto, altruísta, idealista, humilde, deve procurar aprender sempre e jamais seduzir seus pacientes. Antes de tudo, deve evitar causar algum dano ao paciente, confiando sempre na força curativa da natureza.

Souen Ssen-mo descreve, na China, no século VII, os atributos que a seu ver são indispensáveis para aqueles que desejam a medicina como profissão (Carvalho Lopes, 1970, p. 74):

> *Para ser um bom médico não basta ser versado na literatura de Confúcio ou de Tao. Quem não tiver lido os livros budistas não conhecerá a Bondade, a Compaixão, a alegria da Renúncia. Aproximando-se dos doentes, não saberá conquistá-los por meio da piedade e da simpatia nem criar o ambiente próprio para socorrê-los nas suas dores, sem pensar na sua casta, na sua fortuna, na sua idade, na sua beleza, na sua inteligência, na sua qualidade, quer de chinês, quer de bárbaro, quer de amigo, quer de inimigo; jamais chegará a tratar com igualdade seus doentes como o faria com seus mais caros amigos.*

O psicanalista Zimerman (1992) lembra que a arte médica é muito antiga e que foi exercida por feiticeiros, xamãs e sacerdotes. A ciência médica, por sua vez, surgiu a partir do século XIX e desde a sua origem sofre influência de seus predecessores místicos. Quantas vezes algum insucesso é tributado à "vontade de Deus"? Por quanto tempo o médico de sucesso foi aquele que possuía carisma, independente do resultado de suas abordagens? Historicamente, misticismo, primitivismo e ignorância sempre estiveram juntos. Com a evolução do conhecimento médico há uma tendência à horizontalização da relação médico-paciente e com isso o médico desce de seu pedestal.

Para o autor, não importa qual o tipo de personalidade que o médico possui, mas, sim, a presença de determinados atributos que são mínimos e indispensáveis para o exercício da profissão: capacidade para intuição, de empatia, de ser continente, de se comunicar e de se deprimir. A intuição relaciona-se com a experiência e com a área cognitiva, enquanto que a empatia pertence à área afetiva e permite ao médico colocar-se no lugar do outro. A capacidade de continência torna possível o contato com as angústias, vivências de morte e crises existenciais dos pacientes, e dá ao médico a possibilidade de tranqüilizá-los. Além disso, permitirá ao médico tolerar suas próprias angústias, dúvidas e o "não saber". A capacidade para se deprimir (no sentido kleiniano do termo) torna possível a discriminação, individuação, autonomia, reflexão e criatividade. Por fim, a capacidade de comunicação relaciona-se com a possibilidade de saber escutar o paciente, de não ter a mente saturada de "pré-conceitos", de não julgar moralmente o paciente, de poder lidar com verdades penosas, além, evidentemente, de utilizar uma linguagem de fácil compreensão.

Em seu clássico livro *Concepção psicossomática: visão atual*, Mello Filho (1979) lembra que o tornar-se enfermo desafia as concepções onipotentes presentes no inconsciente de todos os indivíduos. Por outro lado, aspectos de onipotência podem caracterizar estilos de vida ou escolhas profissionais, entre elas a medicina. Sugere que, diante das situações extremas com que o médico se defronta no seu cotidiano, como o risco de contágio, o contato com a morte e com doenças graves, é compreensível, e talvez necessária, a presença de uma certa dose de onipotência, aspecto que usualmente é criticado na personalidade do médico.

Lacaz (1997) afirma que o verdadeiro médico é aquele que abraçou a profissão por vocação e que a essência da profissão médica é servir ao doente e nunca se servir dele. O paciente deve sentir que o médico possui a capacidade de dar, sem a qual não há medicina. Além disso, o médico deve compreender a linguagem da dor, da angústia, do medo, da desesperança e do sofrimento, para que possa falar à alma de seus pacientes, o que só se torna possível se possuir "toda a sensibilidade que o ser humano pode abrigar" (p. 234).

A vocação genuína é muito parecida com o amor, pois tem como objetivo servir ao outro e não querê-lo para si, afirma Marañon (1935). Ela distancia-se, portanto, da paixão onde se busca a exclusividade do objeto amado e muitas vezes é platônica. O jovem confunde, muitas vezes, a vocação com a busca de uma boa remuneração, de reconhecimento e glória. Para que exista vocação é necessário que exista espírito de sacrifício e aptidões específicas que não são facilmente identificáveis, mas que não devem ser confundidas com as notas dos exames, pois um bom estudante de medicina, que se aplica aos estudos, pode não ter vocação e vice-versa. Para o autor, a vocação pode ser desenvolvida a partir da experiência de vida.

O médico de família Blasco (1997) ressalta que medicina é ciência e arte, uma arte científica:

> *Ser médico é, antes de mais nada, equilíbrio de forças que legitimam essa função e que são, afinal, razão da existência da medicina. Uma harmonia proporcional de ciência e arte, em pesos equivalentes. As anomalias que hipertrofiam um aspecto em detrimento do outros não têm como resultado apenas a baixa qualidade do profissional médico, mas atingem a sua própria essência, destruindo-a. O produto final do desequilíbrio não é um mau médico, visto que aquilo que exerce não é mais medicina. Ele poderá ser uma espécie de "mecânico de pessoas", ou um "curandeiro", mas nunca um médico* (p. 29).

Para o autor, é difícil falar da arte médica e mais difícil ainda ensiná-la. O médico, no transcorrer de sua vida, deve procurar, incessantemente, aproximar-se do perfil do médico ideal cujas características incluem ter uma boa formação cultural, ter senso crítico quanto aos novos conhecimentos científicos, ser prudente, ter bom senso, ser solidário, ser dedicado, ter espírito aberto a mudanças, ter humanidade profissional, não ser vaidoso ou dogmático, ser ético com os colegas, não transformar a medicina em negócio, ter interesse real pelo paciente, saber preservar o sigilo, saber ouvir o paciente e ser atencioso com ele, saber explicar para o paciente a sua doença em uma linguagem compreensível e ter a capacidade de colocar-se no lugar do paciente. Esses atributos foram citados a partir da revisão da literatura.

Um interessante estudo foi elaborado por Price *et al.* (1971), com a colaboração inicial de 372 médicos, que sugeriram uma longa lista de atributos desejáveis para que um médico seja considerado um bom profissional. Em seguida, a lista foi revisada e modificada por outros médicos, residentes, pacientes, estudantes, alunos de medicina, administradores e outros profissionais. Obteve-se, assim, uma lista final com 116 qualidades, sendo 87 consideradas positivas e desejáveis, e 29 negativas e indesejáveis. A seguir a lista foi formatada nos moldes de uma escala e entregue a 1.604 pessoas de diferentes áreas.

Entre as 87 qualidades consideradas desejáveis, em ordem de importância, as cinco primeiras foram:

- Ter um bom discernimento clínico (habilidade para tomar decisões adequadas quanto ao cuidado de seus pacientes).
- Estar atualizado em seu campo médico.
- Ter conhecimento e habilidade para estudar o que se passa com seus pacientes, minuciosamente, e alcançar conclusões seguras quanto ao diagnóstico, tratamento e problemas correlatos.
- Atender prontamente os pacientes quando for oportuno fazê-lo.
- Ter habilidade para examinar apuradamente cada paciente para a realização de um diagnóstico acurado e um tratamento apropriado.

Entre as 29 qualidades consideradas indesejáveis, em ordem de importância, as cinco primeiras foram:

- Ser negligente no trato de seus pacientes.
- Incorrer freqüentemente em erros médicos.
- Ser desonesto.
- Ser um alcoólatra crônico.
- Ser dependente de drogas.

Os autores destacam o fato de que, em geral, houve pouca diferença de opinião em populações muito diversas como a de advogados, *hippies*, médicos, estudantes, entre outras.

Mais de dez anos após a publicação de Price e colaboradores, Sade *et al.* (1985) voltaram a utilizar a sua escala com o intuito de responder à pergunta: "Os melhores alunos de medicina tornam-se os melhores médicos?". Além da escala original foram investigadas as características que são desejáveis no médico, mas que dificilmente podem ser ensinadas na faculdade de medicina. O questionário foi respondido por 84 professores da Faculdade de Medicina da Universidade de Carolina do Sul.

As cinco principais qualidades desejáveis, em ordem de importância foram:

- Ter bom discernimento clínico (habilidade para tomar decisões adequadas quanto ao cuidado de seus pacientes).
- Ter habilidade para examinar apuradamente cada paciente para realização de um diagnóstico acurado e um tratamento apropriado.
- Estar atualizado em seu campo médico.
- Ser emocionalmente estável.
- Ter uma boa relação médico-paciente.

As cinco principais qualidades desejáveis e que não podem ser ensinadas, em ordem de importância, obtidos por meio de um índice foram:

- Ser emocionalmente estável.
- Ser uma pessoa com uma integridade inquestionável e com princípios.
- Ser franco e intelectualmente honesto.
- Ser naturalmente enérgico e ter entusiasmo.
- Ser muito inteligente, brilhante, mentalmente rápido e aplicado.

Ao final do estudo, os autores concluem que, no futuro, talvez seja possível selecionar os estudantes de medicina não apenas pelas suas características cognitivas.

De qualquer forma, a comparação entre os dois estudos chama a atenção para o fato de que no segundo aparecem duas características não cognitivas entre as cinco primeiras qualidades desejáveis, o que demonstra uma maior preocupação com o aspecto humano da medicina, quem sabe, devido à deterioração desses aspectos no transcorrer dos anos.

Em aula inaugural para os alunos da Faculdade de Medicina da Universidade de Cornell, Rogers (1993) disse que a sociedade vê os médicos de hoje como sendo menos altruístas e generosos do que no passado. São vistos como frios e mais preocupados com a tecnologia do que com a condição humana. Afirma que, infelizmente, há alguma verdade nessa percepção e pede para que seus alunos não se esqueçam nunca de que a sua humanidade é um poderoso instrumento terapêutico. A união da compaixão, da preocupação com os outros e da competência são fundamentais para a profissão médica, segundo o autor.

Finalmente, Whitehouse (1997) afirma que é fácil aceitar que, além dos atributos cognitvos, outras características são desejáveis para o futuro médico como ter tolerância, responsabilidade social, espírito crítico, compaixão, flexibilidade, capacidade para tolerar a incerteza, capacidade de empatia, entre outras. Diante disso, algumas faculdades de medicina estão introduzindo a entrevista como filtro para aqueles poucos estudantes que têm um bom potencial acadêmico mas que não possuem os outros atributos.

Motivações conscientes da escolha da profissão médica

Como será visto a seguir, inúmeros artigos abordam a questão da escolha consciente da profissão médica. Entre esses artigos encontram-se pesquisas, reflexões e depoimentos, mostrando tratar-se de um tema que há décadas desperta o interesse do meio acadêmico.

Em um estudo com 521 estudantes de medicina, para investigar os motivos da escolha profissional, Baird (1975) concluiu que a maior parte deles deu ênfase ao desejo de ajudar o próximo, de trabalhar com pessoas, de ter independência e segurança. Ginzberg e Brann (1980), por sua vez, encontraram ser as principais motivações para a escolha da carreira médica o fazer o bem, o desafio intelectual e o fascínio pela profissão. A busca de prestígio e de um bom ganho financeiro aparecem com menor freqüência, porém de forma significativa. Uma outra pesquisa, realizada por Kahler e Soule (1991) concluiu que o desejo de servir a seus semelhantes e de realizar uma tarefa difícil fez com que 70% dos primeiranistas da Faculdade de Medicina de Dakota do Sul optassem pela profissão médica. Os restantes foram motivados pela busca de *status* ou de recompensa financeira (Kahler e Soule, 1991).

Em um estudo com 304 alunos da Faculdade de Medicina da Universidade de Wisconsin, Siverston (1988) concluiu que 36,5% dos estudantes optaram pela profissão porque desejavam ajudar os outros e pelo interesse científico; 19% porque desejavam trabalhar em um campo ligado à área da saúde; 4,3% referiram ter tido alguma doença e terem sido influenciados por isso; 2,6% referiram ter interesse pelo perfil missionário da profissão e 2% foram influenciados pela morte de um amigo ou parente. As influências familiares foram grandes, sendo que 17, 4% tinham pai médico e 63% algum membro da família que trabalhava na área da saúde. Cerca de 11% dos alunos disseram ter sido influenciados pelos médicos que assistiam a sua família.

Preocupados com a queda de interesse dos estudantes norte-americanos pela medicina, no final da década de setenta e no transcorrer da década de oitenta, Sadeghi-Nejad e Marquardt (1992) lembram que o desejo de servir à humanidade vem sendo, através dos tempos, a principal motivação para a procura da profissão médica. Em revisão da literatura, apontam também outras motivações como a existência de doenças na família ou durante a própria infância. A influência do ganho financeiro vem caindo progressivamente, uma vez que o período em que os médicos mais prosperaram financeiramente começou após a Segunda Grande Guerra e declinou nas últimas décadas. Durante muito tempo o médico teve prestígio, por atuar como amigo e conselheiro, porém com o aparecimento das especialidades e subespecialidades houve uma fragmentação da profissão e, além disso, os médicos passaram a ser vistos pelos pacientes de forma menos idealizada. Conseqüentemente, enquanto a ciência médica ganhou respeito e prestígio com seus progressos, o inverso ocorreu em relação aos médicos. Durante muitos anos aqueles que procuravam a medicina eram atraídos pela independência proporcionada pela profissão. Os médicos eram liberais, desenvolviam as suas melhores habilidades e adaptavam seu trabalho de acordo com suas necessidades individuais, estilos de vida e personalidades. Atualmente, o médico liberal está quase extinto e atua defensivamente, preocupado em ser processado por eventual erro, tornando a profissão dominada pelas seguradoras. Diante do exposto, sugerem que médicos experientes transmitam aos estudantes a idéia de que a medicina ainda é uma excelente profissão por unir ciência, satisfação pessoal e desafio intelectual, apesar de todos os problemas existentes.

Em uma entrevista com 1.780 alunos do curso pré-médico, Barondess e Glaser (1993) compararam as motivações da escolha da profissão daqueles que optaram pela medicina com aqueles que escolheram outras áreas (segundo percentual):

- Ter satisfação no trabalho (96% X 90%).
- Auxiliar as pessoas (83% X 56%).
- Ter desafios no trabalho (80% X 61%).
- Conhecer o ser humano em profundidade (60% X 47%).
- Auxiliar os menos afortunados (59% X 62%).
- Ter tempo livre para o lazer para o convívio familiar e social (44% X 65%).
- Ter rendimento financeiro seguro e estável (41% X 62%).

Os autores concluíram que o candidato ao curso médico é mais motivado pela satisfação por estar trabalhando em uma área de que gosta e pelo altruísmo.

Com o provocativo título *Você quer que seu filho torne-se um médico?* Parmley (1993), após abordar o problema da crise da medicina norte-americana no final do século XX, afirma que a profissão médica, apesar de tudo, possui valores intrínsecos que permanecem inabaláveis e que são os maiores atrativos para a busca da profissão: a oportunidade de ajudar as pessoas e, dessa forma, receber sua gratidão e confiança; a possibilidade de aprender com cada paciente, que é único; o estímulo intelectual proporcionado pelo rápido avanço das especialidades médicas; pela oportunidade de ensinar os mais jovens; e, finalmente, pelo convívio com outros profissionais dedicados.

Em uma pesquisa com 1.044 alunos de escolas médicas mexicanas, Fejardo-Dolci (1995) concluiu que a satisfação pessoal foi o principal motivo alegado para a escolha profissional (58%), seguido pelo desejo de ajudar as pessoas (35%). Chuck (1996) mostrou, por sua vez, que 71% dos alunos do curso pré-médico relataram ter tido a influência de algum médico conhecido ao escolherem a profissão médica.

Chama a atenção o fato de que após uma redução substancial da procura pelos cursos médicos norte-americanos, houve recorde de inscrições em 1993 e 1994. Para Steinbrook (1994) a escolha da carreira é uma decisão muito pessoal, onde o ganho financeiro, o desafio intelectual, o prestígio, a oportunidade de emprego, a estabilidade, o local de trabalho e o tempo para o lazer e a família estão envolvidos. Na medicina, além desses fatores, há o desejo de ajudar os outros e a sociedade, sendo que a generosa atenção pelo bem-estar dos outros é inerente à profissão médica e um privilégio para quem é médico. Configura-se, assim, como uma profissão altruísta e, antes dos benefícios financeiros, esse deve ser o maior incentivo para aquele que pretende iniciar sua formação médica. Esses comentários foram feitos para o artigo de Weeks *et al.* (1994), onde são comparados os ganhos de diferentes profissões. Procuradores e médicos especialistas têm maior rendimento, seguidos de dentistas e executivos, sendo que os médicos generalistas (assistência primária) ficam em último lugar, o que tornaria necessária a criação de incentivos para aqueles que se interessam por essa área.

Quartanista da Universidade Western Ontário, Leung (1996) relata que aproximadamente 90% dos primeiranistas entram na faculdade pensando em ser cirurgiões vasculares ou neurocirurgiões, especialidades de prestígio, mas que esse percentual cai significativamente no transcorrer do curso. Para o autor, nos dias de hoje, a profissão médica vem-se tornando cada vez menos atrativa do ponto de vista financeiro e oferece um estilo de vida nada palatável. Concomitantemente, poucos têm simpatia pelos médicos ou por sua profissão. Apesar disso, o autor afirma que considera um privilégio trabalhar em uma profissão que enriquece a sua vida de tantas formas e que o mantém vivo emocional e intelectualmente. Nada é mais gratificante do que ouvir o primeiro choro de um bebê ou observar o doce sorriso na face de sua mãe ao tomá-lo em seus braços pela primeira vez. Todas as frustrações do dia, pelas dificuldades financeiras, desaparecem quando um paciente diz um simples "obrigado" após uma cirurgia. Diante disso, o autor afirma que, ao ser indagado se pretende abandonar a medicina, a resposta é um lacônico "não".

Ao observar o crescimento dos candidatos às faculdades de medicina apesar da insatisfação geral dos médicos quanto as suas condições de trabalho, Chuck (1996) indaga: os estudantes norte-americanos do curso pré-médico sabem onde estão entrando? Para responder a essa pergunta o autor aplicou um questionário em 84 alunos do curso pré-médico que tinham idade média de 22 anos, sendo que 57% eram mulheres, 43% homens, 87% solteiros, 10% casados e 4% divorciados. A influência de médicos que serviam como modelos para 71% deles e dos pais (67%) foi importante para a escolha da profissão. Quanto à realização profissional, 98% dos alunos responderam que iriam curar e ajudar as pessoas; 95% que o trabalho seria satisfatório intelectualmente; 83% que teriam prestígio; 73% que o trabalho poderia ser agradável; enquanto que 84% responderam que ficariam satisfeitos com seus ganhos.

Em nosso meio, duas publicações se destacam nesse tema. Pacheco e Silva e Lipszic (1962) realizaram uma pesquisa com 124 alunos do quarto ano da Faculdade de Medicina da Universidade de São Paulo e da Escola Paulista de Medicina, com o intuito de investigar a motivação consciente da escolha da profissão. O ideal filantrópico (desejo de ajudar, ser útil) levou 40% dos alunos a optarem pela medicina; em segundo lugar, com 37% das respostas, apareceu a nobreza da profissão (admiração desde a infância pela profissão e a possibilidade de exercê-la como um sacerdócio); o exemplo de terceiros influenciou 21% dos alunos; a curiosidade científica e o gosto por matérias ligadas à medicina veio a seguir com 19,5% das respostas; a busca de título, prestígio e apreço motivou 10,6% dos alunos; a possibilidade de ganho material e ascendência social estavam presentes em 10,4% das respostas; os padecimentos pessoais ou familiares fizeram com que 9,6% dos alunos optassem pela medicina; e, finalmente, 5,6% o fizeram por exclusão.

Por sua vez, Zaher (1999), em tese de doutorado, analisou um questionário enviado para 293 médicos de diferentes Estados brasileiros com o intuito de investigar as motivações conscientes da escolha da profissão médica. As respostas foram organizadas em grupos e categorias. O primeiro grupo foi constituído por aqueles que optaram pela profissão devido à influência de terceiros: familiares médicos (15,69%) e amigos médicos (5,12%). O segundo grupo referiu ter optado pela medicina desde a infância (12,28%) ou por ter ficado doente pregressamente (0,68%). O terceiro grupo foi intitulado "motivações pessoais e o vínculo com o outro" e subdividido em três subgrupos. O primeiro subgrupo, com 33,10% das respostas, inclui "vocação", admiração pela beleza, nobreza e arte da profissão, idealismo e busca de realização pessoal. O segundo subgrupo, com 41,29% das respostas, incluiu gostar da profissão ou de algo relacionado a ela, desejo de ajudar o próximo, de curar, de cuidar e de atuar em área social. O terceiro subgrupo, com 8,19% das respostas, relacionou-se com *status*, mercado de trabalho e ascensão socioeconômica.

O psicanalista suíço Schneider (1991), citado anteriormente, lembra que o desejo consciente de ser médico é um dos mais comuns entre crianças e adolescentes, mas raramente se realiza. O desejo de exercer o poder sobre o outro e o de ganhar dinheiro, mesmo quando presentes, raramente são admitidos. Há, em geral, maior interesse pelas artes, pelas letras e pela abordagem humanista dos problemas médicos. O interesse humanista é tão importante na gênese da identidade médica como o altruísmo, o que poderia dar sentido à existência de tantos escritores médicos. O equilíbrio entre as dimensões científica, humanista e altruísta é fundamental para o exercício da medicina, e é por isso que uma seleção de estudantes que leve em conta apenas o desempenho científico é problemática.

O ambiente social também exerce influência na escolha da medicina como profissão sendo que, historicamente, são conhecidas diversas dinastias de médicos que se formam principalmente pela identificação com o pai médico e, mais recentemente, com a mãe. Tal identificação é parcial e pode facilitar conscientemente a tomada de decisão, mas trata-se de um processo sobretudo inconsciente, sendo que se observa com freqüência o mesmo fenômeno em outras profissões. Algumas vezes os pais gostariam que seus filhos fossem médicos ou eles mesmos gostariam de ter sido, o que faz com que o jovem, sem se dar conta, assuma o desejo do outro.

O psicanalista e pediatra inglês Winnicott (1988), em sua autobiografia não publicada, citada por Outeiral (1988), conta que, aos 3 anos de idade, destruiu o nariz da boneca de suas irmãs com um taco de croquet e que se sentiu aliviado quando seu pai reconstituiu o rosto da boneca com cera. Em seguida, relata que aos 16 anos fraturou a clavícula jogando *rugby* e naquele momento desejou ser médico: "não podia imaginar que o resto da minha vida dependeria dos médicos... resolvi converter-me eu mesmo em médico" (p. 11).

Em um de seus inúmeros artigos sobre história da medicina, Scliar (1998) relata que Oswaldo Cruz, filho de médico, não foi um aluno brilhante durante o seu curso médico e que nunca foi atraído pela clínica. Porém, foi apaixonado pela microbiologia e tornou-se um dos mais importantes nomes da história da medicina brasileira, introdutor da saúde pública e da investigação científica no Brasil. O seu "amor à primeira vista" é descrito com suas próprias palavras:

> *Desde o primeiro dia em que nos foi facultado admirar o panorama encantador que se divisa quando se coloca os olhos na ocular dum microscópio, sobre cuja platina está uma preparação; desde que vimos com o auxílio desse instrumento maravilhoso os numerosos seres vivos que povoam uma gota d'água; desde que aprendemos a lidar, a ma-*

> *nejar com o microscópio, enraizou-se em nosso espírito a idéia de que os nossos esforços intellectuaes d'ora em diante convergiram para que nos instruíssemos, nos especializássemos numa sciencia que se apoiasse na microscopia* (p. 13).

O mesmo autor nos conta que Darwin que, em 1859, revolucionou a genética com a publicação de *A origem das espécies*, era filho de médico e, para satisfazer seus desejos, ingressou no curso de medicina da Universidade de Edimburgo. Porém, pouco tempo depois, abandonou o curso por sentir um grande mal-estar após assistir a duas cirurgias (Scliar, 1996).

O grande histologista Gaspar Vianna possuía vocação natural para ser engenheiro e era um excelente aluno de matemática. Entretanto, a conselho de seu irmão mais velho, que ajudou a criá-lo, resolveu estudar medicina (Falcão, 1998). Por sua vez, Maurício da Rocha e Silva, cientista renomado e fundador da Sociedade Brasileira para o Progresso da Ciência (SBPC) decepcionou-se ao entrar no curso médico e cogitou estudar física. Na faculdade, dividia-se entre visitar os doentes e a literatura, chegando a publicar nessa época o livro *Bonecos de porcelana*. A influência de dois professores, com quem passou a trabalhar e a admirar, selou a fase embrionária de sua carreira que, a partir de então, foi um sucesso (Médicos, 1998).

Motivações inconscientes da escolha da profissão médica

Enquanto numerosos artigos indexados abordam as motivações conscientes da escolha da profissão médica, apenas o artigo de Krakowski (1973) chama a atenção para os fatores inconscientes. Aspectos instintivos infantis e conflitos, quando bem elaborados, podem levar o médico a ter características satisfatórias, mas quando não elaborados, podem criar sérias dificuldades. O mecanismo psíquico da identificação, o narcisismo, a onipotência, a curiosidade e o sadismo precisam, nesse caso, ser explorados.

- A identificação com o pai médico, se for exitosa, é útil para a elaboração do Complexo de Édipo e possibilita que o indivíduo siga os passos de seu pai. Pode ser, entretanto, uma tentativa de superar o pai com o intuito de ser preferido pela mãe. Pode ser ainda uma tentativa de negar experiências de medo do pai, identificando-se com o agressor.
- O médico onisciente e onipotente, além de não se dar conta de suas limitações profissionais, é narcisista e vaidoso a ponto de colocar o seu sucesso pessoal como sendo mais importante do que as necessidades do paciente.
- A curiosidade infantil acerca dos genitais pode contribuir, em parte, para a escolha da profissão médica. A resolução satisfatória dessa curiosidade por meio da sublimação faz com que o médico tenha curiosidade científica mas, quando é insatisfatória, traz dificuldades e inibições para o médico ao explorar a vida emocional e sexual de seu paciente.
- A compaixão e o desejo de curar o próximo podem ter origem no sentimento de culpa provocado por impulsos agressivos e destrutivos. A compaixão genuína torna-se possível quando há identificação com a pessoa que sofre. Quando os processos de sublimação e reparação são falhos, o médico não é capaz de controlar seus impulsos agressivos e seus pacientes tornamse vítimas desses impulsos. Outras vezes essa agressividade volta-se contra o próprio médico que, devido a fortes sentimentos de culpa, sacrifica-se a ponto de se tornar masoquista ou, defensivamente, passivo.
- A atitude contrafóbica diante da morte é uma motivação importante na escolha da profissão médica. Vários mecanismos de defesa estão envolvidos diante da morte de um paciente, como a frieza, a indiferença científica, o isolamento dos afetos, a negação, a projeção e a escolha da especialidade como uma forma de proteção. Alguns pesquisadores ou médicos da área diagnós-

tica podem estar na verdade, ao dizer que preferem ser "cientistas", evitando o contato com a morte de pacientes sob sua responsabilidade. Aquele que não tolera a deterioração mental do idoso pode optar por pediatria. O geriatra pode não suportar o sofrimento da criança, enquanto que o ginecologista pode optar por lidar com mulheres jovens porque elas raramente morrem. Os cirurgiões usualmente buscam resultados rápidos e realizam verdadeiras batalhas contra a morte, enquanto que os clínicos, em geral, são emocionalmente muito envolvidos com seus pacientes.

Por sua vez, alguns livros, algumas teses e inúmeros artigos não indexados abordam as motivações inconscientes da escolha da profissão médica. Já em 1926, o psicanalista Simmel, utilizando os fundamentos da teoria freudiana e o modelo dos jogos infantis, escreve o artigo *The doctor-game, ilness and the profession of medicine*, publicado no *Jornal Internacional de Psicanálise*. Sugere que a profissão médica seria uma forma de satisfação de desejos primitivos ligados ao princípio do prazer, agora aceitos socialmente e dentro do princípio da realidade. Seria uma forma de ter acesso a áreas normalmente inacessíveis como a diferença entre os sexos, a nudez, a manipulação de fezes e de urina. Ao brincar de médico, a criança opta por um jogo que está de acordo com as zonas erógenas mais estimuladas naquele momento e com as pulsões que estão emergindo com mais força. Tendências agressivas e sádicas podem ser representadas, por exemplo, pelo papel de cirurgião. O surgimento da profissão médica foi um avanço cultural, pois o feiticeiro que praticava a magia negra expressava suas pulsões sádicas de forma direta, enquanto que no médico as mesmas pulsões aparecem de forma sublimada e inibida pela identificação com o paciente.

A noção do conceito de "motivação" pressupõe um nível bastante elevado de consciência, segundo Schneider (1991). Aspectos inconscientes, por sua vez, manifestam-se de forma imperfeita e deformada por meio dos fantasmas, devaneios, sonhos e sintomas, e não são claras como as razões que costumam justificar uma escolha.

São redes de pensamentos-afetos que revelam, por meio de uma linguagem que necessita ser interpretada, desejos, medos, angústias e defesas.

A verdadeira identidade médica constitui-se, por um lado, do reconhecimento que a sociedade dá ao saber e à habilidade do médico e, por outro, pela própria consciência da existência dessas qualidades, e também das potencialidades psico-afetivas e psicodinâmicas que são desenvolvidas, gradualmente, e lhe permitem atuar, refletir e perceber seus limites. Em um determinado momento de sua formação ele irá se sentir bem com seu trabalho e poderá dizer aos outros e a si mesmo que é um médico, e estabelecer uma boa relação com seu paciente. Aquele que não possui uma boa identidade médica sente-se constrangido em sua atividade e inseguro na relação com seus pacientes. Por ter uma identidade profissional profunda, o médico em geral não tem a mesma mobilidade para mudar de ocupação, como ocorre em outras profissões que privilegiam a técnica, os objetos, as finanças e não o homem.

Historicamente, o médico sofre ataques violentos a sua identidade, seja por meio da minimização de sua importância ou valor, seja por tentativas de reduzi-la a uma simples atividade comercial. Até hoje, esses ataques pouco alteraram a identidade do médico, que parece ser uma estrutura estável e sólida. Porém, a concepção comercial da medicina americana coloca em risco a identidade do médico, que pode desaparecer diante dos valores financeiros como o lucro.

O conhecimento científico, apesar de indispensável, não é específico da profissão médica. O que é específico da medicina é a relação com o outro, a qualidade imperfeita da vida, a morte, a dor física e psíquica, o corpo e suas vicissitudes. Diante disso, experiências vividas pelo médico consigo mesmo e com seus pacientes tornam-se a principal seiva nutritiva de sua identidade.

De acordo com o autor, as motivações inconscientes descritas com maior freqüência para a escolha da profissão médica são o controle, a necessidade de reparação do outro e de si mesmo, a formação reativa, o poder para destruir a morte como expressão narcísica, o voyerismo, um superego poderoso, um ideal do ego difícil de ser atingido e uma tendência altruísta. O masoquismo do médico é freqüentemente citado, mas o seu sadismo inconsciente é pouco estudado.

Em seu interessante artigo intitulado *Sobre o delírio insconsciente de bondade e ajuda*, Ahumada (1982) descreve indivíduos em que a própria necessidade de cuidado emocional se satisfaz por meio da atitude de cuidar do outro. São pessoas que se dedicam com entusiasmo aos seus semelhantes e que, por essa razão, são admirados e respeitados socialmente, além de serem consideradas pessoas confiáveis, generosas e cheias de vida. A dedicação a terceiros é tamanha que esses indivíduos não apenas vivem para os outros, como deixam de viver suas próprias vidas, sendo que qualquer tentativa de resgatar a vida para si mesmos entra em violenta rivalidade com a estrutura mental baseada na dedicação e tende a fracassar de imediato.

Em termos de funcionamento inconsciente, nesses indivíduos há uma dissociação dos aspectos de sua personalidade que requerem cuidado, amor, compreensão e alívio, que passam a ser depositados nas outras pessoas. Muitas vezes são indivíduos agradáveis e divertidos, como conseqüência da projeção do tédio e da depressão nas outras pessoas. A dissociação da personalidade torna-se necessária porque há uma fantasia de que a sobrevivência não seria possível com a presença dos aspectos dissociados, sendo a generosidade a contraparte de uma inesgotável necessidade de ajuda do próprio *self.* Essa seria a origem do sentimento de compaixão tão presente nesses indivíduos, conscientemente ou não, que possuem uma intensa atração pelos desvalidos reais ou imaginários.

Quando a dissociação ocorre em grau máximo e de forma exitosa, há uma autoconfiança excessiva reforçada pela aprovação social, sendo que a pessoa é vista e se vê como madura, firme e forte. Essa crença, na verdade, encobre uma incapacidade de tolerar a dor psíquica e de sentir o prazer genuíno e um vazio interno. O excesso de autoconfiança aproxima-se da arrogância, embora tenha uma aparência de humildade.

O autor nomeou essa configuração de delírio de bondade e de ajuda, que estariam presentes na infância e, em algum grau, durante toda a vida adulta, principalmente quando as capacidades e os êxitos reais dão substância ao delírio. A superioridade delirante encobre, na verdade, a inferioridade delirante. Citando Liberman (1980), afirma que algumas atividades são próprias para a expulsão de aspectos desvalidos do *self*. Esse mecanismo poderia dar sentido para alguns casos de vocação médica, paramédica, científica e docente. Nesses casos não caberia a designação "altruísta", mas sim "pseudoaltruísta". O termo em inglês *selfless* ilustra bem esses casos, por ser literalmente preciso: é uma dedicação sem *self* (*self-less*), na qual a dedicação toma o lugar do *self*.

Ainda para Ahumada (1982), a bondade genuína só pode ser alcançada pela parte da personalidade que atingiu a posição depressiva. Aqui, as necessidades do outro estão em ressonância com as necessidades do próprio *self*, que são contidas dentro da própria personalidade. Quando isso ocorre, torna-se possível a existência da tolerância, da capacidade de ressonância afetiva genuína, assim como da capacidade de comover-se. O "dar" e o "receber" afastam-se, dessa forma, respectivamente, da onipotência e do sentimento de desvalia.

Assim como outros autores já citados, Wender (1965) considera que a vocação, do ponto de vista psicanalítico, é expressão da reparação e que, portanto, tem sua origem na elaboração das ansiedades correspondentes à posição depressiva. Pode ocorrer, porém, que uma profissão não satisfaça totalmente as diferentes tendências reparatórias e vocacionais, o que faz com que pulsões remanescentes exijam sublimações complementares. Isso poderia ser interpretado como sendo conseqüência da existência de algum vínculo especial com aspectos parciais do objeto interno, que passa a ter voz própria quanto à questão da vocação. E dá sentido às mudanças vocacionais no transcorrer da vida, aos *hobbies* e à existência de atividades paralelas. O autor cita o caso do músico, filósofo e escritor Albert Schwertzer que, aos 40 anos, começa a estudar medicina, provavelmente devido à existência de pulsões reparatórias remanescentes que não puderam ser satisfeitas em sua plenitude.

Em consonância com Bohoslavsky (1981), Wender descreve as pseudo-reparações maníacas, compulsivas e melancólicas, muitas vezes responsáveis por erros médicos aparentemente inexplicáveis. A seguir, define o que considera ser uma reparação autêntica: quando o impulso reparatório interno se desloca, em um processo semelhante à formação do símbolo, para um objeto externo que passa, agora, a simbolizar o objeto interno. Na profissão médica, o símbolo e o simbolizado estão tão próximos que é muito difícil discriminá-los. Realidade e fantasia se misturam, uma vez que o médico cuida, de fato, de um ser humano doente, assim como em sua infância buscou reparar o corpo do objeto primário (mãe) atacado fantasiosamente. Tratar de um parente é sempre difícil para o médico por ameaçar toda a sua construção simbólica. Nesses casos, o grande desafio é a possibilidade de se realizar uma dissociação psíquica útil, entre paciente, e objetos internos.

Como o processo de estudar não possui valor reparatório, o aluno de medicina vê-se diante de uma situação psicológica dramática ao entrar na faculdade, pois toda a possibilidade de reparação, que o mobilizou para a escolha profissional, é adiada para um futuro distante e fantástico. O estudante sente-se, então, impotente ou passa a utilizar alguma das citadas pseudo-reparações. Além de não possuir os instrumentos adequados para o exercício profissional, o aluno, no início do curso médico, não possui a maturidade interna para atuar como médico. Em seu inconsciente, nesse momento, encontra-se a possibilidade de ser aprendiz de médico ou de bruxo. Nesse momento, há uma reativação de seu mundo interno arcaico e da configuração esquizoparanóide, com conteúdo altamente persecutório.

A persistência de mecanismos pseudo-reparatórios no transcorrer da vida profissional do médico, além de perturbar o seu equilíbrio interno, prejudica a sua relação com o paciente e a sua eficácia profissional. Ele não poderá aceitar a morte do paciente, as melhoras parciais e o abandono do tratamento. A impossibilidade de aceitar as limitações da ciência o levará à prática de um furor reparatório que se manifestará por meio das visitas desnecessárias, da recusa em receber os honorários, etc. Na reparação melancólica, o médico, ao identificar-se com o paciente, passa a apresentar sintomas hipocondríacos. Somente com a maturidade emocional, advinda da elaboração da posição depressiva, torna-se possível aceitar que o médico dispõe apenas de meios para aliviar, prevenir e, às vezes, até curar seus pacientes. Desfaz-se, então, a confusão entre reparação e restituição total do objeto que, no extremo, consiste em propiciar a ressurreição.

Finalmente, Wender chama a atenção para um aspecto bastante comum da personalidade do médico, que é a sua estrutura fóbica. Esse aspecto aparece principalmente no momento da escolha da especialidade quando, inconscientemente, o médico evita áreas de conflito. Como exemplo, o autor cita o psiquiatra organicista que nega a existência de qualquer aspecto psicodinâmico nos doentes com distúrbios mentais e que, paradoxalmente, escolhe lidar com eles, por meio de um mecanismo contrafóbico. A fobia pelo corpo, por sua vez, pode levar o médico a optar prematuramente pela psiquiatria ou pela psicanálise, enquanto que outros optam pela pesquisa. Há ainda o investigador "puro", que é mobilizado pela curiosidade, ama a ciência por ela mesma e que não está preocupado em reparar seu objeto.

De acordo com o psiquiatra e psicanalista Hoirisch (1976), ao escolher a profissão médica, o indivíduo busca defender-se da morte, "simbolizada na enfermidade e personificada nos pacientes" (p. 3). O médico passa a representar a saúde, a juventude, a vida, e não abre mão desse papel mesmo em seu convívio familiar ou social. Mas por ser, na verdade, humano, mortal e falível como os outros, sente-se muitas vezes culpado, um sentimento inerente à profissão. Ao aceitar um papel idealizado, o médico identifica-se com a figura divina e mítica de Esculápio, anteriormente descrita, e convence-se de que possui poderes mágicos que além de salvar seus pacientes, irão, por fim, evitar sua própria morte.

Abordando o mesmo tema, Simon (1971) introduz o conceito de "complexo tanatolítico", presente em um ser idealizado e ao conjunto de ações mágicas que lhe são atribuídas. O objeto dessas ações é o triunfo onipotente sobre a morte, a imortalidade, que se constitui em um desejo universal. Ao longo da história, como foi visto anteriormente, curandeiros, divindades e sacerdotes foram incumbidos da função tanatolítica. Entre as inúmeras motivações para a escolha da profissão médica encontra-se, com destaque, a posição do complexo tanatolítico. No início do curso manifesta-se por meio da ambição de descobrir a etiologia e a cura de doenças fatais, fantasia até certo ponto compreensível e necessária para a existência de iniciativas científicas e que, gradativamente, serão confrontadas com a realidade. Porém, quando a identificação do estudante ou do médico com esse ser onipotente é total, assumem-se compromissos impossíveis de serem alcançados e o único resultado possível é o fracasso. Surge, então, o sentimento de culpa persecutória com a conseqüente tendência à autopunição. O médico, portanto, está sujeito a uma pressão interna, oriunda de seu narcisismo e a outra externa, milenar, advinda da expectativa da sociedade quanto ao seu desempenho.

O contato próximo com estudantes de medicina, no Grupo de Assistência Psicológica ao Aluno da Faculdade de Medicina da Universidade de São Paulo (GRAPAL), trouxe subsídios para Millan *et al.* (1991), sugerirem que os elementos de natureza inconsciente são, na realidade, os verdadeiros determinantes da escolha profissional. A angústia e a impotência perante a morte levariam à fantasia de que, salvando a vida de outras pessoas, o médico seria capaz de salvar a sua própria vida. Essa fantasia seria conseqüência da baixa capacidade de tolerar limites, levando a uma postura onipotente e ao mecanismo de negação diante da realidade humana. Esse elemento, quando aparece de forma predominante, pode trazer grandes problemas futuros: são médicos que apresentam dificuldades para lidar com seus erros ou com pacientes que evoluem mal, que se dedicam exageradamente aos pacientes e paradoxalmente descuidam-se de sua própria pessoa. Além disso, situações penosas pregressas, principalmente na infância, e a identificação com parentes ou amigos podem, também, contribuir para a escolha da profissão.

Alguns anos depois, De Marco (1999), outro integrante da equipe do Grapal, afirma que é muito difícil traçar um perfil psicológico que leve em conta o aspecto da vocação para determinada profissão, devido às dificuldades metodológicas existentes para atingir tal fim. Porém, o contato diário com alunos de medicina por meio de entrevistas, grupos e sessões de psicoterapia coloca o observador em uma posição privilegiada, por não existir uma preocupação direta em abordar a questão vocacional. O conhecimento surge, então, de forma espontânea e natural. Para o autor, a curiosidade (como somos, como funcionamos, como ter a consciência de si mesmo e da existência em geral), associada à generosidade, constituem o cerne da vocação médica, que na prática manifesta-se por intermédio da empatia e do conseqüente desejo de auxiliar o próximo. Os verdadeiros princípios norteadores dos cuidados aos pacientes têm suas raízes na personalidade, porém, apesar disso, a vocação pode ser desenvolvida no transcorrer da vida profissional, por meio das relações com professores, colegas e pacientes.

Dois outros autores não poderiam deixar de ser citados. Rocco (1992) ao lembrar que muitas vezes o estudante de medicina inicia o curso sem a noção exata da escolha profissional, que pode ser fruto de uma idealização feita por ele ou pela família, do desejo de perpetuar a tradição médica familiar, da vocação para fazer o bem e servir ao próximo, ou então da busca pelo poder da cura e da obtenção do controle sobre as pessoas. Blaya (1972), por sua vez, assinala que a escolha da medicina é antes de tudo fruto do desejo, consciente ou não, de saber mais para que se torne possível cuidar melhor daquilo que há de doente em nós mesmos.

Para finalizar este segmento, serão transcritos depoimentos onde Freud (1979) descreve, com genuína franqueza, como foi a sua opção pela carreira médica e as vicissitudes com as quais deparou até encontrar a sua verdadeira vocação, a psicanálise (Jones, 1979, p. 62-3):

Embora vivêssemos em circunstâncias muito limitadas, meu pai insistiu em que a minha escolha de uma profissão devia seguir minhas próprias inclinações. Nem naquela época, nem mais tarde na minha vida, realmente senti qualquer predileção particular pela carreira de médico. Fui levado, antes, por uma espécie de curiosidade, que era, no entanto, dirigida mais no rumo das preocupações humanas, do que no dos objetos naturais; nem havia eu apreendido a importância da observação como um dos melhores meios para gratificar essa capacidade. A minha prematura familiaridade com a Bíblia (pouco antes de eu ter aprendido a ler) teve, como muito mais tarde reconheci, um efeito duradouro sobre a direção dos meus interesses. Sob a poderosa influência de uma amizade de escola, com um menino mais velho do que eu, e que se tornou depois um político conhecido, assaltou-me o desejo de estudar Direito, como ele, e de consagrar-me a atividades sociais. Ao mesmo tempo, as teorias de Darwin, que eram então de interesse candente, atraíram-me fortemente, uma vez que elas ampliavam as esperanças do mundo; e foi o fato de ouvir o belo ensaio de Goethe sobre a Natureza, em leitura em voz alta numa conferência popular feita pelo Professor Carl Brühl, pouco antes que eu deixasse a escola, que fez que eu me decidisse a tonar-me estudante de Medicina.

Depois de quarenta e um anos de atividade médica, o meu autoconhecimento diz-me que nunca fui realmente um médico no sentido adequado da palavra. Tornei-me médico por ter sido obrigado a me desviar do meu objetivo inicial; e o triunfo cabal da minha vida está em ter encontrado, depois de uma longa e sinuosa arrancada, o caminho de volta aos meus primeiros intentos. Não registro o fato de ter tido, nos meus anos iniciais, qualquer inclinação no sentido de ajudar a humanidade sofredora. Minha inata disposição sádica não era muito forte, portanto não sentia qualquer necessidade de desenvolvê-la a partir dos seus desdobramentos. Na verdade, nunca me pus a "brincar de médico"; minha curiosidade infantil, evidentemente, escolhia outros caminhos. Na minha juventude senti uma necessidade desmesurada de compreender alguma coisa dos enigmas do mundo em que vivemos e, talvez, até de contribuir com algo de mim para a sua solução. A providência mais consentânea para conseguir aquele fim parecia ser a de matricular-me na faculdade de Medicina; mas aí dediquei-me a experiências – sem sucesso – no campo da Zoologia e da Química, até que enfim, sob a influência do Brücke, a autoridade maior que me influenciou acima de qualquer outra em toda a minha vida, entreguei-me à Fisiologia, embora esta disciplina estivesse, naquela época, muito estreitamente restrita à Histologia. Durante esse período, eu já havia feito todos os meus exames da carreira médica; mas não me interessava por coisa alguma que dissesse respeito à Medicina, até que o professor a quem eu respeitava tão profundamente avisou-me que, em vista das minhas precárias circunstâncias materiais, eu não podia escolher uma carreira teórica. Dessa forma, passei da histologia do sistema nervoso à neuropatologia e então, estimulado por influências novas, comecei a interessar-me pelas neuroses. Chego a pensar, no entanto, que a minha falta de genuíno temperamento médico tenha causado danos aos meus pacientes. Pois não é uma vantagem maior para os pacientes se o interesse terapêutico de seus médicos tiver uma ênfase emocional tão marcada. Os clientes recebem melhor ajuda se o médico leva a efeito a sua tarefa friamente e, tanto quanto possível, com adequação.

Características de personalidade do estudante de medicina e do médico

Antes de ser abordado o tema "personalidade do estudante de medicina", será feita uma introdução, com o intuito de discutir o conceito de personalidade e apresentar os instrumentos utilizados, com maior freqüência, para sua avaliação.

Conceito de personalidade e instrumentos de avaliação

O conceito de *personalidade* é um dos temas que desperta maior interesse na psicologia sendo considerado, também, um dos problemas mais complexos e polêmicos dessa área (Allport, 1961). Trata-se de um dos conceitos mais abstratos que se tem conhecimento e não há uma única definição que possa ser considerada correta. Oriunda do latim, a palavra *persona* era o nome dado à mascara teatral, utilizada inicialmente pelos gregos e, posteriormente, pelos romanos, com o intuito de ocultar a identidade do ator.

Nos escritos de Cicerón (106-43 a.C.), provavelmente pouco tempo depois do surgimento da palavra *persona*, são dados quatro significados distintos a ela:

- A forma como alguém aparece diante dos outros e não como realmente é.
- O papel que alguém desempenha na vida.
- Um conjunto de qualidades pessoais que capacitam um homem para seu trabalho.
- Sinônimo de distinção e dignidade.

A partir desses quatro significados, derivaram-se inúmeras definições de personalidade, advindas do uso corrente, da arte, da filosofia, do direito, da religião, da sociologia e da psicologia. Allport (1961), um dos maiores estudiosos da área, define personalidade como "a organização dinâmica, dentro do indivíduo, dos sistemas psicofísicos que determinam seus ajustes únicos a seu ambiente" (p. 65).

Em seu estudo sobre personalidade e escolha profissional, Ramos da Silva (1992) afirma que a essência da personalidade pode ser definida como "a fração mais peculiar do eu, a sua originalidade". Lembra que vários estudos demonstram que traços de personalidade apresentam influência no comportamento vocacional, mas alerta que esse paralelismo não corresponde a um processo de associação simples.

O psicanalista argentino Bleger (1989) lembra que o objetivismo científico desviou, por muito tempo, o interesse pelo estudo da personalidade e que o retorno desse interesse marca o reencontro da psicologia com o ser humano. Para ele, a personalidade caracteriza-se por ser uma totalidade com uma organização de relativa estabilidade, unidade e integração, que se manifesta em cada uma das centenas de conduta do indivíduo. Não há personalidade sem conduta e tampouco conduta sem personalidade, sendo que não há nenhuma manifestação de um ser humano que não esteja ligada a sua personalidade. A personalidade é formada pela *constituição,* pelo *temperamento* e pelo *caráter.* A primeira representa as características somáticas e físicas, mais básicas e permanentes, e dependem fundamentalmente da hereditariedade, mas não está livre da influência de fatores ambientais e psicológicos. O *temperamento* é constituído por características afetivas mais estáveis e predominantes (instintos e sentimentos vitais). Para alguns sua origem é totalmente hereditária, enquanto outros supõem que sua origem pode sofrer alguma influência ambiental durante os primeiros anos de vida. O *caráter*, por sua vez, é condicionado pelos fatores adquiridos, representando a vertente psicossocial da personalidade, e o que há de mais pessoal em sua estrutura (Fernandez, 1979; Bleger, 1989).

A Associação Psiquiátrica Americana (DSM IV, 1994) define traços de personalidade como sendo os padrões persistentes no modo de perceber, relacionar-se e pensar sobre o ambiente, e sobre si mesmo, exibidos em uma ampla faixa de contextos sociais e pessoais. Por sua vez, a Organização Mundial de Saúde (CID 10, 1992) define personalidade como uma variedade de condições e padrões de comportamento que tendem a ser persistentes e são a expressão do estilo de vida e do modo de se relacionar, consigo mesmo e com os outros, característicos de um indivíduo.

Existem diversos métodos para a investigação da personalidade: a observação direta da conduta, a biografia, os testes projetivos (Rorschach, Teste de Apercepção Temática – TAT, Desenho da Figura Humana, Teste de Apercepção Temática Infantil – CAT, entre outros) e os testes quantitativos (Inventário Multifásico Minnesota de Personalidade – MMPI, o Questionário de Dezesseis Fatores de Personalidade – 16 PF, o Inventário de Temperamento e Caráter de Cloninger – TPQ, o California Personality Inventory – CPI, o teste de Myers Briggs e o Inventário Fatorial de Personalidade – IFP).

Um dos métodos mais utilizados para a investigação da personalidade é a entrevista. Historicamente, segundo Nunes (1993), o termo entrevista significa "*um encontro face a face entre indivíduos para uma conferência formal, num determinado tempo*". Utilizada inicialmente no jornalismo, passou a ser um importante instrumento para outros profissionais como filósofos, médicos, advogados, psicólogos, sociólogos e enfermeiras, entre outros. Na Psiquiatria é tida como o principal instrumento de avaliação para obter conhecimento acerca do paciente, desde Kraepelin (1907), no início do século XX, até os dias de hoje.

Usualmente, ainda segundo Nunes (1993), a entrevista psicológica pode ser classificada de acordo com os seguintes critérios: enfoque teórico, objetivo e estrutura.

Quanto ao enfoque teórico, pode ser classificada em:

- *Perspectiva psicanalítica*: a entrevista centra-se na psicodinâmica, estrutura intrapsíquica, relações objetais e funcionamento interpessoal do entrevistado.
- *Perspectiva existencial-humanista*: usualmente não visa ao diagnóstico. É dada a ênfase às experiências atuais do entrevistado, a sua forma de tomar decisões e ao grau de consciência em relação a elas.
- *Perspectiva fenomenológica*: o entrevistador busca desvencilhar-se, dentro do possível, de suas pressuposições para fornecer uma situação onde o entrevistado possa ser ele mesmo. O entrevistador deve manter-se no presente, aberto e receptivo, com o intuito de formular hipótese para entender o caso.

Quanto aos objetivos, pode ser classificada em:

- *Diagnóstica*: visa estabelecer o diagnóstico e o prognóstico do paciente, e a indicação terapêutica adequada.
- *Psicoterápica*: tem por objetivo a utilização de estratégias de intervenção psicológica para esclarecer as dificuldades do paciente e auxiliá-lo na resolução de seus problemas.
- *De encaminhamento*: o objetivo é indicar um tratamento ao paciente que não será conduzido pelo entrevistado.
- *De desligamento*: avalia, na ocasião da alta, os benefícios obtidos por meio do tratamento e sugere a estratégia pós-alta.
- *De pesquisa*: visa investigar temas diversos de interesse clínico e deve ser sempre realizada com o consentimento do paciente.

Quanto à estruturação pode ser classificada em:

- *Não estruturada*: é aquela na qual o entrevistado está interessado no discurso espontâneo do entrevistado e segue o fluxo natural de suas idéias. Possibilita uma investigação mais ampla e profunda da personalidade.
- *Estruturada*: é padronizada, solicita informações específicas e a maneira de obtê-las. Permite uma comparação sistemática de dados.
- *Semi-estruturada ou semidirigida*: dá ao entrevistador maior liberdade de formular as perguntas e organizar a sua seqüência. A utilização desse tipo de entrevista neste trabalho permitirá a comparação sistemática dos dados obtidos sem limitar o aproveitamento do material que venha a surgir espontaneamente no transcorrer da entrevista.

A PERSONALIDADE DO ESTUDANTE DE MEDICINA E DO MÉDICO

Ao estudar a personalidade de 521 estudantes de medicina, Baird (1975) concluiu que apresentavam um perfil conservador, pouco interesse por tempo livre e viagens, grande interesse pelo trabalho e pelos estudos, estando mais satisfeitos com o curso do que os alunos de outras áreas.

"O que aconteceu com a criatividade dos estudantes de medicina?". Essa foi a interessante pergunta que levou GOUGH (1976) a investigar a criatividade de 284 primeiranistas e a compará-la com profissões e estudantes de outras áreas. Surpreendentemente, os alunos de medicina superaram significativamente arquitetos, estudantes de psicologia e matemáticos. Os cientistas também foram superados, mas aqui não houve diferença estatisticamente significativa. O segmento do grupo estudado mostrou que os alunos mais criativos foram, em primeiro lugar, aqueles que optaram por psiquiatria, seguidos pelos que escolheram medicina interna. Curiosamente, aparece em terceiro lugar o grupo de alunos que abandonou o curso. Pediatras e obstetras foram os menos criativos.

Em um estudo realizado na Faculdade de Medicina da Universidade de Nebraska, Hoellerich (1982) mostrou que os primeiranistas mostravam-se idealistas e preocupados com problemas humanitários. Com o transcorrer do curso, houve um declínio gradativo dos sentimentos de compaixão e do idealismo, que foram substituídos pelo cinismo e pela preocupação em ganhar dinheiro. Krakowski (1982), ao estudar o perfil da personalidade de cem médicos de diferentes especialidades, surpreendeu-se ao descobrir que todos eles consideravam-se indivíduos que possuíam uma personalidade compulsiva. A maior parte do grupo, composto principalmente por homens (90%), considerava-se ativa, independente, com boa tolerância para a dor e para o cansaço.

Zeldow *et al.* (1985) investigaram a presença de traços masculinos e femininos em 106 primeiranistas de medicina, 72 deles do gênero masculino e 34 do feminino. O instrumento utilizado foi o Personal Attributes Questionnaire (PAQ), disposto em escalas contendo itens desejáveis socialmente para ambos os gêneros: independência, atividade e competitividade, vistas como características masculinas e ser gentil, caloroso e preocupar-se com os sentimentos dos outros, vistos como características femininas. Alunos de ambos os gêneros com alto grau de masculinidade apresentaram bem-estar psicológico, pouca depressão, maior auto-estima e confiança, sensação de controle pessoal dos benefícios da vida, maior capacidade para o prazer e facilidade para as relações interpessoais, quando comparados com os que obtiveram baixa masculinidade. Os que possuíam alta feminilidade apresentaram mais sintomas depressivos e ansiosos, maior grau de sintomas neuróticos, maior preocupação com a opinião dos outros, atitudes mais humanas em relação aos pacientes e maior otimismo quanto à reciprocidade de seus sentimentos.

Os autores afirmam que os indivíduos andróginos, com alto grau de masculinidade e feminilidade, são especialmente capacitados para desempenhar satisfatoriamente o seu papel como médico: são confiantes e competitivos para enfrentar o *stress* acadêmico, possuem atitudes humanistas e preocupam-se com as relações interpessoais, diante de um currículo que privilegia as ciências básicas e a tecnologia médica. Concluem, finalmente, que apenas o maior número de mulheres médicas não seria suficiente para humanizar a medicina, mas que a presença de um maior grau de atributos femininos entre os médicos seria capaz de fazê-lo.

É surpreendente como, nos dias de hoje, foram criadas escalas para avaliar os mais diferentes aspectos da personalidade. Merril *et al.* (1993) realizaram uma curiosa pesquisa para identificar o grau de maquiavelismo existente entre 167 primeiranistas e 823 quartanistas de escolas médicas norte-americanas. Após um estudo estatístico, foram selecionadas cinco frases que seriam úteis para a investigação: "a melhor forma de lidar com as pessoas é dizer a elas o que desejam ouvir"; "ao pedir favores, é melhor argumentar com motivações fortes do que com os verdadeiros motivos do pedido"; "é difícil seguir adiante sem cortar caminho aqui e ali"; "a não ser que seja útil fazê-lo, nunca diga a alguém o verdadeiro motivo de algo que você fez"; e, finalmente, "é sábio adular pessoas importantes".

Os autores concluíram que 15% dos alunos apresentaram níveis altos na escala de maquiavelismo, havendo predominância dos homens e relação com autoritarismo, intolerância à ambigüidade, excessiva confiança na medicina de alta tecnologia, e crença de que suas reações e seu sucesso dependem primordialmente de fatores externos. Não houve diferença entre os calouros e os quartanistas, enquanto que os que mais pontuaram foram os anestesiologistas, seguidos dos radiologistas, e daqueles que optaram por subespecialidades cirúrgicas e por patologia. Medicina de família e medicina interna foram as áreas com pontuação menor.

Os mesmos autores procuraram identificar traços de autoritarismo presentes na personalidade de estudantes de medicina de cinco faculdades norte-americanas. Concluíram que, entre os 1.886 estudantes do quarto ano, 19% apresentaram fortes traços de autoritarismo, havendo predominância dos alunos do gênero masculino. No transcorrer do curso, houve um crescimento desse traço, principalmente entre as mulheres. Quanto maior foi a presença de intolerância à ambigüidade e de maquiavelismo, maior foi a presença de traços autoritários, sendo que esses alunos viam de forma mais negativa pacientes com dor crônica, alcoólatras, drogaditos e hipocondríacos. Quanto à escolha da especialidade, os mais autoritários optaram por patologia, em primeiro lugar, seguida por anestesia, subespecialidades cirúrgicas, radiologia e cirurgia. Os menos autoritários foram os psiquiatras, seguidos pelos ginecologistas-obstetras, pediatras, clínicos e médicos de família. Os autores afirmam que o corpo docente é responsável, em parte, pela criação de um ambiente desumano em seus serviços e terminam o artigo de forma contundente:

> *Se as escolas médicas esperam ir ao encontro das necessidades de atenção primária da nação, o que os estudantes estão fazendo, em primeiro lugar, nas escolas médicas? A resposta é muito simples: nós estamos mais interessados nas notas alcançadas e no desempenho científico de nossos candidatos, do que em seus valores e interesses. Sentimo-nos, também, mais confortáveis com números objetivos despejados pelo computador, do que com uma avaliação subjetiva derivada de entrevistas e de um julgamento pessoal – talvez, outro indício da tendência autoritária que existe em todos nós* (Merril *et al.*, 1995, p. 90)*.

* Tradução livre do autor.

Em revisão da literatura, Martins (1990) chama a atenção para algumas características de personalidade dos estudantes de medicina e dos médicos. Os alunos são, em geral, brilhantes, extremamente competitivos e com características obsessivo-compulsivas: perfeccionistas, reprimem e não compartilham seus sentimentos, buscam sempre a segurança, tendem a privilegiar os aspectos intelectuais aos emocionais, buscam exatidão e procuram auxiliar os outros, muitas vezes em detrimento de suas necessidades, relutam em procurar auxílio e seu altruísmo, muitas vezes, é conseqüência do mecanismo de formação reativa, descrito anteriormente.

O mesmo autor observou que os médicos residentes ressentem-se muito quando estão diante dos seus pacientes hostis ou reivindicadores. A comunicação de notícias dolorosas a familiares, o atendimento a pacientes terminais e o medo de contrair infecções também foram citados. O medo de cometer erros, a pressão do tempo, a fadiga, os plantões noturnos, a falta de orientação e o excessivo controle dos supervisores constituíram-se nas principais causas de estresse, levando a sentimentos de raiva, revolta, desamparo, de estar sendo desconsiderado e explorado. Com o passar dos anos, o desgaste tendeu a diminuir, sendo que os grupos de clínica-masculino e cirurgia-feminino tiveram maiores dificuldades de adaptação.

Recentemente, algumas teses e dissertações, realizadas em nosso meio, abordaram a questão da personalidade do médico.

Manente (1992) realizou um estudo com médicos residentes do Hospital São Paulo (UNIFESP – Universidade Federal de São Paulo) e destacou a importância das brincadeiras infantis na origem do interesse pela medicina e do mecanismo de reparação para a vocação médica. Zaher (1999), por sua vez, aplicou o procedimento projetivo de desenhos-estórias de Trinca, em cinco médicos. A racionalização foi um mecanismo de defesa freqüentemente utilizado, sendo que, em geral, evitaram falar de seus conflitos, de suas angústias e de sentimentos considerados negativos como tristeza, raiva e solidão, tendo sido dado destaque a temas como trabalho, vitórias, esforço, poder e força. A autocrítica severa dificultou a simbolização, sendo que a necessidade de serem aceitos pela família, pela sociedade e por eles mesmos apareceu em todos os casos. Aspectos narcísicos e onipotentes apareceram de forma exacerbada em dois casos. Junto à família, em geral, aparecem amparando e protegendo, e demonstraram ter estas necessidades também para si.

Ao estudar a atitude dos médicos diante da própria doença e compará-la com a de advogados e engenheiros, Meleiro (1999) concluiu que os médicos apresentaram menor motivação para mudar a rotina devida após a doença, mostraram-se mais ansiosos e irritados, não se preocuparam em ser bons pacientes, além de desaprovarem com maior freqüência a conduta médica, confiarem pouco na prescrição, preocuparem-se mais com os efeitos colaterais e valorizarem menos a influência dos cuidados médicos em sua melhora. Antes da internação, no caso, por problemas cardíacos, costumavam se automedicar e demoraram mais tempo para procurar auxílio médico, o que provavelmente foi responsável por um maior percentual de mortes nas primeiras 48 horas, em comparação ao grupo de engenheiros e advogados.

Buscando esclarecer as relações entre características de personalidade e escolha de especialidade médica, clínica ou cirúrgica, Bellodi (1999) realizou uma investigação utilizando como instrumento o teste de Rorschach e uma entrevista estruturada, que foram aplicados em residentes do Hospital das Clínicas da Faculdade de Medicina da Universidade de São Paulo (HC-FMUSP). A média de idade encontrada foi bastante baixa (25 anos) e a grande maioria era formada por solteiros, católicos, e possuía uma linhagem familiar médica (70% dos clínicos e 63% dos cirurgiões). A maior parte era da região sudeste e de capitais, sendo que 60% dos clínicos e 73% dos cirurgiões eram provenientes de São Paulo, capital. Entre os cirurgiões houve predomínio do sexo masculino, originários de escolas públicas, especialmente da própria FMUSP, enquanto que, entre os clínicos, 27% eram provenientes de escolas particulares.

Os cirurgiões apresentaram uma tendência em escolher mais cedo a especialidade, inclusive antes mesmo da entrada na faculdade e, assim como os clínicos, mostraram-se satisfeitos com a escolha. Os clínicos revelaram que escolheram a especialidade por ser uma área que propicia o contato e a atenção global ao paciente, por gostarem de atividades intelectuais e por tratar-se de uma área que requer uma atenção continuada ao paciente. Alguns consideram que o clínico é "o verdadeiro médico" e que a clínica é a "medicina". Os cirurgiões responderam que gostam de atividades manuais, de intervenções práticas e objetivas, e de pacientes jovens, com problemas agudos. Para alguns, o cirurgião é o "médico completo", pois a cirurgia "vai além da clínica".

O teste de Rorschach mostrou que os clínicos trabalham mais lentamente quando estão diante de problemas ambíguos, são mais atentos a detalhes, são hipercríticos e apresentam tendência à oposição, tendem à reflexão e imaginação, apresentam dificuldades diante da ansiedade, têm forte preocupação e interesse pelo outro, têm ambições intelectuais, apresentam tendência à abstração e a apoiar-se em experiências pessoais. Tendem à evasão do ambiente, apresentam dificuldades com a expressão da sexualidade e tendem a projetar mais a agressividade, deslocando-a para o ambiente.

Os cirurgiões, por sua vez, trabalham rapidamente, em um nível próximo da impulsividade diante de situações ambíguas, apresentam menor oposição ao ambiente, tendem à racionalidade e ao formalismo, apresentam dificuldade para controlar suas ambições, têm forte interesse e preocupação com o outro, possuem menos empatia do que os clínicos e projetam menos a agressividade.

Houve semelhança entre os dois grupos nos seguintes aspectos: são autocríticos e observadores do próprio comportamento, temem ser inadequados, têm dificuldade em lidar com situações pouco estruturadas, são teóricos e privilegiam a globalidade, são racionais e críticos quanto ao ambiente, são afetivos, emotivos e sugestionáveis. Tendem a controlar seus afetos, mas apresentam dificuldades em fazê-lo racionalmente, o que leva a se relacionarem com os outros de modo imaturo. Há forte presença de angústia e uma tendência a associar a agressividade a uma representação do ser humano com características irreais de onipotência. Possuem um pensamento não estereotipado, têm uma representação de si mesmos unitária, vitalizada e real, encontram-se adaptados ao pensamento e aos valores coletivos.

O estudo dos gêneros mostrou que homens e mulheres de uma mesma especialidade são mais parecidos entre si do que homens e mulheres que escolhem especialidades diferentes. Além disso, há maiores diferenças entre os homens da clínica e da cirurgia, do que entre as mulheres das duas especialidades e, quanto às motivações para a escolha de especialidade, as mulheres da clínica mostraram ter maior interesse pelo contato interpessoal enquanto as da cirurgia se interessaram mais pelos resultados de sua prática médica. Quanto às características de personalidade, os homens clínicos mostraram-se mais criativos e projetaram mais a agressividade do que as mulheres da mesma área.

Andrade (2000) aplicou o questionário DSP (Defense Style Questionnaire) em estudantes de medicina, direito e engenharia, no momento da admissão na faculdade, com o intuito de detectar os mecanismos de defesa utilizados por cada grupo. Prevaleceram entre os alunos de medicina o pseudo-altruísmo, a sublimação, a formação reativa e a anulação. Entre os estudantes de direito encontrou-se com maior destaque a projeção, a atuação, a regressão, a negação e a cisão, enquanto entre os de engenharia o isolamento apareceu como o mecanismo de defesa preponderante. Não foram encontradas diferenças significativas ao se compararem os gêneros.

No mesmo trabalho, a autora aplicou o questionário em ingressantes e residentes do curso médico e concluiu que, entre os primeiros, prevaleceram o humor, a formação reativa, a recusa de ajuda (hipocondria), a anulação. Aqui, foi encontrada diferença entre os gêneros, prevalecendo o humor no gênero masculino, sendo que a regressão e o afastamento foram mais significativos entre alunos do gênero feminino.

A autora concluiu que os estudantes de direito têm um modo de funcionamento psíquico mais primitivo e imaturo, baixa capacidade de reflexão e uma visão maniqueísta da vida, enquanto que os de engenharia apresentam dificuldades no contato com os próprios sentimentos e afetos. Quanto aos alunos de medicina, a autora sugere que o desejo de ajuda e o de cuidar dos outros poderiam estar associados a culpas ou a necessidades de reparação, e que suas defesas predominantes caracterizam o caráter obsessivo-compulsivo. Finalmente, destaca o fato de que os residentes não apresentam defesas mais maduras do que os ingressantes, o que mostraria uma lentificação no processo de amadurecimento, talvez provocado pelo estresse.

Finalmente, Ignarra (2002), em sua tese de doutorado, distribuiu questionários para 162 estudantes de medicina de duas faculdades de São Paulo, com o intuito de investigar as representações sociais dos alunos sobre a profissão. Concluiu que, em geral, a escolha da carreira foi feita na infância e que houve forte influência familiar e identificação freqüente com médicos conhecidos. Concluiu, também, que os alunos têm consciência dos sacrifícios impostos pela profissão e acreditam que as maiores qualidades de um médico consistem na boa relação com o paciente, em sua capacidade de salvar vidas e em seu altruísmo.

A auto-experimentação, muitas vezes fatal, não foi rara na história da medicina, em geral envolvendo dúvidas ou polêmicas quanto à origem de doenças infecciosas, quanto à eficácia de vacinas ou de drogas (Scliar, 1996):

- John Hunter inoculou-se com a secreção de um paciente com blenorragia.
- Max Von Pettenkofer ingeriu, em 1892, uma cultura de bactéria para provar que Robert Kock estava errado e quase morreu por isso.
- Waldemar Haffkine (1892) testou uma vacina em si mesmo.
- Hilary Kapronski (1954) fez o mesmo com a vacina anti-rábica.
- Anton Storck (1760) tomou cicuta, acreditando nas suas supostas propriedades curativas.
- Friedrich Seturner extraiu pela primeira vez a morfina do ópio e utilizou a droga.
- Jan Purtuinje ingeriu digitálico.

- O estudante de medicina Daniel Currión, apesar da oposição de seus professores, mas com o auxílio de um colega, inoculou-se com a verruga de um doente com o intuito de esclarecer uma polêmica, em 1885, e morreu pouco tempo depois.
- Surpreendentemente, em 1937, o bacteriologista Max Kuczinsky-Godard repetiu a experiência e conseguiu escapar com vida.

Essas atitudes revelam importantes traços de personalidade de médicos e de estudantes de medicina como a onipotência, o narcisismo e a inconseqüente busca de notoriedade e reconhecimento.

Não há conhecimentos precisos sobre a personalidade do médico e quanto a seu funcionamento psicodinâmico profissional, afirma Schneider (1991). Buscando contribuir para esclarecer parcialmente esses temas, realizou uma extensa revisão bibliográfica, enriquecida com a sua experiência pessoal. Inicialmente, faz uma clara e importante distinção entre o conceito de autoridade e de poder. A primeira é fruto do saber e da competência, sendo que o médico é, ou deveria ser, um personagem revestido de autoridade. O poder político, moral ou legal, por sua vez, é outorgado por terceiros. Na medicina primitiva, os bruxos e xamãs eram vistos como indivíduos possuidores de poderes divinos ou diabólicos, poder que perdeu sua força em nossa época, diante dos progressos científicos. Apesar disso, ainda hoje, muitas vezes o paciente, diante do pavor da doença e da morte, concede ao médico um grande poder que, acredita, terá a função de protegê-lo. O médico corre o risco de, fantasiosamente, sentir-se poderoso e onipotente, o que poderá induzi-lo a erros diagnósticos e de conduta. Portanto, é indispensável que o médico dissocie a autoridade do poder, pois só assim poderá transmitir segurança e conquistar a confiança de seu paciente de forma consistente.

Em geral, o médico possui traços obsessivos de personalidade, o que pode trazer como conseqüência a expectativa de que seus pacientes sigam suas condutas religiosamente, independente do contato e da conveniência da orientação em determinado momento. A essa atitude Balint (1961) chamou de "função apostólica do médico":

> *Um aspecto particularmente importante da função é a necessidade que o médico tem de provar ao paciente, ao mundo inteiro e sobretudo a si mesmo, que é bom médico, um profissional bondoso, digno de confiança e capaz de ajudar. Ainda que nos doa, sabemos muito bem que se trata de uma imagem extremamente idealizada. Temos temperamentos particulares e idiossincrasias, e por isso nem sempre nos mostramos tão bondosos e compreensivos quanto desejaríamos. Nosso conhecimento é incompleto e fragmentado, e mesmo com a melhor vontade do mundo existem certos pacientes a quem não podemos ajudar, ainda que seja somente por que há, e sempre existirão, condições incuráveis* (Balint, 1961, p. 79)*.

Voltando às contribuições de Schneider (1991), para ele a medicina é por definição uma profissão altruísta. Em primeiro lugar, o médico tem satisfação por ter ajudado, cuidado ou, eventualmente, curado seu paciente, sendo que o prazer da remuneração deve aparecer em segundo lugar, o que nem sempre ocorre. Para ser médico é necessário que haja uma dose importante de interesse pelo ser humano. Quando esse interesse está presente, surge, de forma natural, uma amizade do médico por seus pacientes e vice-versa. Concomitantemente é desejável que o médico mantenha a discrição (sigilo) e uma postura de neutralidade, mantendo relações com seus pacientes, destituídas, se possível, de ações eróticas e agressivas. Essas exigências já estavam presentes no juramento de Hipócrates e continuam válidas, para a maioria dos médicos, mesmo que nos dias de hoje pareçam bem tênues.

A discrição, a neutralidade, o altruísmo, a amizade pelo paciente, a autoridade, a desconfiança em relação ao poder e à onipotência, e a abnegação são atributos a que todo médico deve aspirar, mas que jamais alcançará, por ser um homem como os outros, com conflitos e

* Tradução livre do autor.

imperfeições. Por não corresponder a esse ideal, muitas vezes o médico é atacado e defende-se por meio do cinismo, de gracejos provocadores, de indiferença afetiva e até com uma certa frieza. Há aqueles que se sacrificam totalmente à profissão, tornam-se rígidos e intolerantes diante do "altruísmo obrigatório". Portanto, há uma "inadequação fundamental" entre as exigências que se fazem do médico e o que ele pode dar, mesmo com toda sua boa vontade. É interessante lembrar que essas qualidades que a sociedade e o próprio médico exigem precedem o surgimento do cristianismo, que tanto valorizou o altruísmo. No mundo contemporâneo, porém, há o risco de que a comercialização da medicina faça com que o médico perca gradativamente seus atributos característicos, substituindo-os por aqueles que estão presentes no homem de negócios, trazendo grande prejuízo aos pacientes, uma vez que o estatuto médico será substituído por regras econômicas desprovidas de ética.

A reação do médico diante do fracasso dependerá de seus recursos psicológicos, podendo variar da indiferença ao humor, da acusação ao paciente à auto-acusação, da ansiedade à depressão ou ao uso de drogas. Mecanismos mais reparadores são também utilizados, como o aumento das precauções e o aperfeiçoamento de seus conhecimentos, noções mais construtivas e agradáveis, mas que sempre serão limitadas, uma vez que medicina não é uma ciência exata e tampouco ciência natural, mas sim uma arte que convive com a incerteza e o imprevisível. Tal imprevisão poderá se reduzir, no futuro, com o avanço das ciências, mas não será eliminada.

Ainda segundo Schneider (1991), o médico liberal é fiel a sua clientela, não apenas pelo interesse financeiro, mas sobretudo pela necessidade de saber que seus cuidados foram reconhecidos, o que traz um reasseguramento de seu valor, que precisa ser constantemente reafirmado. Em geral, os médicos possuem uma certa afeição por seus mestres e uma concomitante necessidade de liberdade, de independência e até de revolta quanto às injustiças sociais, o que levou à criação de entidades internacionais como os conhecidos "Médicos sem Fronteiras". Em outras ocasiões, médicos são seduzidos pela política, chegando a ocupar cargos de grande importância.

A já citada obsessividade do médico manifesta-se pelo medo de errar e de esquecer informações científicas importantes, além da existência de uma possível rigidez. Porém, em geral, não se caracteriza como um transtorno obsessivo-compulsivo patológico, sendo considerado por muitos até como um traço de personalidade que é inerente ao médico e, até certo ponto, necessário. Em geral isso leva ao excesso de trabalho, a uma dificuldade de desfrutar o lazer e a um conflito quanto à dedicação aos pacientes e a sua família, o que mobiliza, não raramente, um sentimento de culpa pelo sacrifício induzido à família.

Apesar de possuir um gosto pela circunspecção, pela discrição e pela reserva, há no médico duas características comuns com os atores: o exibicionismo e o voyerismo. O primeiro relaciona-se ao prazer de mostrar o seu valor no consultório, no hospital ou em aulas, tendo seu exemplo mais clássico nas visitas ao leito do doente pelo chefe da clínica, seguido por uma corte de médicos. O voyerismo concretiza-se pelo prazer em olhar, examinar e apalpar os pacientes. O médico que está bem consigo mesmo possui tais qualidades que, também, não devem se confundidas com as perversões que têm o mesmo nome.

Dentro do universo sado-masoquista, o médico está, em geral, mais próximo do masoquismo, apesar de não faltarem autores que considerem o contrário. A tendência masoquista torna-se evidente quando o médico entrega-se completamente a seus clientes, exaspera-se com as suas exigências, não sobrando tempo para mais nada. Tal atitude está ligada, como foi visto, à obsessividade e à presença de um superego extremamente rígido. Em geral, o médico é muito crítico em relação a si mesmo e culpa-se com maior facilidade do que acusa. A sua atitude em relação ao dinheiro é ambivalente, pois fica dividido entre o desejo de ganhar bem e a injunção moral de ajudar os outros.

As regras morais impõem ao médico que tenha uma relação com seu paciente que seja deserotizada e dessexualizada, o que pode significar, em determinadas circunstâncias, uma frustração que se não for bem administrada poderá levar a deslizes. Porém, na maioria das vezes, os pacientes apresentam-se em condições de saúde que fazem com que seus corpos estejam longe de serem belos e sedutores e, para tocá-los, o médico precisa vencer outros sentimentos como a aversão e a rejeição.

Por lidar com a morte, com o sofrimento e com a dor, física e psíquica, o médico pode ter o seu equilíbrio perturbado. Para defender-se, muitas vezes nega a importância da situação e de suas repercussões aflitivas, por meio de uma aparente indiferença ou frieza, com o intuito de proteger-se de sentimentos que poderiam perturbar o seu funcionamento psíquico. Outra forma de defesa é a banalização dos dramas, que são transformados em seu contrário, permanecendo apenas o lado cômico. Outras vezes, reage de forma onipotente, tornando-se demasiadamente seguro a ponto de cegar-se.

Finalmente, Schneider (1991) observa que, com freqüência, não há uma grande diferença entre o médico dentro e fora de seu trabalho, apesar de seus mecanismos de defesa tenderem a se tornar menos marcantes quando não está trabalhando. Isso é compreensível, pois a sua personalidade, construída desde a infância, é um dos fatores que intervêm na escolha profissional.

A escolha da especialidade

Em uma pesquisa realizada com 395 alunos da Faculdade de Medicina de Alicante, na Espanha, Miralles *et al.* (1987) concluíram que 55,69% dos alunos escolheram definitivamente sua especialidade já no primeiro ano, sendo que não houve diferença nesse aspecto quanto ao gênero e idade. Apenas 11,13% dos alunos eram filhos de médicos, mas a grande maioria destes (70,45%) afirma que esse fator teve influência marcante na escolha da profissão.

Ao revisar a literatura, Henry *et al.* (1992) numeraram as variáveis presentes na escolha da especialidade médica: em primeiro lugar fatores como o gênero, a ocupação dos pais, o passado familiar, escolar e social, a nacionalidade e o estado civil; a seguir, a personalidade e a atitude diante dos pacientes, da morte, do trabalho em equipe, a capacidade de tomar decisões e resolver problemas; em terceiro lugar fatores ligados ao sistema educacional como o internato, a *performance* escolar, o sistema de seleção, a imagem das especialidades, entre outros; em quarto, fatores ligados à carreira como a recompensa financeira, o prestígio e a possibilidade de ter clínica particular; a seguir, as condições de trabalho, incluindo aqui o hospital, as horas de trabalho e a possibilidade de ter tempo livre para a família; finalmente, os fatores intrínsecos de cada especialidade como o contato com o paciente, a pesquisa, a satisfação intelectual, etc.

Um estudo prospectivo realizado na Universidade de Northwestern, em Chicago, mostrou que, ao entrar na faculdade de medicina, aproximadamente 22% dos alunos já haviam optado definitivamente por uma especialidade, enquanto que 45% já pensavam, provisoriamente, em alguma área. Ao comparar traços de personalidade entre os que mudaram até duas vezes com aqueles que realizaram muitas mudanças no transcorrer do curso, estes últimos tenderam a ser menos ansiosos. Ao contrário de outros estudos que mostraram ser os cirurgiões e os psiquiatras os mais decididos ao entrar na faculdade, os autores encontraram uma definição mais precoce entre aqueles que optaram por medicina da família e medicina interna (Zeldow *et al.*, 1992).

Pesquisa semelhante foi realizada na Faculdade de Medicina de Dakota do Sul, e concluiu que 45% dos alunos pretendiam fazer medicina de família, 22% estavam indecisos, 11% pretendiam fazer cirurgia, 9% medicina interna, 5% ginecologia-obstetrícia, sendo que a escolha para anestesiologia, ortopedia, neurologia e urgências foi de 2% para cada uma delas. Ao final do artigo, os autores destacam a importância do altruísmo na escolha da profissão médica (Kahler e Soule, 1991).

Em um estudo com 102 alunos do último ano da escola médica da Universidade da Califórnia, Osborn (1993) concluiu que 89% dos alunos optaram pela especialidade médica para ajudar as pessoas e pelo desafio intelectual. Apenas 20% dos alunos consideraram o aspecto financeiro como algo importante sendo que, entre eles, a maioria não optou pelo atendimento primário (medicina interna, medicina da família e pediatria). Os homens interessaram-se menos por essa área e deram preferência às áreas de alta tecnologia e à área acadêmica. As mulheres preocuparam-se mais com o número de horas de trabalho ao escolherem a especialidade.

Com o intuito de detectar os fatores que influenciam a escolha da especialidade, Kassebaum e Szenas (1994) distribuíram para 8.128 estudantes seniores uma escala com 36 fatores que poderiam influenciar nessa escolha. O fator de maior influência foi o tipo de paciente, vindo a seguir ser coerente com a personalidade, ter oportunidade para modificar a vida das pessoas, ter interesse em ajudar os outros, o conteúdo intelectual da área, o desafio diagnóstico. O prestígio, o desejo de ser uma autoridade e de retorno financeiro, tiveram, em geral, pouca influência. A disponibilidade de tempo e a flexibilidade para estar com a família tiveram importância moderada.

Medicina e literatura

Em 1965 foi criada, pelo médico Eurico Branco Ribeiro, a Sociedade Brasileira de Médicos Escritores (SOBRAMES), inspirada na Societé Mondiale des Écrivains Médecins, sediada na França, e que reúne escritores médicos de vários países. Beglionini (1999), presidente da SOBRAMES, afirma que o ato de escrever é inspirado pela profissão médica que propicia o contato com o sofrimento, com a alegria, com a esperança e com a decepção do ser humano.

Para Scliar (1996) a relação médico-paciente é permeada, inevitavelmente, pela emoção. Por sua vez, os textos médicos, tanto das anamneses como os científicos, são desprovidos de emoção: não há dúvidas, indignação, espanto, terror, incredulidade, reticências e ansiedade humana (do médico e do paciente). Sugere, então, ser esta a razão que leva muitos médicos a recorrerem à literatura como forma de aproximar-se do humano. Os exemplos de médicos-escritores são inúmeros: Pedro Nava, Guimarães Rosa, Cyro Martins, Varella, Lobo Antunes, Rabelais, Tchekhov, Céline, Willians, entre muitos outros. Todos esses autores poderiam estar buscando romper a barreira entre as culturas humanística e científica.

Assim como existem médicos-escritores, inúmeras vezes o personagem médico foi abordado por escritores. Entre muitos exemplos, pode-se citar a obra de Turgueniev (1818-1883), *O médico do distrito*, que relata o drama de um médico que irá perder uma paciente por quem está apaixonado. No clássico *O médico e o monstro*, Stevenson (1850-1894) conta a estória de um médico, Dr. Jekyll, que por intermédio de suas experiências, descobre uma substância que o transforma em um monstro assassino, o Sr. Hyde. Dessa forma, o autor contrapõe o altruísmo que, teoricamente, caracteriza a profissão médica, com a destrutibilidade, presente, em algum grau, em todo ser humano.

Na peça teatral *O dilema do médico*, do dramaturgo irlandês Bernard Shaw, que estreou em Londres em 1906, há uma forte crítica à comercialização da medicina e à defesa da estatização da assistência médica: "Tornando os doutores comerciantes, nós os obrigamos a aprender os truques de tal comércio; daí a moda do ano incluir tratamentos, operações, certos medicamentos" (Scliar, 1996).

Em 1937, Cronin publicou o livro *A Cidadela*, obra que influenciou jovens do mundo inteiro a cursar medicina, por defender uma posição idealista e antimercantilista. Um ano depois, Érico Veríssimo escreveu *Olhai os lírios do campo,* onde também faz severas críticas à comercialização da medicina. O autor acreditava que deveriam seguir a profissão médica aqueles que tivessem vocação e considerava a medicina um ato de amor. No prefácio de seu livro *Namoros com a medicina*, Mário de Andrade, em 1939, relata o seu desejo de ser médico, e uma certa frustração por não ter sido, por "falta de vocação" (Scliar, 1996, p. 259).

5. A Faculdade de Medicina da Universidade de São Paulo (FMUSP)

Prédio da FMUSP próximo a sua inauguração, no início da década de 1930 do século passado. Acervo do Museu Histórico Carlos da Silva Lacaz – FMUSP.

Um breve histórico da FMUSP

A primeira tentativa de se criar uma faculdade de medicina no estado de São Paulo realizou-se em 1891, quando foi sancionada uma lei que criava uma "Academia de Medicina, Cirurgia e Pharmácia", um projeto que não teve êxito imediato. Mais de duas décadas depois, em dezembro de 1912, a Faculdade de Medicina e Cirurgia de São Paulo finalmente foi criada por uma lei assinada pelo presidente Rodrigues Alves. Para o cargo de diretor foi nomeado o doutor Arnaldo Vieira de Carvalho, que na ocasião era diretor clínico da Santa Casa, e que gozava de grande prestígio social e na classe médica. Coube a ele indicar funcionários administrativos e membros do corpo docente, sendo que a primeira sede provisória foi instalada na Escola de Comércio Álvares Penteado, enquanto que algumas aulas eram ministradas na Escola Politécnica.

No início de 1913, realizou-se o primeiro exame de admissão e matricularam-se, no curso preliminar, 180 alunos. Destes, vinte eram bacharéis em Direito, nove eram diplomados em Ciências e Letras, 22 eram formados pela Escola Normal e dois pela Escola Politécnica. Os professores Emílio Brumpt, da Faculdade de Medicina de Paris, Alfonso Bovero, da Universidade de Turim e Lambert Mayer, da Faculdade de Nancy, foram os primeiros professores estrangeiros a serem contratados. Em 1914, a Faculdade passou a ministrar o curso em prédio na rua Brigadeiro Tobias e, a partir de 1915, a Santa Casa de Misericórdia de São Paulo cedeu novas enfermarias de seu hospital para o ensino, assim como a Maternidade São Paulo e o Hospital do Juqueri também o fizeram. Em 1924, o Instituto Oscar Freire, hoje pertencente à faculdade, passou a sediar os cursos de Anatomia (Lacaz, 2000).

Foi apenas em 1931, com o auxílio da Fundação Rockfeller, que a Faculdade passou a ter seu edifício próprio, onde permanece até hoje. Para doar os recursos necessários, a Fundação enviou uma comissão para o Brasil, que determinou inúmeras disposições, entre elas a limitação do número de alunos. O modelo de ensino deveria seguir o padrão norte-americano, determinado por Flexner, que, em 1908, preconizava uma nítida separação entre o ensino básico e o clínico, dava ênfase ao papel do professor como fonte principal de conhecimento, à independência didática de cada departamento e à especialização precoce do aluno. O corpo docente devia dedicar-se não só ao ensino, mas também à pesquisa (Bittar e Marcondes, 1994; Boulos, 1994; Lacaz, 2000).

Um fato curioso foi que, dos 180 alunos que iniciaram o curso preliminar, apenas 28 diplomaram-se seis anos depois, em 1918. Já no primeiro ano, 58 alunos perderam o ano por faltas e 52 foram suspensos por indisciplina. Dos setenta alunos restantes, 34 foram reprovados já no primeiro ano e oito abandonaram a faculdade no transcorrer do curso. Os alunos suspensos por indisciplina entraram em atrito com o professor de química e de física médica, por haver reprovado 85% da turma. O desentendimento só foi resolvido pela última instância da Justiça, quando Rui Barbosa deu ganho de causa ao professor.

Apenas duas mulheres diplomaram-se em 1918, Odete Nora de Azevedo e Dília Ferras Fávero, sendo que ambas casaram-se com colegas. Como pode ser observado nos gráficos 1 e 2, nos quatro anos seguintes não se formou nenhuma mulher. Em 1923, formou-se apenas uma e nos seis anos subseqüentes, novamente, formaram-se apenas homens. Em 1969, pela primeira vez, as mulheres alcançaram um percentual acima de 20% da turma e em 1992 chegaram a constituir 48% dos formandos, o que se tornou um recorde que não foi superado até os dias de hoje. Em 2000, matricularam-se no primeiro ano 113 alunos (65%) do gênero masculino e 62 (35%) do gênero feminino.

Outro dado importante é o fato de que até há poucos anos não havia nenhuma professora titular na FMUSP. No ano 2000, dos 46 professores titulares, apenas quatro eram mulheres (Fundação Faculdade de Medicina, 2001).

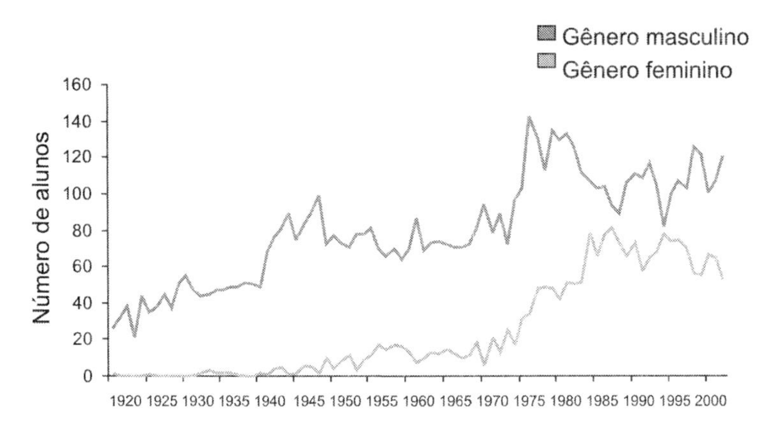

Gráfico 1. *Número de formandos da FMUSP, segundo gênero e ano.*

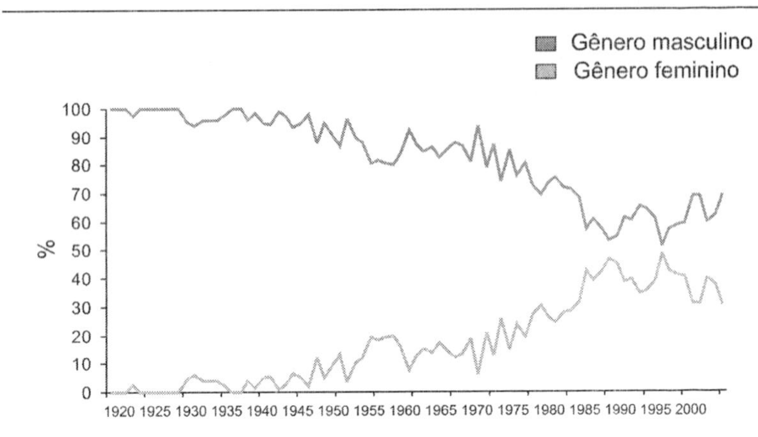

Gráfico 2. *Percentual de formandos da FMUSP, segundo gênero e ano.*

Em 1944, foi inaugurado o Hospital das Clínicas, para complementar o ensino da Faculdade de Medicina, à qual está subordinado, sendo o diretor da Faculdade o presidente de seu Conselho Administrativo. A construção do hospital foi uma das exigências que a Fundação Rockefeller havia feito ao governo do Estado de São Paulo, na época da doação de recursos para a construção da Faculdade. Seguiu-se a inauguração de diversos institutos pertencentes ao Hospital, formando o maior complexo hospitalar da América Latina: Instituto de Psiquiatria (1952), Instituto de Ortopedia (1953), Centro de Medicina Nuclear (1959), Instituto de Medicina Tropical (1960), Instituto da Criança (1970), Instituto do Coração (1975), e, em 1979, o Prédio dos Ambulatórios e o Centro de Convenções Rebouças. Há, ainda, o Instituto de Radiologia e os Hospitais Auxiliares de Suzano e de Cotoxó. No ano 2000, foi realizado no Hospital das Clínicas o surpreendente número de 11,5 milhões de consultas ambulatoriais e de 53 mil internações (Lacaz, 2000; Fundação Faculdade de Medicina, 2001).

Em 1951, o esforço dos professores da FMUSP para atingir um bom padrão de ensino foi recompensado pelo reconhecimento da Associação Médica Americana, que incluiu a Faculdade entre as quarenta escolas estrangeiras padrão A. A FMUSP foi a primeira escola de medicina a receber essa classificação na América Latina e a quinta no mundo, excluindo-se as escolas norte-americanas. É digno de nota que coube ao Hospital das Clínicas instituir em 1945, pela primeira vez no Brasil, a residência médica, e que, em 1973, foi implantada a pós-graduação na FMUSP (Lima Gonçalves, 1992).

Em 1968, foi criado o Curso Experimental de Medicina, que propunha um novo currículo que privilegiava a formação de um médico generalista, mas poucos anos depois, em 1976, houve a fusão entre o Curso Experimental e o Tradicional, quando o número de vagas da FMUSP subiu para 180. A partir de 1969, com a Reforma Universitária, foi imposto à FMUSP o deslocamento do ciclo básico quase que totalmente para a Cidade Universitária da Universidade de São Paulo, o que trouxe graves conseqüências para o ensino e a pesquisa. Em 1998, um novo currículo foi implantado na FMUSP, o Currículo Nuclear, que introduziu novas matérias no primeiro ano como "Introdução à medicina", "Bases humanístícas da medicina" e "Comportamento humano", as duas últimas por sugestão do Prof. Paulo Vaz Arruda (Marcondes, 2001). O novo Currículo foi uma resposta à crescente e incontrolável sobrecarga de informações que envolvem o ensino médico, à desumanização da medicina e à cisão existente entre o curso básico e clínico. O currículo nuclear, obrigatório, concentra 70% da carga horária, enquanto que o currículo complementar, constituído por disciplinas e estágios opcionais, presentes do primeiro ao sexto ano, ocupa 30% da carga horária. Além disso, com o intuito de tirar o aluno do anonimato e de recuperar a relação professor-aluno, foi criado o Projeto Tutoria, que iniciou suas atividades em 2001. Essas inovações foram fruto de quinze anos de árduo trabalho dos membros do Centro de Desenvolvimento de Educação Médica da FMUSP (CEDEM) (Millan, 1999; Montes, 2000; Bellodi; Martins, 2001).

Perfil do aluno da FMUSP

O CEDEM desenvolveu três pesquisas com o intuito de conhecer o perfil dos alunos e ex-alunos da FMUSP. Na primeira delas (Lima Gonçalves e Marcondes, 1991) foram enviadas cartas, com o auxílio do Conselho Regional de Medicina do Estado de São Paulo, a 3.309 ex-alunos graduados entre 1958 e 1989. Destes, 75,9% residiam em São Paulo, 6,7% na Grande São Paulo e 17,4% no interior. Dos questionários enviados, 28,4% foram respondidos, destacando-se os residentes no interior e os alunos formados pelo curso experimental.

Noventa por cento dos ex-alunos fizeram residência médica, 29% pós-graduação e 82% praticam a leitura regular de revistas médicas. Antes da Graduação, 3% haviam feito outros cursos de nível superior, em geral relacionados com a área de saúde, como farmácia, enfermagem e administração hospitalar e, em menor número, com outras áreas, como administração de empresas, engenharia e teologia. Após a graduação, 10% dos ex-alunos fizeram outros cursos, destacando-se administração hospitalar, medicina do trabalho e saúde pública, que se constituem, na verdade, em cursos de especialização. Entre os cursos relacionados com outras áreas, aparecem com maior freqüência a Administração de Empresas, a Filosofia e o Direito.

Cerca de 37% dos ex-alunos ministram aulas em cursos médicos, principalmente no Hospital das Clínicas (11,1%) e na FMUSP (8,9%). Aproximadamente 75% dos ex-alunos atuam como autônomos e 22,8% como assalariados. Para eles, a condição de autônomos é mais favorável quanto ao aspecto financeiro, independência profissional, relacionamento com os colegas e com os pacientes, enquanto que o exercício do magistério superior é mais vantajoso quanto à obtenção de um bom padrão técnico-científico e de prestígio.

Quando indagados quanto ao retorno financeiro proporcionado pela medicina, comparado com o de outros profissionais universitários, 52% dos ex-alunos consideram ser satisfatório, 29% pouco satisfatório e 10% insatisfatório. Aqueles que atuam no interior mostram-se mais satisfeitos quanto a esse aspecto. O exercício de outras atividades como a pecuária, a agricultura, o trabalho em microempresa, o consórcio e a construção civil é realizado por 11% dos ex-alunos, sendo que 14% responderam que pretendiam abandonar a medicina.

Em 1992, foi publicada pelo CEDEM a pesquisa *Perfil do aluno da Faculdade de Medicina da Universidade de São Paulo em 1991.* Obteve-se um total de 706 questionários respondidos, representando 63,6% do total de alunos matriculados. Alguns aspectos chamaram a atenção:

- O percentual de alunos que consideram a competição na FMUSP excessiva aumenta gradualmente de 19% no primeiro ano para 88% no sexto ano.
- Os alunos costumam faltar mais às aulas do que as alunas por considerarem que são desinteressantes.
- As qualidades que os alunos mais apreciam nos professores são: conhecimento, experiência e competência (49%), boa didática (32%), interesse, boa vontade e dedicação (24%), objetividade, síntese e clareza (16%) e, finalmente, bom relacionamento, acessibilidade e simpatia (16%). As alunas deram mais importância à didática e objetividade.
- As qualidades que os alunos mais desaprovaram nos professores são: falta de didática (31%), arrogância, prepotência e orgulho (31%), ignorância, despreparo e incompetência (21%), desinteresse, má vontade e impaciência (19%) e, por último, falta de pontualidade (14%). Outros defeitos foram mencionados como o moralismo, ser reacionário, fumar na sala de aula, ser machista e chato.
- Quanto à estrutura curricular, 54% dos alunos queixaram-se da carga horária excessiva, com restrição dos períodos de férias e ausência de períodos livres. A insatisfação cresce no transcorrer do curso.
- Quanto às aspirações pessoais, 33% responderam que gostariam de ser *competentes*, bons médicos, dedicados, interessados pela profissão, atualizados e de ter a oportunidade de estudar no exterior. Um segundo grupo, constituído por 21% dos alunos, destacou seu interesse pelo *sucesso pessoal* em respostas como ganhar dinheiro, conquistar fama, destaque, sucesso, participar da comunidade médica internacio-

nal e ser professor titular. A seguir, 12% dos alunos destacaram a busca pela *felicidade pessoal* em respostas como ser livre, feliz, conhecer o mundo e aproveitar a juventude. A *realização pessoal* (11%) expressou-se por respostas como alcançar maturidade, segurança, vida tranqüila e equilíbrio entre vida pessoal, familiar e profissional. Um grupo constituído por 10% dos alunos deu respostas ligadas ao *exercício profissional* como ter consultório, trabalhar no interior, fazer pesquisa e trabalhar no hospital. Finalmente, 5% dos alunos destacaram *qualidades pessoais* como ser bom, justo, honesto e útil. Apenas cinco alunos relataram ter dúvidas vocacionais.

- Mais de 95% dos alunos responderam que gostariam de fazer residência.
- Quanto ao nível socioeconômico, 53,8% dos alunos pertenciam à classe A, 40,5% à classe B, 6,1% à classe C e apenas 0,7% às classes D e E. No mesmo ano, 50,5% dos alunos da USP pertenciam à classe A, 32,6% à classe B, 13,6% à classe C e 3,0% às classes D e E, o que mostra uma pior condição socioeconômica quando comparados com os alunos da FMUSP (Cabral *et al.*, 1992).

Em 2002, foi publicado, também pelo CEDEM, o *Perfil do aluno da FMUSP do ano 2000*. Cerca de 75% dos alunos matriculados naquele ano responderam a um questionário, sendo que 62% eram do gênero masculino. Alguns resultados serão resumidos a seguir:

- Em 2000, apenas 17% dos calouros afirmaram que há competição em excesso entre os alunos. Porém, já no segundo ano, esse percentual sobe para 51% e aumentou até 65,5% no quinto ano, havendo um decréscimo no sexto ano para 55%. Há, portanto, uma relação um pouco mais amigável entre os alunos em relação à pesquisa anterior, quando 88% dos sextanistas consideraram a FMUSP competitiva em excesso (Bellodi; Cardillo, 2002).

- Em 2000, 51,2% dos alunos consideraram que a carga horária do curso é adequada, 17,6% que é exagerada e 5,5 % que é insuficiente.
- Em 2000, 54,2% dos alunos responderam que costumam procurar seus professores para esclarecimentos e orientação, sendo que 84% dos alunos relataram que são recebidos com interesse. Cerca de 43% dos alunos não têm o hábito de procurar seus professores.
- O hábito de "matar" aula faz parte da rotina de 29,8% dos alunos, por considerarem as aulas desinteressantes (43,6%), por terem outras atividades (20,4%), por estarem desmotivados (15,1%) e por considerarem as aulas desnecessárias (13,7%) (Mascaretti; Santos; Cardillo, 2002).
- Em ordem decrescente, quanto ao número de respostas, os alunos consideram ser as principais qualidades dos professores o conhecimento, o interesse, a didática e a experiência. Os maiores defeitos apontados foram, em primeiro lugar, a falta de didática, seguida pelo desinteresse e pela arrogância (Lima Gonçalves, 2002).
- Em 1991 era maior o percentual de alunos que há mais de seis meses não liam um livro não médico (36% X 31% em 2000).
- Em 2000, 25,7% dos alunos responderam que optaram pela profissão médica devido ao desejo de ajudar o próximo (25,7%), seguido pelo interesse pela biologia (19,5%), pela preocupação social (18,0%), pelo interesse econômico (11,6%), pela influência da família (8,4%), pela busca de *status* (6,6%) e por exclusão (6,3%). Levando-se em conta apenas os 148 alunos do primeiro ano que responderam o questionário, 80,40% assinalaram a alternativa "vontade de ajudar o próximo"; 59,5% "preocupação social"; 48,6% "interesse pela biologia" 27% "interesse econômico"; 20,3% "influência da família"; 14,9% "busca de *status*"; 10,1% "por exclusão" e 13,5% "outros". Cabe lembrar que nessa pesquisa as respostas foram estimuladas por alternativas predeterminadas.

- Se pudessem voltar o tempo, 86,6% dos alunos escolheriam fazer medicina na FMUSP (93,9% dos primeiranistas); 3,1% fariam medicina em outra escola (0,7% dos primeiranistas) e 6,8% optariam por outra carreira (2% dos primeiranistas) (Mascaretti *et al.*, 2002).

Aspectos psicológicos dos alunos da FMUSP

"Há em cada adolescente um mundo encoberto, um almirante e um sol de outubro."
Machado de Assis

O ingresso no curso médico

Após obter sucesso no mais disputado vestibular da Fundação Universitária para o Vestibular (FUVEST, 2000), o aluno que entra na FMUSP sente-se socialmente valorizado e orgulha-se de seu desempenho. Onipotentemente, acredita que todos os problemas terminaram e que, agora, o vir a ser médico é simplesmente uma questão de tempo. Para alguns, o simples fato de cursar medicina já os credencia como médicos, ilusão reforçada pelos familiares que pedem orientação para eles quando alguém adoece. Paradoxalmente, quando se formam, muitos alertam: cuidado com ele, é um recém-formado! A semana de recepção e as competições esportivas também contribuem para o clima de festa e reforçam o aparecimento de defesas maníacas (negação, controle onipotente e dissociação), cujo objetivo é impedir que o aluno entre em contato com angústias muito intensas que surgem diante de tantas novidades e mudanças: os professores, os colegas e o método de ensino. Essa fase, fugaz, foi denominada de fase de euforia.

Surge, então, a fase do desencanto, acompanhada de uma infinidade de queixas relativas à má didática, à longa duração das aulas, ao excessivo volume de estudo e à pouca utilidade dos cursos vistos como teóricos e afastados da medicina em si. O fato de grande parte das aulas serem ministradas na Cidade Universitária e não no prédio da Faculdade incomoda o aluno, que sente aquele ambiente como impessoal, em um momento importante para o início do estabelecimento de sua identidade médica. O desencanto aumenta com os resultados das primeiras provas, aquém das expectativas do aluno que estava habituado a ser o primeiro da classe, e assim ser caracterizado e reconhecido pelos outros e por si mesmo. A perda desse *status* pode abalar a autoimagem do aluno e desencadear uma crise de identidade, com sentimentos de desvalia e desejo de abandonar o curso. Para piorar, ao final de cada curso, surge a impressão de nada ter aprendido, ou ainda de ter esquecido toda a matéria estudada. Além disso, torna-se difícil integrar as diferentes matérias e dar-se conta da utilidade de cada uma delas. Os alunos que vêm do interior, além de enfrentar essas dificuldades, têm de se adaptar à cidade de São Paulo, e assumir responsabilidades que antes eram assumidas por seus familiares. Finalmente, há também o luto pela redução do tempo disponível para o lazer e para estar com amigos, familiares e namorada(o).

No terceiro e quarto anos formam-se as "panelas" por afinidade, constituindo os grupos que passarão juntos os diversos estágios do internato. Surge, aqui, o medo de ficar no "lixão", ou seja, no grupo de alunos que são rejeitados pelos colegas e estigmatizados pelos professores. É nessa fase que se observa o ressentimento por depender financeiramente da família e a forte competição entre os alunos pela busca de melhores notas e pela obtenção de destaque no chamado "currículo oculto" (ligas, monitorias, cursos, congressos, plantões e participação em trabalhos científicos). É possível que com o Currículo Nuclear e suas matérias optativas, o currículo oculto perca um pouco de sua importância.

No internato (quinto e sexto anos) o aluno defronta-se com novos desafios. Após longo período de estudo eminentemente teórico, passa agora a cuidar efetivamente dos pacientes e a verificar o que aprendeu. A partir da relação médico-paciente percebe as limitações de sua atuação e das condições do hospital, sentindo-se por isso, muitas vezes, decepcionado e impotente. A realidade profissional se apresenta distante de suas fantasias de cura, salvação e controle sobre a vida e a morte, que estavam tão presentes até então. A observação do aluno fica dirigida sobretudo para aquilo que não sabe, que não pode ou não consegue fazer, o que reforça seus sentimentos de inadequação, inoperância e culpa (Millan *et al.*, 1991).

Com a introdução do regime de plantões, o aluno sente dificuldades para planejar o seu tempo e ressente-se da dedicação exclusiva e exaustiva à medicina. Por ser um momento de transição entre o modelo acadêmico e o vir a ser profissional, torna-se necessária a elaboração de novas perdas e, concomitantemente, a mobilização de recursos egóicos. O esperado alívio com a aproximação do término do curso não acontece, pois é preciso escolher uma especialidade e enfrentar a seleção para a residência médica. Segundo Pessanha (2001), a solenidade de entrega do diploma, ao final do curso, antecipa a entrada no mundo adulto, com suas dúvidas, incertezas e responsabilidades. Diante do exposto é comum que o aluno tenha a sensação de estar inundado por dificuldades intransponíveis. Quando, porém, essa sensação é superada, o internato pode ser visto como uma fase que oferece a oportunidade de se viver momentos de amadurecimento e descobertas (Millan *et al.*, 1991).

Quadros psicopatológicos

Em geral, os distúrbios do humor predominam entre os estudantes da FMUSP, vindo a seguir os quadros ansiosos e os distúrbios de personalidade, com destaque para a personalidade obsessiva. Os quadros psicóticos são raros e o uso de drogas, apesar de ser preocupante, é a metade do utilizado pelos outros alunos da Universidade de São Paulo, com exceção do álcool. Na prática, apesar de rara, a dependência de drogas traz graves conseqüências para o aluno, para a relação com os pacientes e para o seu futuro profissional. Chama a atenção o fato de que esses achados coincidem com o que ocorre em faculdades de medicina de outros países, com diferenças culturais marcantes.

Até meados da década de oitenta, o número de suicídios entre os alunos da FMUSP era alto (39/100.000 alunos/ano), superando de quatro a cinco vezes o coeficiente da população do município de São Paulo, na mesma faixa etária. Desde então, felizmente, houve uma redução drástica do número de suicídios, tendo ocorrido um caso no período de 1986 a 2000, quando o esperado seria um número seis vezes maior, caso se mantivesse a incidência anterior. Cabe lembrar que alguns trabalhos norte-americanos também encontraram um alto índice de suicídio entre estudantes de medicina (Simon, 1968; Grover e Tessier, 1978; De Armond, 1980; Pepitone-Arreola-Rockwell *et al.*, 1981; Bjorksten *et al.*,1983; Millan *et al.*, 1990; Baldwin, 1991; Chan, 1991; Wolf, 1994; Andrade *et al.*, 1995; Millan *et al.*, 1999; Millan, 2001).

Os alunos da FMUSP e a vocação médica

Do ponto de vista consciente, as razões mais comumente citadas pelos acadêmicos da FMUSP para a escolha da profissão médica são: o interesse pela biologia, a influência de terceiros (principalmente de pais médicos), a possibilidade de ajudar e tratar, a atuação no campo social e o desejo de estar próximo às pessoas. Em contrapartida, nos dias de hoje, poucos optam pela profissão em busca de *status*, boa remuneração financeira ou com o intuito de atuar como profissional liberal, o que mostra que os alunos estão conscientes das mudanças ocorridas na área médica nos últimos anos quanto a esses aspectos (Millan *et al.*, 1991). As motivações inconscientes observadas com maior freqüência foram descritas no capítulo anterior.

Rossi *et al.* (1999) realizaram entrevistas com professores e alunos da Faculdade de Medicina da Universidade de São Paulo, tendo sido perguntado a todos se acreditavam na existência da vocação médica e qual foi o motivo da escolha da profissão. É possível que muitas

* Trabalho apresentado em mesa redonda do 2º Congresso Paulista de Psicossomática, *Os quinze anos de atividade do Grupo de Assistência Psicológica ao Aluno da FMUSP-GRAPAL*, 2001.

das motivações apresentadas tenham sido, por algum tempo, inconscientes, porém, no momento do relato, evidentemente, já se haviam tornado conscientes. Parte desses depoimentos são transcritos a seguir:

Adib Domingos Jatene

Eu acho que as circunstâncias podem te desviar para cá ou para lá. E a vocação é uma coisa que às vezes eu questiono... E digo sempre: é melhor gostar do que faz do que fazer o que gosta... Meu pai era um comerciante; ele morreu em 1931, eu tinha dois anos... Minha mãe sempre reclamava que ele não teve assistência, por isso morreu. Talvez no meu inconsciente tivesse ficado essa idéia (Jatene, 1999, p. 156).

Carlos da Silva Lacaz

Eu acredito na existência de uma vocação médica... Escolhi a profissão médica porque fui influenciado por dois médicos de família do interior do Estado de São Paulo. Eu queria servir ao meu semelhante (Lacaz, 1999, p. 165).

Eduardo Marcondes

Eu acredito na vocação médica. Tenho até brincado um pouco em palestras e conferências que deve haver um gene... nunca tive dúvidas acerca da minha profissão, desde menino. Certamente pelo ambiente que me cercava... Meu pai era um profissional bem sucedido, meu tio mais ainda, então eu só tinha que admirá-los! Daí, possivelmente, saiu minha opção pela carreira (Marcondes, 1999, p. 175).

Milton de Arruda Martins

É uma pergunta difícil de responder (a existência da vocação médica), mas eu tendo a acreditar que sim. Eu acho que se a gente olhar as pessoas que entram numa faculdade de medicina, vemos que é um grupo muito heterogêneo. Mas acho que, dentro desse grupo heterogêneo, existe um grupo em que isso é marcante... É uma coisa a mais que tem relação com ajudar os outros, tem relação com aliviar o sofrimento, e eu acredito realmente nisso. Agora, eu acredito que esse não seja o único fator, e que ele pode ser mais importante em algumas pessoas do que em outras, sem dúvida. Eu vejo alunos do primeiro ano da Faculdade de Medicina que claramente entraram para serem cirurgiões plásticos, porque cirurgia plástica dá muito dinheiro... Eu era um aluno que gostava de tudo e, na verdade, a escolha da medicina foi mais por uma idealização de que seria uma profissão em que eu trabalharia com pessoas, e eu gostava mais de pessoas do que de números, realmente (Martins, 1999, p. 185).

Paulo Corrêa Vaz de Arruda

Olha, eu acredito sim! Eu acredito (na vocação médica), não sei se em termos verdadeiros do ponto de vista científico, mas em termos de generosidade e da capacidade de se doar aos outros. Eu escolhi medicina, talvez de acordo com Blaya, que diz: "por ter passado por tantas vicissitudes dolorosas na infância, eu tenha querido cuidar de mim através dos outros". Talvez seja esta a explicação! Tanto que eu gosto muito, em aula de vocação, de falar acerca disso. Por ter passado por uma série de transtornos físicos muito grandes, dá até para detectar isso. Então eu acho que aí despertou. Mas eu queria mesmo é entender o personagem, quer dizer, provavelmente entender a mim mesmo! Sempre me interessei por entender os outros (Arruda, 1999, p. 192).

Tales de Brito

Eu não acredito em vocação total, exceto em casos excepcionais, mas sim numa adaptação maior, de acordo com as circunstâncias... Tanto a medicina como a arquitetura me agradam, porque eu gostava de desenho. Mas dentro da medicina, escolhi um capítulo que é de imagens, e que, portanto, se aproxima muito do que eu gostava e gosto (Brito, 1999, p. 201).

Primeiranista da FMUSP*

Eu não sei se existe uma vocação, um dom que a pessoa possa ter. Penso que a pessoa, com o evoluir e a maturidade, possa chegar a descobrir uma profissão, e não que seja "nasceu com o dom para ser médico, advogado ou engenheiro". Resolvi estudar medicina porque tenho afinidade com a carreira médica... Um dia, eu fiz uma viagem para o Rio Grande do Sul, uma senhora precisou de um auxílio num parto e eu fui auxiliar esse parto, fui dar assistência. Aí eu vi quanto a área médica chamava a minha atenção. Quando eu precisava ir com alguém ao hospital, isto me fascinava muito... Eu tinha muita ligação com a área de biológicas... (p. 214).

Segundanista da FMUSP

Eu acredito em vocação! Porque eu acho que têm pessoas que têm mais vontade de ajudar, e que têm mais jeito de lidar com os outros... Escolhi estudar medicina porque eu gosto de ajudar as pessoas, de fazê-las se sentirem melhor. Acho que a saúde tanto física como psicológica é muito importante para a pessoa se sentir bem (p. 217).

Terceiranista da FMUSP

Acredito, sim, que exista vocação médica. Mas acho também que muito do que se supõe como vocação seja, na realidade, fantasia; ou seja, uma idéia gerada na infância a partir da influência ou expectativa da família. Escolhi medicina por uma simples razão: necessidade de conhecer o ser humano como um todo, integrando a parte física com a parte psíquica (p. 220).

Quartanista da FMUSP

Bom, de vocação tem que ter um pouco para seguir a carreira médica na área clínica ou cirúrgica, a não ser que vá

* Faculdade de Medicina da Universidade de São Paulo.

fazer pesquisa, aí você pode não ter aquela vocação ou vontade de fazer medicina... Eu acho que gostar do que você está fazendo é mais ou menos sua vocação. Não sei não, porque vocação é muito subjetiva. Não consigo definir muito bem o que seja uma vocação... Comecei a estudar medicina porque sempre pensei em fazer medicina, nunca tive dúvidas quando foi a hora de escolher uma profissão... (p. 225).

Quintanista da FMUSP

Eu acredito na vocação do ser humano em realizar alguma coisa. Eu não sei se necessariamente a gente nasce com um dom; eu acho que a gente até cria o dom. Escolhi medicina inicialmente por motivos muito pessoais de não aceitação da morte, até para lutar contra ela. Este conceito foi mudando um pouco ao longo do curso de medicina, até eu perceber que existe um limite de ação para salvar. Isto é muito relativo: salvar. Acredito que tenha que ter uma certa tendência humana para a bondade, para escolher uma área dessa, para compartilhar do sofrimento do outro. A grande dificuldade da área é você partilhar o sofrimento do outro sem, no entanto, sofrer junto com ele de modo intenso (p. 231).

Sextanista da FMUSP

Eu acredito, sim, na existência da vocação médica, mas, é até paradoxal, não foi por vocação que eu acabei escolhendo. Foi mais um gosto científico e não pela atividade do médico, do clínico, do cirurgião, não foi este tipo de gosto que eu tive. Foi primeiro porque levei em consideração aspectos práticos: como é uma profissão que, relativamente, você pode ter uma certa estabilidade, e era algo que eu gostava de estudar, algo que eu tinha prazer em ter contato, mas o interesse maior era científico mesmo. Quando entrei na faculdade eu queria ser cientista, queria mexer em laboratório, agora as coisas mudaram... (p. 235).

Finalizando a introdução desta tese, é digno de nota que a maior parte dos depoimentos acima deu destaque à existência da vocação médica e ao importante papel que o altruísmo exerce nesse campo. Porém, alguns alunos e professores questionaram a existência da vocação, o que demonstra que se trata de um tema bastante polêmico. Essa questão será retomada no Ccapítulo 6, onde são discutidos os resultados da pesquisa realizada com primeiranistas da FMUSP.

6. Um Estudo com Alunos da Faculdade de Medicina da Universidade de São Paulo (FMUSP)

Introdução

Com o intuito de contribuir para o estudo da vocação médica e sua relação com o gênero, realizamos um estudo em primeiranistas da Faculdade de Medicina da Universidade de São Paulo (FMUSP), do ano 2000. Além do autor deste livro, participaram desse projeto o Prof. Raymundo Soares de Azevedo Neto, o Prof. Paulo Corrêa Vaz de Arruda, e os psicólogos Eneiza Rossi, Orlando Lúcio Neves De Marco e Marília Pereira Bueno Millan. Os objetivos da pesquisa foram determinar se há diferenças quanto ao gênero nos seguintes aspectos:

- Perfil socioeconômico.
- Momento da escolha profissional.
- Busca de informação sobre a profissão antes do vestibular.
- Identificações significativas para a escolha da profissão.
- Desencorajamentos para a escolha da medicina.
- Imagem da profissão.
- Expectativas quanto ao curso de graduação.
- Expectativas profissionais.
- Atributos considerados importantes para que alguém seja um bom médico.

- Imagem do médico de sucesso.
- Perfil da personalidade.
- Aspectos psicodinâmicos inconscientes vinculados à vocação médica.

Metodologia

A população estudada constituiu-se dos primeiranistas da Faculdade de Medicina da Universidade de São Paulo (FMUSP), do ano de 2000, do gênero masculino e feminino, com faixa etária entre 17 e 21 anos. Os 163 alunos (90% da turma de 175 alunos, sendo 35% do gênero feminino) presentes em uma reunião na semana de recepção, responderam um questionário para avaliação do perfil socioeconômico. Foram, então, sorteados trinta alunos do gênero feminino, buscando-se respeitar a proporcionalidade das faixas etárias que compunham a amostra geral. A seguir, foram selecionados trinta alunos do gênero masculino, realizando-se, dentro do possível, um pareamento quanto ao perfil socioeconômico. Os sessenta alunos selecionados foram entrevistados individualmente pelo autor deste livro e submetidos, a seguir, aos testes 16 PF e TAT, aplicados pelos psicólogos Eneiza Rossi e Orlando Lúcio Neves De Marco.

Instrumentos de pesquisa

Questionário para avaliação do perfil socioeconômico

Foi elaborado, para esta pesquisa, um questionário para avaliação do perfil socioeconômico dos alunos, contento perguntas quanto ao gênero, à idade, à raça, ao local de nascimento, à religião, ao estado civil, ao grau de instrução e profissão dos pais, à existência de parentes médicos, ao número de vezes em que prestou vestibular, ao tipo de escola e ao período que realizou os estudos do primeiro e do segundo graus, à realização de cursinho pré-vestibular, ao ingresso em outro curso superior, a quem contribui com a maior parte de renda familiar, ao exercício de atividade remunerada, à obtenção de recursos para se manter durante o curso médico, ao local de moradia e à renda familiar.

Entrevista semidirigida sobre a escolha da profissão

Elaborou-se uma entrevista semidirigida para avaliar: o momento definitivo da escolha profissional do aluno, a motivação consciente da escolha da medicina, a eventual procura de informações acerca da profissão médica, se o aluno cogitou prestar vestibular para outra área, se houve identificação com algum médico conhecido, se alguém o desaconselhou a prestar vestibular para medicina, se cogitou fazer alguma especialidade, o que pensa acerca da profissão nos dias de hoje, que dificuldades espera encontrar durante o curso, que expectativas tem em relação ao seu futuro, se acredita que a profissão irá interferir em sua vida privada, se casaria com alguém da mesma profissão, quais as cinco principais características que acredita que alguém deve ter para ser um bom médico, quais dessas características não podem ser ensinadas, se acredita ter as características citadas e o que é preciso ser ou ter para ser um médico de sucesso. O enfoque utilizado pelo entrevistador foi fenomenológico.

O Teste de Apercepção Temática – TAT

O Teste de Apercepção Temática – TAT foi elaborado por Murray e colaboradores, na universidade de Harvard, e publicado pela primeira vez em 1935 na revista *Archives of Neurology & Psychiatry*. O teste, de mais de sessenta anos, pode ser louvado por sua fecundidade, tendo gerado quatro herdeiros: CAT (Bellak), o Picture Test (Symonds), o Rorschach Temático e o Teste de Relações Objetais (Philipson). Bastante difundido, o TAT não envelheceu, pelo contrário, robusteceu-se com a prática, com as pesquisas e com uma importante bibliografia. Já em 1958, uma publicação de Shentoub trouxe uma importante contribuição à validação do TAT (Jacquemin *et al.*, 1993; Weneck, 1995). Em nosso meio, Souza (1995) demonstrou a validade do teste enquanto técnica diagnóstica.

Segundo Murray (1995), o TAT é um método destinado a revelar impulsos, emoções, sentimentos, complexos e conflitos marcantes da personalidade. Seu principal valor consiste na capacidade de tornar patentes tendências subjacentes inibidas que o sujeito não deseja aceitar ou que não tem condições de admitir por serem inconscientes, sendo, assim, um instrumento útil em qualquer estudo abrangente da personalidade.

O método consiste em apresentar uma série de pranchas ao sujeito, estimulando-o a contar estórias baseadas nelas, as quais devem ser criadas no impulso do momento. As estórias assim coletadas revelam, com freqüência, componentes significativos da personalidade, devido à existência de duas importantes tendências psicológicas: a primeira delas é a tendência das pessoas para interpretar uma situação humana ambígua, baseando-se em suas experiências passadas e em anseios presentes; a segunda é a tendência do ser humano para expressar seus sentimentos e suas necessidades (conscientes e inconscientes) ao contar uma estória. Trata-se, portanto, de um teste projetivo.

Segundo Murray (1995), o TAT revela, muitas vezes, exatamente o oposto do que o sujeito é, do que voluntariamente faz e do que diz na vida diária. Souza (1995) lembra que a situação projetiva é, em certa medida, vazia, sendo que o sujeito usualmente preenche esse vazio recorrendo menos a sua inteligência e mais aos seus recursos internos.

Moraes Silva (1989) lembra que a expressão "métodos projetivos" foi criada para designar um conjunto de instrumentos que procuram abordar o indivíduo naquilo que ele apresenta de singular. Enfatiza os aspectos qualitativos e psicológicos, em oposição à tradição psicométrica, que visa a uma classificação com procedimentos basicamente quantitativos e normativos. Segundo a autora, o TAT constitui-se, hoje, em um dos principais instrumentos de que dispõe o psicólogo clínico para a investigação da personalidade. Por meio dele há condições de identificar a atitude do indivíduo perante as diversas situações, seus temores, desejos, dificuldades, enfim, a dinâmica de sua personalidade.

Ainda, segundo Moraes Silva, a idéia de que as produções artísticas revelam a personalidade de quem as produziu é anterior a Freud. Leonardo da Vinci dizia que "*o artista tende a colocar nas figuras que cria a sua própria experiência corporal*" (p. 3). Em 1855, Burckhardt analisou obras da renascença, procurando identificar a personalidade de seus autores. O próprio Freud cogitou dessa possibilidade e, em 1907, publicou uma análise do romance *Gradiva*, de Jansen. No mesmo ano, Buttain criou um teste para investigar a imaginação, utilizando material figurativo como estímulo para a criação de estórias, sendo, assim, considerado o precursor do TAT.

Cunha *et al.* (1993) lembram que Murray, o criador do TAT, fundamenta-se em pressupostos psicanalíticos e considera a personalidade como uma organização dinâmica de forças competitivas dentro do indivíduo. A principal indicação do teste é a avaliação dos aspectos psicodinâmicos da personalidade, ou seja, o entendimento dos vínculos afetivos do indivíduo, o que é de fundamental importância na relação médico-paciente. O apogeu do uso dos testes projetivos se deu por volta da metade do século XX. Apesar disso, uma pesquisa realizada em 22 serviços clínicos norte-americanos apontou o TAT como a quinta técnica mais utilizada, entre os testes psicológicos em geral. Em nosso meio, já tendo indicadores definidos e validados, é considerado um importante instrumento em psicodiagnóstico, além de ser utilizado em pesquisas. Por sua vez, a literatura especializada recente mostra que o TAT tem sido utilizado em estudos de personalidade, de gênero, de relações familiares e objetais, e de sociabilidade, entre outros (Shill, 1981; Nasby; Read, 1997; Ackerman *et al.*, 2001; Kwon *et al.*, 2001; Schultheis, 2001). É, também, digno de nota que, em seu clássico livro sobre orientação vocacional, Bohoslavsky (1977) sugere o uso do TAT diante de dúvidas diagnósticas na área vocacional e afirma que, apesar de não existirem testes específicos para a orientação vocacional, alguns deles, como o TAT, proporcionam ao psicólogo dados importantes sobre a personalidade do sujeito.

Para Freitas e Costa-Fernandes (1993), por ser essencialmente indicado para o entendimento dinâmico da personalidade, o TAT oferece apenas secundariamente subsídios para a classificação nosológica, ao contrário de outros testes. A ênfase é dada para aspectos estritamente qualitativos, sendo que os esforços para o desenvolvimento de sistemas de escores para o TAT não tiveram resultados favoráveis.

O material do TAT é constituído por dezenove pranchas impressas que somadas a um cartão em branco, perfazem o total de vinte estórias. Com o objetivo de reduzir o teste e aplicá-lo em uma única sessão, é costume usar formas abreviadas, selecionando-se pranchas que a experiência mostrou serem mais estimulantes para a produção de material. Há pranchas que evocam temas e avaliam aspectos da personalidade que são relevantes na escolha profissional (Murray, 1995).

Para esta pesquisa, foram selecionadas cinco pranchas do TAT, cuja temática foi considerada relevante para o estudo da vocação médica. Na prancha número 1, um menino contempla um violino. Na número 2, há uma cena no campo: no primeiro plano há uma jovem segurando alguns livros, enquanto no fundo vê-se um homem trabalhando, observado por uma mulher idosa. Na prancha número 3RH vê-se um rapaz no chão, debruçado sobre um divã, com um revólver ao seu lado. Na prancha número 8RM um adolescente olha para fora do quadro, sendo que em um dos lados vê-se o cano de um rifle e ao fundo uma cena difusa de uma cirurgia, como se fosse um sonho. A prancha número 20 mostra uma figura humana sutilmente iluminada, na escuridão da noite, recostada em um poste de luz (Murray, 1995).

Questionário de Dezesseis Fatores de Personalidade – 16 PF Quinta Edição

O 16 PF ou Questionário de Dezesseis Fatores de Personalidade foi desenvolvido por Cattell e colaboradores, em 1956, para a avaliação da personalidade normal de adolescentes e adultos. Existem inúmeras escalas de personalidade que foram elaboradas a partir da teoria psicológica que as fundamentam, definindo previamente os principais traços do indivíduo. O 16 PF, por sua vez, foi construído de forma inversa: inicialmente, por meio de pesquisas básicas e da análise fatorial, chegou-se aos traços fundamentais e estruturas da personalidade humana e, posteriormente, construiu-se um teste para avaliar dezesseis traços que abrangem toda a área da personalidade.

A análise fatorial, utilizada para a construção do 16 PF, é uma técnica estatística utilizada para a detecção de variáveis que, em conjunto, constituem uma ampla dominância. Cattell e colaboradores selecionaram 4.504 traços de personalidade encontrados em dicionários e na literatura psiquiátrica de língua inglesa. Com o auxílio de uma relação anterior de Allport e Odbert, reduziu-se esse número para 171. Utilizando a análise fatorial chegou-se, posteriormente, a quinze traços (fatores primários) aos quais acrescentou-se a inteligência. A análise fatorial também foi utilizada para chegar a cinco fatores globais da personalidade, a partir dos fatores primários. O teste também possui escalas para avaliar o Estilo de Resposta: Escala de Administração de Imagem (AI), Escala de Não Freqüência (NF) e Escala de Aquiescência (AQ) (Cunha *et al.*, 1993; Russel; Karol, 1999).

A padronização da quinta edição do 16 PF para a população brasileira foi realizada em 1998 com 1.152 estudantes, sendo quinhentos deles universitários. Entre suas inúmeras aplicações, tem sido utilizado para determinar os perfis ocupacionais de diferentes profissões. A sua confiabilidade (reprodutibilidade) e a sua validade (capacidade de medir aquilo que realmente se propõe a medir) foram comprovadas em inúmeros estudos realizados em diversos países (Cattell; Eber, 1997; Russel; Karol, 1999).

O 16 PF aborda 185 itens que constituem as escalas de dezesseis Fatores Primários de Personalidade e um índice de Administração da Imagem. Cada escala contém de dez a quinze itens que devem ser respondidos em sua totalidade, em torno de 50 minutos. Os resultados brutos, ao serem comparados com a amostra padrão, são transformados em estenos, que possuem como base uma escala de 10 pontos, com uma média de 5,5 e um desvio padrão de 2. Historicamente, os estenos entre 4 e 7 são considerados medianos; de 1 a 3 inferior à média e de 8 a 10 superior. Teoricamente, 68% da população apresentam uma pontuação dentro da faixa mediana, 16% encontra-se acima e 16% abaixo.

A maioria das escalas possui um erro padrão de medida (EPm) próximo a um ponto do resultado do esteno, o que confere um intervalo de confiança de 68%. Para um intervalo de confiança de 95%, a banda de resultados expande para mais ou para menos 2 pontos, ou seja, para o resultado de esteno 8, há 95% de chance de o examinando apresentar esteno entre 6 e 10. Isso ocorre pelo fato de as escalas serem pequenas, constituindo estimativas dos fatores de personalidade dos examinandos, o que requer cautela na interpretação de resultados que se encontram nos limites da média.

O teste é auto-administrável e possui três alternativas de resposta, sendo a alternativa do meio um ponto de interrogação. O examinando é orientado a responder todas as perguntas, com a primeira resposta que lhe vier à mente. A alternativa (?) deve ser assinalada quando as outras duas alternativas não forem adequadas. A descrição, de forma sintética, dos fatores globais, dos fatores primários e do Estilo de Resposta será feita a seguir (Cattell; Eber, 1997; Russel; Karol, 1999).

Fatores primários

FATOR A – EXPANSIVIDADE (Reservado x Expansivo)

FATOR B – INTELIGÊNCIA (Menos Inteligente x Mais Inteligente)

Optou-se por excluir o fator B desta pesquisa, dado que o grupo estudado é fruto de uma seleção cognitiva abrangente do exame vestibular.

FATOR C – ESTABILIDADE EMOCIONAL (Sensível às Impressões Afetivas x Emocionalmente Estável)

FATOR E – AFIRMAÇÃO (Humilde x Afirmativo)

FATOR F – PREOCUPAÇÃO (Sóbrio x Preocupado)

FATOR G – CONSCIÊNCIA (Evasivo x Consciencioso)

FATOR H – DESENVOLTURA (Acanhado x Desenvolto)

FATOR I – BRANDURA (Rígido x Brando)

FATOR L – Confiança (Confiante x Desconfiado)

FATOR M – IMAGINAÇÃO (Prático x Imaginoso)

FATOR N – REQUINTE (Genuíno x Requintado)

FATOR O – APREENSÃO (Plácido x Apreensivo)

FATOR Q1 – ABERTURA A MUDANÇAS (Conservador x Experimentador)

FATOR Q2 – AUTO-SUFICIÊNCIA (Dependente do Grupo x Auto-Suficiente)

FATOR Q3 – DISCIPLINA (Sem Autodisciplina x Controlado)
FATOR Q4 – TENSÃO (Fleumático x Tenso)

Fatores globais

Os cinco fatores globais são construídos por meio de equações, que utilizam os extremos de um conjunto de Escalas de Fatores Primários. Por exemplo, resultados altos em Expansividade (A+), Preocupação (F+) e Desenvoltura (H+) contribuem para a maior Extroversão (Fator I). O mesmo ocorre para resultados baixos em Requinte (N-) e em Auto-suficiência (Q2-). A maioria dos examinandos (78,6%) obtem resultados medianos nos fatores globais ou apresentam extremos em um ou dois fatores, enquanto que apenas 6% apresentam em quatro ou cinco deles.

Quando um examinando é, por exemplo, extrovertido em todas as escalas primárias que se relacionam com a extroversão, isto significa que ele se aproxima das pessoas, provavelmente, de forma consistente. Caso ele seja extrovertido em algumas escalas primárias relevantes e introvertido em outras, é provável que apresente conflito quanto aos lugares onde irá expressar a sua extroversão e quanto à forma como isso irá se dar. Quanto maior for o número de resultados extremos nos fatores globais, mais marcante é a expressão da personalidade.

FATOR I – Extroversão (Extrovertido x Introvertido)
FATOR II – Ansiedade (Ansioso x Impassível)
FATOR III – Rigidez do Pensamento (Rígido x Receptivo)
FATOR IV – Independência (Independente x Acomodado)
FATOR V – Autocontrole (Controlado x Descontrolado)

Estilo de Resposta

Escala de Administração da Imagem (AI)

A Escala de Administração de Imagem (AI) é uma escala de conveniência social, constituída de doze itens do questionário. Resultados altos podem refletir uma distorção das respostas por parte do examinando, que busca agradar o examinador e transmitir uma boa impressão, ou podem significar que o examinando realmente possa ter comportamento socialmente desejável. Percentis acima de 95 ou abaixo de 5 são considerados extremos e, nesses casos, pode-se considerar a re-testagem, se houver suspeita de distorção deliberada.

Escala de Não-Freqüência (NF)

A Escala de Não-Freqüência (NF) consiste de 32 itens do questionário, nos quais se avalia o número de respostas na alternativa b, ou seja [?], que representa a opção "dúvida" ou "não posso decidir". Percentis iguais ou superiores a 95 são considerados altos. Possíveis explicações para resultados altos em NF seriam respostas ao acaso, inabilidade para decidir, dificuldades de leitura ou tentativa de camuflar o que o examinando considera estar vendo em si mesmo.

Escala de Aquiescência (AQ)

A Escala de Aquiescência (AQ) mede a tendência para responder "verdadeiro" a um item, sem se importar com o seu conteúdo. A Escala consiste em 103 itens do questionário, sendo que percentuais iguais ou superiores a 95 são considerados altos. Uma pontuação alta em AQ pode significar uma incompreensão do conteúdo das perguntas, presença de respostas dadas de forma aleatória, dificuldades de escolher uma resposta Autodescritiva ou uma necessidade de aprovação.

Análise dos resultados

Questionário do perfil socioeconômico

Após a soma das respostas assinaladas em cada alternativa, pelos alunos do gênero masculino e do gênero feminino, foi feita a análise quantitativa da freqüência de respostas dos questionários socioeconômicos.

Entrevista semidirigida sobre a escolha da profissão

As respostas às perguntas abertas, da entrevista semidirigida, foram categorizadas com o intuito de possibilitar a comparação entre o grupo de alunos do gênero masculino com o do gênero feminino.

Teste de Apercepção Temática – TAT

As pranchas do TAT foram interpretadas pela psicóloga Marília Pereira Bueno Millan, possuidora de grande experiência clínica na área psicanalítica e de profundo conhecimento do teste. A análise foi inteiramente qualitativa, como propõe o autor do teste (Murray, 1995), e buscou comparar aspectos psicodinâmicos dos alunos do gênero masculino com alunos do gênero feminino.

Questionário de Dezesseis Fatores de Personalidade – 16 PF Quinta Edição

O 16 PF teve seus resultados apurados eletronicamente, por meio de um programa fornecido pelos editores.

Análise Estatística

Questionário do perfil socioeconômico

Realizou-se a soma das respostas do questionário do perfil socioeconômico e, quando necessário, a sua categorização. A seguir, aplicou-se o Teste χ^2 ou o Teste Exato de Fisher, para os casos indicados, com nível de significância de 5% ($\alpha = 0{,}05$).

Entrevista semidirigida sobre a escolha da profissão

Após a categorização das entrevistas, aplicou-se o Teste χ^2 ou o teste Exato de Fisher, para os casos indicados (tabelas que apresentam células com valores esperados menores do que cinco), com nível de significância de 5% ($\alpha = 0{,}05$).

Questionário de Dezesseis Fatores de Personalidade 16 PF Quinta Edição

Perfil geral dos fatores – comparação entre gêneros

O perfil geral dos fatores dos alunos do gênero masculino e do gênero feminino foi comparado, utilizando-se o coeficiente r_p de similaridade de perfis, proposto por Cattell e Eber (1997). O coeficiente r_p varia de -1,0 a +1,0, sendo que um r_p acima de 0,5 indica similaridade entre os dois grupos.

Resultados brutos e estenos de cada fator – comparação entre gêneros

Para a comparação dos resultados brutos e dos estenos de cada fator primário, dos estenos dos fatores globais e dos percentis do Estilo de Resposta dos alunos do gênero masculino e do gênero feminino utilizou-se o teste, não paramétrico, Mann-Whitney, com nível de significância de 5% ($\alpha = 0,05$).

Estenos nos extremos superiores e inferiores – comparação entre gêneros

Verificou-se o número de alunos do gênero masculino e do gênero feminino que se encontravam fora dos limites de estenos entre 4 e 7, considerados normais para a população brasileira, e aplicou-se o teste χ^2, com nível de significância de 5% ($\alpha = 0,05$), e o Teste Exato de Fisher, para os casos indicados (tabelas que apresentaram células com valores esperados menores do que cinco).

Os testes estatísticos foram executados por *software* SPSS, versão 10.1, em microcomputador com sistema Windows.

Avaliação do projeto e aspectos éticos

O projeto desta pesquisa foi submetido à avaliação da Comissão de Ética para a Análise de Projetos de Pesquisa do Hospital das Clínicas e da FMUSP (CAPPesq), tendo sido aprovado sem nenhuma modificação, (protocolo nº 746.98). Em cada fase da pesquisa os alunos assinaram um documento onde tornaram explícita a sua concordância em participar do projeto.

Resultados

Questionário do perfil socioeconômico

A faixa etária dos dois grupos que participaram da pesquisa é idêntica, com prevalência maior de alunos entre 18 e 19 anos (p = 1).Quanto à raça, não houve diferença significativa, entre os dois grupos estudados, do ponto de vista estatístico ($p = 0{,}411$), com predomínio de estudantes da raça branca (76,66%), vindo a seguir a raça amarela (21,66%) e, por último, a raça negra, com apenas um aluno (1,66%).

Todos os alunos que participaram do estudo eram solteiros e de nacionalidade brasileira. A maior parte deles era natural da cidade de São Paulo (46), vindo a seguir os que nasceram no interior (11) e no litoral do Estado (3), sendo que apenas dois alunos eram naturais de outro Estado (Minas Gerais).

Um número expressivo de alunos (30%) referiu não seguir nenhuma religião, sem diferença significativa entre os gêneros (p = 0,573). Entre os que seguiam (70%), houve predomínio da religião católica (34), seguida de longe pela religião espírita (5) e por outras religiões (3), sendo que não houve diferença significativa, do ponto de vista estatístico, entre os dois grupos ($p = 0{,}832$).

A grande maioria dos pais (80% - $p = 0{,}33$) e das mães (81,66% - $p = 0{,}506$) dos alunos possui curso superior, sendo que 25% dos pais ($p = 0{,}765$) e 8,33% das mães ($p = 0{,}353$) são médicos. Não houve diferença significativa, do ponto de vista estatístico, entre os dois grupos. A presença de médicos na família dos alunos é marcante (63,33%), com distribuição idêntica entre os gêneros ($p = 1$).

A maior parte dos alunos cursou integralmente o ensino fundamental (83,33%) e o ensino médio (93,33%) em escola particular, sendo que somente um aluno (1,66%) estudou apenas em escola pública ($p = 0,495$). A maioria dos alunos fez cursinho preparatório para o vestibular ($p = 0,600$), sendo que apenas 26,66% do grupo foram aprovados na primeira tentativa para entrar na Faculdade, enquanto que 41,66% tentaram duas vezes e 31,66%, três ou mais vezes ($p = 0,702$). Apenas três alunos cursaram outro curso superior antes de prestar o vestibular para medicina ($p = 0,554$). Em todos esses quesitos não houve diferença significativa entre os gêneros, do ponto de vista estatístico.

A renda familiar de 66,66% dos alunos é acima de vinte salários mínimos, 30% recebem de dez a vinte salários e 1,66% de cinco a dez ou de dois a cinco salários ($p = 0,508$). O pai é o principal provedor de 75% das famílias ($p = 0,600$) e 96,66% dos alunos não exercem qualquer atividade remunerada ($p = 0,355$), sendo que 81,66% não pretendem trabalhar durante o curso médico ($p = 0,475$) e 76,66% esperam continuar morando com a família ($p = 0,361$). Não houve diferença significativa, do ponto de vista estatístico, entre os dois grupos em nenhum desses quesitos.

Finalizando a apresentação dos resultados do perfil socioeconômico, chama a atenção o fato de não ter sido encontrada diferença significativa, do ponto de vista estatístico, em nenhum dos aspectos estudados.

Entrevista

Os alunos selecionados para a segunda fase da pesquisa foram convocados por carta para comparecer à entrevista de rotina do grupo de Assistência Psicológica ao aluno da Faculdade de Medicina da Universidade de São Paulo – GRAPAL.

Pessoalmente, perguntou-se então aos alunos se tinham disponibilidade para participar de uma entrevista e para realizar dois testes psicológicos. Ao contrário da primeira fase da pesquisa, quando todos responderam o questionário do perfil socioeconômico, aqui onze alunos recusaram-se a participar do estudo, sendo sete deles do gênero masculino e quatro do gênero feminino. Para alunos de ambos os gêneros, a justificativa mais comum foi a escassez de tempo, o receio de faltar à aula e o desejo de ir treinar algum esporte na Atlética. Alguns mostraram-se explicitamente temerosos com o fato de que iriam se expor nos testes psicológicos.

As entrevistas transcorreram em um clima de muita cooperação, sendo que, em geral, as respostas foram dadas prontamente, com exceção da pergunta sobre os atributos considerados necessários para que alguém seja um bom médico, quando houve um período de latência maior para a resposta. Em poucas ocasiões foi necessária a intervenção do entrevistador para esclarecer alguma dúvida e, em geral, os alunos apresentaram-se descontraídos.

Quanto ao momento da escolha pela medicina, chama a atenção o grande número de alunos (40%) que optou definitivamente pela carreira médica durante o ensino fundamental, principalmente nos quatro primeiros anos, uma decisão ligada predominante a aspectos afetivos. Por sua vez, 51,66% dos alunos decidiram ser médicos durante o ensino médio, período em que os aspectos racionais já estão presentes, sendo que apenas 8,33% optaram tardiamente, no transcorrer do cursinho preparatório para o vestibular. Não houve diferença significativa, do ponto de vista estatístico, entre os dois grupos, o altruísmo destacou-se como a principal motivação consciente para a escolha da medicina, com quarenta respostas, vindo a seguir a curiosidade e o interesse intelectual (23), o interesse pela relação humana (15), a influência de terceiros (9), o perfil da profissão (7), o tipo e local de trabalho (2) e, por último, o retorno financeiro, com apenas uma resposta. Não houve diferença, do ponto de vista estatístico, entre os dois grupos (Tabelas 1 e 2).

TABELA 1 – Motivações conscientes para a escolha da medicina, segundo gênero.

MOTIVAÇÕES CONSCIENTES	NÚMERO DE ALUNOS DO GÊNERO MASCULINO	NÚMERO DE ALUNOS DO GÊNERO FEMININO	TOTAL	P
ALTRUÍSMO	19	21	40	0,78
CURIOSIDADE E INTERESSE INTELECTUAL	11	12	23	1,00
INTERESSE PELA RELAÇÃO HUMANA	5	10	15	0,23
INFLUÊNCIA DE TERCEIROS	9	4	13	0,21
PERFIL DA PROFISSÃO	4	3	7	1,00
TIPO E LOCAL DE TRABALHO	1	1	2	1,00
RETORNO FINANCEIRO	1	0	1	1,00

TABELA 2 – Respostas categorizadas como altruísmo como motivação consciente para a escolha da medicina, segundo gênero.

RESPOSTAS	GÊNERO MASCULINO	GÊNERO FEMININO	TOTAL
AJUDAR AS PESSOAS	19	19	38
AJUDAR AS PESSOAS CARENTES	3	-	3
SALVAR PESSOAS DA MORTE	1	1	2
ALIVIAR A DOR DAS PESSOAS	1	-	1
SENTIR-SE ÚTIL POR AJUDAR OS OUTROS	1	-	1
PROPORCIONAR O BEM-ESTAR DOS OUTROS	-	1	1

A grande maioria dos alunos (93,33%) procurou obter informações acerca da profissão médica antes do exame vestibular. A distribuição de respostas entre os dois grupos foi idêntica, sendo que as fontes de informação utilizadas foram: médicos (47), visita a faculdades (15), palestras (14), mídia (9), livros e manuais (4), acompanhamento a consultas ou a cirurgias (3), orientação vocacional (3), aluno de medicina (1) e Internet (1).

Cerca de 1/3 dos alunos, de ambos os gêneros, cogitou inscrever-se em uma área não médica no exame vestibular. Um número significativamente maior, do ponto de vista estatístico, de alunos do gênero masculino se identificou com alguém para a escolha da profissão médica ($p = 0{,}02$). Parentes médicos foram os mais citados como modelos de identificação, com dezenove respostas, seguidos por médicos da família (7), por amigos médicos (5) e pelo personagem de cinema Patch Adams (1).

Não é raro que futuros alunos de medicina, de ambos os gêneros, sejam desencorajados a optar por essa área de forma quase idêntica. Os alunos foram desencorajados com maior freqüência pela mãe e por amigos (5), vindo a seguir os parentes (4), irmãos e pai (3), o médico da família (2), o namorado e o amigo médico (1). A grande maioria dos alunos (76,66%), sem diferença significativa entre os gêneros, relatou que, ao entrar na faculdade, pensou em fazer alguma especialidade (Tabela 3). As áreas cognitivas aparecem em primeiro lugar com 39 respostas, seguidas pelas técnico-cirúrgicas (25), pelas intermediárias (20), e pelas tecnológicas e burocráticas (5).

TABELA 3 – Especialidades que primeiranistas cogitaram escolher, segundo gênero.

ESPECIALIDADE*	GÊNERO MASCULINO	GÊNERO FEMININO	TOTAL
PEDIATRIA (A)	5	9	14
PSIQUIATRIA (A)	5	3	8
CIRURGIA (B)	6	2	8
NEUROCIRURGIA (B)	2	3	5
CARDIOLOGIA (A)	3	2	5
GINECOLOGIA-OBSTETRÍCIA (C)	1	3	4
CIRURGIA PLÁSTICA (B)	3	2	5
ONCOLOGIA (C)	2	1	3
ORTOPEDIA (C)	3	-	-
CLÍNICA GERAL (A)	1	3	4
OFTALMOLOGIA (C)	1	2	3
DERMATOLOGIA (C)	1	2	3
IMAGINOLOGIA (D)	2	-	2
PESQUISA (D)	2	-	2
NEUROLOGIA (A)	1	1	2
CIRURGIA CARDÍACA (B)	1	1	2
TERAPIA INTENSIVA (C)	1	-	1
CIRURGIA ONCOLÓGICA (B)	2	-	2
IMUNOLOGIA CLÍNICA (A)	1	-	1
Medicina ESPORTIVA (A)	1	-	1
GASTROENTEROLOGIA (C)	1	1	2
CIRURGIA DO APARELHO DIGESTIVO (A)	1	-	1
NEONATOLOGIA (A)	-	1	1
CIRURGIA DO TRAUMA (B)	-	2	2
GERIATRIA (A)	-	1	1
INFECTOLOGIA (A)	-	1	1
ORTOPEDIA PEDIÁTRICA (C)	-	1	1
OTORRINOLARINGOLOGIA (C)	-	1	1
Medicina LEGAL (D)	-	1	1
CIRURGIA-TRANSPLANTES	-	1	1

*A = áreas cognitivas; B = áreas técnico-cirúrgicas; C = áreas intermediárias; D = áreas tecnológicas e burocráticas

Apenas 10% dos alunos possuem uma imagem favorável da profissão médica atual, enquanto que 35% acreditam que aspectos desfavoráveis coexistem com outros que são favoráveis, sendo que para a maior parte dos alunos (55%) há apenas aspectos desfavoráveis. Os estudantes do gênero feminino tendem a ter uma imagem mais desfavorável da profissão, porém não houve diferença significativa, do ponto de vista estatístico, entre os dois grupos.

TABELA 4 *– Respostas referentes à imagem da profissão médica nos dias de hoje, segundo gênero.*

OPINIÃO QUANTO À PROFISSÃO	GÊNERO MASCULINO	GÊNERO FEMININO	TOTAL
BAIXA REMUNERAÇÃO	13	22	35
FALTA DE TEMPO	3	11	14
FALTA DE RECONHECIMENTO	7	5	12
MERCADO DE TRABALHO RUIM	5	6	11
FORMAÇÃO DEFICIENTE	3	7	10
MÁS CONDIÇÕES DE TRABALHO	3	6	9
MERCADO DE TRABALHO BOM	6	1	7
DIFICULDADES NA RELAÇÃO MÉDICO-PACIENTE	3	3	6
ÁREA SOCIAL PRECÁRIA	3	2	5
AMBIENTE DE TRABALHO RUIM (COMPETIÇÃO E POLÍTICA)	2	2	4
ESTRESSANTE	2	2	4
PROFISSÃO GRATIFICANTE	2	2	4
ALGUNS MÉDICOS FAZEM COMÉRCIO	1	2	3
Medicina DESUMANIZADA	3	-	3
ALGUNS MÉDICOS NÃO SÃO ÉTICOS	1	1	2
EXCESSO DE ESPECIALISTAS	1	1	2
MUITA RESPONSABILIDADE	2	1	3
TECNOLOGIA AVANÇADA	1	-	1
OS MÉDICOS SÃO UNIDOS	1	-	1
HÁ POUCO PREPARO PSICOLÓGICO	1	-	1
OS MÉDICOS SÃO VALORIZADOS	-	1	1
PROFISSÃO QUE AJUDA AS PESSOAS	1	-	1
PROFISSÃO DE IMPORTÂNCIA SOCIAL	1	-	1
O MÉDICO É PEDANTE	1	-	1

Observa-se na Tabela 5 que as expectativas do futuro profissional dos alunos de ambos os gêneros são otimistas.

TABELA 5 – Respostas dadas quanto às expectativas do futuro profissional, segundo gênero.

EXPECTATIVAS	GÊNERO MASCULINO	GÊNERO FEMININO	TOTAL
REALIZAR-SE PESSOALMENTE	17	6	23
TER BRABALHO	7	8	15
TER UMA REMUNERAÇÃO JUSTA	12	2	14
TRABALHAR EM HOSPITAL	6	4	10
SER UM BOM PROFISSIONAL	4	6	10
TRABALHAR EM CONSULTÓRIO	5	4	9
OBTER A GRATIDÃO DOS PACIENTES	2	4	6
APERFEIÇOAR-SE	4	2	6
TER UMA ATUAÇÃO SOCIAL	3	2	5
SER RESPEITADO PELOS MÉDICOS	3	-	3
TRABALHAR NO INTERIOR	1	2	3
ESTAR BEM COM A FAMÍLIA	2	1	3
AS MÉDICAS ENFRENTAM PRECONCEITOS	-	2	2
NÃO PENSAM NO FUTURO	1	1	2
FAZER CARREIRA ACADÊMICA	1	1	2
SER PROFISSIONAL LIBERAL	1	1	2
SER PESQUISADOR	-	2	2
TRABALHAR NO HOSPITAL DAS CLÍNICAS	-	2	2
VER O PACIENTE COMO UMA PESSOA E NÃO COMO UMA DOENÇA	-	1	1
SABER ADMINISTRAR O TEMPO	-	1	1
SABER MUITO SOBRE UM ASSUNTO	1	-	1
TER VISÃO GERAL DA MEDICINA	1	-	1
SER CIRURGIÃO	-	1	1
ENTRAR PARA A CRUZ VERMELHA	1	-	1
FAZER O MELHOR QUE PUDER PELO PACIENTE	-	1	1
TER UMA CLÍNICA	-	1	1

Ao serem indagados quanto às dificuldades que esperam encontrar no transcorrer do curso, estudantes de ambos os gêneros responderam que temiam, em primeiro lugar, a falta de tempo, pelo fato do curso ser muito absorvente. Em seguida aparece a relação com os pacientes, o excesso de matéria, dificuldades de estudo, *o stress,* o exame de residência, a falta de didática dos professores e a escolha da especialidade, entre outras. Um aluno do gênero masculino respondeu que espera não ter nenhuma dificuldade .

A grande maioria dos alunos acredita que a profissão médica irá interferir em sua vida privada, sendo que a distribuição entre os gêneros é idêntica. Os motivos de interferência citados foram a falta de tempo (59 respostas), a relação médico-paciente (11), o isolamento social (8), o horário desregrado (7), a visão diferente de mundo (4), a necessidade de ter compostura (2), a demora para ter filhos (2) e o desgaste pela profissão (1).

Apenas quatro alunos responderam que não gostariam de se casar com alguém da mesma profissão, todos eles do gênero masculino. Porém, para a grande maioria dos alunos (71,66%) seria indiferente o fato de seu cônjuge ser médico, enquanto que 21,66% dos estudantes responderam que gostariam de se casar com um ou com uma colega de profissão. Apesar da diversidade de respostas entre os dois grupos, não houve diferença significativa, do ponto de vista estatístico. Os motivos mais citados para justificar o desejo de se casar com alguém da mesma profissão foram: ter maior compreensão mútua, ter mais assunto para conversar, ter um nível cultural semelhante e ter maior companheirismo. As razões citadas contra foram: "o perfil das minhas colegas não combina comigo... Sou competitivo, ambicioso e individualista"; "quero ter outros assuntos além da medicina..."; "os dois estariam muito ausentes e os filhos ficariam carentes"; "quero conhecer um mundo diferente".

Durante a entrevista, solicitou-se aos alunos para que descrevessem cinco atributos necessários para que alguém seja um bom médico. As características de personalidade aparecem em primeiro lugar, como resposta dada por 91,66% dos alunos, seguidas pela habilitação profissional (80%), pela relação médico-paciente (60,0%), pelo fato de gostar da profissão (30%) e de ser feliz (1,66%). Não houve diferença significativa, do ponto de vista estatístico, entre os dois grupos, e todos os alunos acreditam que, potencialmente, possuem esses atributos (Tabelas 6, 7 e 8).

TABELA 6 – Respostas categorizadas como características de personalidade necessárias para que alguém seja um bom médico, segundo gênero.

CARACTERÍSTICAS DE PERSONALIDADE	GÊNERO MASCULINO	GÊNERO FEMININO	TOTAL
ALTRUISMO	29	25	54
SER UMA PESSOA HUMANA	7	5	12
SER ESFORÇADO	6	3	9
RESPONSABILIDADE	2	6	8
HUMILDADE	2	5	7
PACIÊNCIA	2	3	5
HONESTIDADE	1	4	5
ABERTURA PARA NOVOS CONHECIMENTOS	2	2	4
GOSTAR DO SER HUMANO	2	2	4
SENSIBILIDADE	-	4	4
NÃO TER PRECONCEITOS	3	-	3
ÉTICA	2	1	3
SEGURANÇA	3	-	3
CALMA	2	-	2
PRUDÊNCIA	1	1	2
DAR VALOR À VIDA	2	-	2
ESTABILIDADE EMOCIONAL	1	1	2
SABER TRABALHAR EM EQUIPE	1	1	2
CORAGEM	1	1	2
COMUNICABILDADE	-	2	2
CAPACIDADE DE OBSERVAÇÃO	1	-	1
CORDIALIDADE	1	-	1
SENSATEZ	1	-	1
DISCIPLINA	-	1	1
TER A CONSCIÊNCIA QUE LIDA COM A VIDA	1	-	1
PONDERAÇÃO	1	-	1
CAPACIDADE PARA ENFRENTAR SITUAÇÕES DIFÍCEIS	-	1	1
FIRMEZA	-	1	1
ABERTURA PARA TROCA DE IDÉIAS	-	1	1
SABER ADMINISTRAR O TEMPO	-	1	1
PRAGMATISMO	-	1	1
CAPACIDADE PARA LIDAR COM INCERTEZAS	-	1	1
CAPACIDADE PARA RECONHECER OS PRÓPRIOS LIMITES	-	1	1
SINCERIDADE	-	1	1

TABELA 7 – Respostas categorizadas como boa relação com o paciente, como característica necessária para que alguém seja um bom médico, segundo gênero

RESPOSTAS	GÊNERO MASCULINO	GÊNERO FEMININO	TOTAL
BOA RELAÇÃO COM O PACIENTE	14	11	25
SER ATENCIOSO COM O PACIENTE	3	4	7
TRANSMITIR CONFIANÇA AO PACIENTE	6	1	7
RESPEITAR O PACIENTE	1	1	2
SABER OUVIR O PACIENTE	-	2	2
INTERESSE PELA INDIVIDUALIDADE DO PACIENTE	-	1	1
SABER CONVENCER O PACIENTE A SE TRATAR	-	1	1
TRATAR O PACIENTE COMO PESSOA E NÃO COMO DOENÇA	-	1	1
NÃO SE ENVOLVER DEMAIS COM O PACIENTE	-	1	1
SABER LIDAR COM DIFERENTES TIPOS DE PACIENTE	-	1	1
COLOCAR-SE NO MESMO NÍVEL QUE O PACIENTE	-	1	1
VER O PACIENTE COMO UM TODO	-	1	1
EXPLICAR A DOENÇA E A CONDUTA AO PACIENTE	-	1	1
COMPREENDER PSICOLOGICAMENTE O PACIENTE	-	1	1
SABER INTERPRETAR O QUE O PACIENTE DIZ	1	-	1
TER EMPATIA COM O PACIENTE	1	-	1
SER UM EXEMPLO PARA O PACIENTE SEM SER PERFEITO	1	-	1
ACOMPANHAR O PACIENTE ATÉ O FIM	1	-	1

TABELA 8 – Respostas categorizadas como habilitação profissional para que alguém seja um bom médico, segundo gênero.

HABILITAÇÃO PROFISSIONAL	GÊNERO MASCULINO	GÊNERO FEMININO	TOTAL
CONHECIMENTO	11	14	25
COMPETÊNCIA	10	10	20
ESTAR SEMPRE ATUALIZADO	4	11	15
HABILIDADE	3	1	4
EXPERIÊNCIA	2	-	2
BOA FORMAÇÃO	2	-	2
INTELIGÊNCIA	1	-	1
BOM RACIOCÍNIO	1	-	1
PENSAMENTO ÁGIL	1	-	1
CAPACIDADE DE APRENDIZAGEM	1	-	1

Dos 55 alunos que haviam apontado as características de personalidade como um atributo necessário para que alguém seja um bom médico, 44 acreditam que se trata de algo que não pode ser ensinado; dos 48 que apontaram a habilitação profissional, doze acreditam que não pode ser ensinada; dos 36 que apontaram a boa relação com o paciente, dez acreditam que não pode ser ensinada; finalmente, o único aluno que respondeu ser feliz, acredita que tal estado de espírito não pode ser ensinado. Aqui, a análise estatística buscou verificar o número de alunos que lembra determinado atributo como algo que não pode ser ensinado e, a seguir, foi feita uma comparação entre gêneros, na qual não foi encontrada diferença significativa.

Finalizando os resultados da entrevista, a habilitação profissional aparece em primeiro lugar, para ambos os gêneros, como o objetivo que se deve encontrar para ser um médico de sucesso, com 41 respostas, seguida das características de personalidade (19). A seguir, com um número de respostas significativamente maior, do ponto de vista estatístico, para os alunos do gênero feminino, aparece o fato de o médico gostar da profissão (18) e estabelecer uma boa relação com seu paciente (17), com *p* de 0,005 e 0,045, respectivamente. Por sua vez, um número significativamente maior de alunos do gênero masculino considera que a realização econômica é um parâmetro de sucesso na profissão médica ($p = 0{,}028$). A estabilidade na vida social e pessoal, com quatro respostas, e o exercício de atividades científicas, com apenas uma resposta, vieram a seguir, sem diferença de gênero.

Sumarizando os resultados da entrevista, conclui-se que, para a maior parte das perguntas, não houve diferença significativa entre os dois grupos estudados. As pequenas diferenças encontradas mostram que os alunos do gênero masculino identificaram-se mais com outras pessoas para a escolha da profissão médica, quando comparados com estudantes do gênero feminino. Além disso, deram menor número de respostas ligadas a aspectos humanísticos da medicina quando foi perguntado o que se deve alcançar para ser um médico de sucesso, dando maior destaque à realização econômica.

16 PF

Análise do perfil geral dos fatores primários

O perfil geral dos fatores primários dos alunos do gênero masculino assemelha-se ao perfil dos alunos do gênero feminino, $r_P = 0{,}85$, de acordo com o método estatístico proposto pelos autores do teste.

Análise dos escores brutos e dos estenos de cada fator primário

A Tabela 9 mostra o resumo dos resultados obtidos por gênero para cada fator primário de personalidade. Os fatores que apresentam diferenças estatisticamente significativas serão apresentados a seguir.

FATOR I – BRANDURA (Rígido x Brando)

Estudantes do gênero feminino apresentam resultados superiores aos dos alunos do gênero masculino no fator I (Brandura), o que significa que tendem a ser sensíveis, delicados, sofredores, artistas, refinados, sentimentais, confiantes na empatia, caprichosos, femininos, exigentes, impacientes, dependentes e sem senso prático. Além disso, reclamam por atenção e auxílio, não toleram pessoas rudes e ocupações grosseiras, tendem a estorvar o desempenho de grupos e a perturbar-lhes o moral com problemas frívolos e irreais. Os alunos do gênero masculino mostram uma tendência a serem práticos, realistas, masculinos, independentes, responsáveis, céticos diante de questões culturais e subjetivas, firmes, durões, cínicos e convencidos. Preocupam-se principalmente com a objetividade e apresentam um enfoque mais utilitário, levando em segundo plano os sentimentos das pessoas, o que pode trazer problemas diante de situações que exigem sensibilidade.

FATOR M – IMAGINAÇÃO (Prático x Imaginoso)

Os alunos do gênero masculino apresentam resultados superiores aos dos alunos do gênero feminino no fator M (Imaginação), o que significa que tendem a ser informais, desinteressados dos problemas corriqueiros do cotidiano, boêmios, criativos, com grande imaginação, subjetivos, interessados no que é "essencial", individualistas, envolvidos em seus pensamentos, além de perderem coisas, esquecerem do tempo e ignorarem os detalhes práticos, por estarem tão interessados em pensar em suas idéias. Por sua vez, estudantes do gênero feminino tendem a fazer corretamente o que é prático e exeqüível, preocupam-se com detalhes, permanecem tranqüilos em situações de emergência, carecem de imaginação, são concretos e com "os pés no chão".

FATOR Q2 – AUTO-SUFICIÊNCIA (Dependente do Grupo x Auto-Suficiente)

Os alunos do gênero masculino apresentam resultados brutos superiores aos alunos do gênero feminino no Fator Q2 (Auto-Suficiência). Não houve, porém, diferença significativa dos estenos entre os dois grupos. Esses resultados apontam para uma possível tendência de os alunos do gênero masculino seguirem seu próprio caminho e não necessitarem de apoio e aprovação. Por sua vez, estudantes do gênero feminino apresentam uma possível tendência para trabalhar e tomar decisões com outras pessoas, por necessitar de aprovação social e da admiração de quem os cerca.

Não houve diferença significativa, do ponto de vista estatístico, quanto aos outros fatores, entre os alunos do gênero masculino e do gênero feminino.

TABELA 9 *– Somatório das posições dos escores brutos e estenos dos fatores primários do 16 PF, segundo gênero. (Teste de Mann-Whitney, com $\alpha = 0,05$; * diferença significativa)*

FATORES PRIMÁRIOS	SOMATÓRIO DAS POSIÇÕES DOS ESCORES BRUTOS GÊNERO MASCULINO	SOMATÓRIO DAS POSIÇÕES DOS ESCORES BRUTOS GÊNERO FEMININO	P	SOMATÓRIO DAS POSIÇÕES DOS ESTENOS GÊNERO MASCULINO	SOMATÓRIO DAS POSIÇÕES DOS ESTENOS GÊNERO FEMININO	P
A – EXPANSIVIDADE	884,00	946,00	0,645	883,00	947,00	0,630
C – ESTABILIDADE EMOCIONAL	933,00	897,00	0,789	933,50	896,50	0,782
E – AFIRMAÇÃO	996,50	833,50	0,226	980,00	850,00	0,328
F – PREOCUPAÇÃO	906,00	924,00	0,894	899,00	931,00	0,810
G – CONSCIÊNCIA	816,50	1013,50	0,143	831,00	993,00	0,205
H – DESENVOLTURA	969,00	861,00	0,424	982,00	848,00	0,316
I – BRANDURA	594,50	1235,50	<0,0001*	617,50	1212,50	<0,0001*
L – CONFIANÇA	975,00	855,00	0,371	979,50	850,50	0,331
M – IMAGINAÇÃO	1107,50	722,50	0,004*	1100,00	730,00	0,005*
N – REQUINTE	965,00	865	0,459	971,50	858,50	0,396
O – APREENSÃO	895,50	934,50	0,772	897,50	932,50	0,794
Q_1 – ABERTURA A MUDANÇAS	976,00	854,00	0,365	973,00	857,00	0,384
Q_2 – AUTO-SUFICIÊNCIA	1073,50	756,50	0,018*	1040,00	790,00	0,056
Q_3 – DISCIPLINA	858,00	972,00	0,397	850,00	980,00	0,329
Q_4 – TENSÃO	942,00	887,50	0,683	961,50	868,50	0,481

Análise dos estenos de cada fator global

Não houve diferença significativa, do ponto de vista estatístico, quanto aos fatores globais, entre os alunos do gênero masculino e do gênero feminino, conforme mostra a Tabela 10.

TABELA 10 *– Somatório das posições dos estenos dos fatores globais do 16 PF, segundo gênero. (Teste de Mann-Whitney, com* $\alpha = 0,50$*)*

FATORES GLOBAIS	SOMATÓRIO DAS POSIÇÕES DOS ESTENOS GÊNERO MASCULINO	SOMATÓRIO DAS POSIÇÕES DOS ESTENOS GÊNERO FEMININO	P
I - EXTROVERSÃO	852,50	977,50	0,347
II - ANSIEDADE	942,00	888,00	0,687
III - RIGIDEZ DE PENSAMENTO	982.50	847,50	0,310
IV - INDEPENDÊNCIA	792,00	1038,00	0,165
V - AUTO-CONTROLE	1007,00	823.00	0,062

Análise dos percentis do Estilo de Resposta

A Tabela 11 mostra os resultados obtidos por gênero para o Estilo de Resposta. Os alunos do gênero masculino apresentaram resultados superiores ao dos alunos do gênero feminino quanto ao estilo de respostas AQ (Aquiescência) ou seja, tendem a responder verdadeiro a um item, sem se importar com o seu conteúdo, com maior freqüência. Não houve diferença significativa na Escala de Administração de Imagem (AI) e na Escala de Não-Freqüência (NF).

*TABELA 11 – Somatório das posições dos percentis do estilo de resposta do 16 PF, segundo gênero. (Teste de Mann-Whitney, com α = 0,05; *diferença significativa)*

ESTILO DE RESPOSTA	SOMATÓRIO DAS POSIÇÕES DOS PERCENTIS - GÊNERO MASCULINO	SOMATÓRIO DAS POSIÇÕES DOS PERCENTIS - GÊNERO FEMININO	P
AI – ESCALA DE ADMINISTRAÇÃO DE IMAGEM	806,00	1024,00	0,106
NF – ESCALA DE NÃO-FREQÜÊNCIA	926,50	903,50	0,863
AQ – ESCALA DEAQUIESCÊNCIA	1068,50	761,50	0,023*

Análise da classificação, por gênero, dos fatores primários de personalidade

O esteno de cada fator de personalidade é classificado, de acordo com o autor do teste, em três categorias a saber:

- Abaixo de população de referências, < 4.
- Dentro da mediana da população de referência, de 4 a 7.
- Acima da população de referência, > 7.

A Tabela 12 descreve, resumidamente, os resultados dessa categorização, por gênero, utilizando o teste de c^2 ou o Teste Exato de Fisher, para testar diferença entre os grupos.

Destacam-se, a seguir, os fatores primários que apresentaram diferença significativa do ponto de vista estatístico, nessa tabela.

FATOR I – BRANDURA (Rígido x Brando)

Há mais alunos do gênero masculino nos extremos inferiores (< 4) do Fator I (I-, Prático), do que estudantes do gênero feminino, concordando com a diferença revelada no item *6.1.2*. Chama a atenção o fato de não haver nenhum aluno do gênero masculino no extremo superior (> 7).

FATOR L – CONFIANÇA (Confiante x Desconfiado)

Há mais estudantes do gênero feminino nos extremos inferiores (< 4) do Fator L (L-, Confiante) e tendem, portanto, a ser alegres, leais, esperam dos outros um tratamento justo de boas intenções, possuem senso de bem-estar, preocupam-se com os outros e estabelecem relacionamentos satisfatórios. Chama a atenção o fato de não haver nenhum estudante do gênero feminino no extremo superior (> 7).

*TABELA 12 – Número de alunos classificados por classe de esteno, para cada fator primário, segundo gênero. (Teste χ^2 ou Teste Exato de Fisher, com α = 0,05; *diferença significativa)*

FATOR	CLASSE ESTENO <4		4 a 7		>7		*P*
	Gênero Masc	Gênero Fem	Gênero Masc	Gênero Fem	Gênero Masc	Gênero Fem	
A – Expansividade	6	4	22	23	2	3	0.825
C – Estabilidade Emocional	4	9	20	17	6	4	0.227
E – Afirmação	6	9	23	21	1	0	0.552
F – Preocupação	6	3	17	22	7	5	0.418
G – Consciência	7	4	20	23	3	3	0.600
H – Desenvoltura	4	7	20	18	6	5	0.602
I – Brandura	11	1	19	27	0	2	0.010*
L – Confiança	5	13	23	17	2	0	0.029*
M – Imaginação	2	4	21	24	7	2	0.147
N–Requinte	5	7	19	19	6	4	0.693
O–Apreensão	4	2	15	18	11	10	0.653
Q1–Abertura a mudanças	2	3	14	17	14	10	0.624
Q2–Auto-Suficiência	6	8	20	21	4	1	0.361
Q3–Disciplina	13	10	15	17	2	3	0.733
Q4–Tensão	6	5	17	23	7	2	0.136
I–Extroversão	3	4	22	21	5	5	1.000
II–Ansiedade	7	5	15	20	8	5	0.419
III–Rigidez de Pensamento	4	5	23	24	3	1	0.794
IV–Independência	4	8	24	20	2	2	0.407
V–Autocontrole	10	5	19	22	1	3	0.255

Perfil da média dos estenos dos fatores primários dos alunos do gênero masculino e do gênero feminino, em comparação com amostra da população brasileira

A Tabela 13 mostra a média dos resultados dos itens dos fatores primários dos alunos do gênero masculino e do gênero feminino. O teste 16 PF propõe uma representação gráfica para descrever o perfil do indivíduo ou do grupo, com o intuito de compará-lo com a população de referência ou com outros grupos (gráfico 3).

TABELA 13 – *Média dos estenos dos fatores primários, segundo gênero.*

FATOR PRIMÁRIO	GÊNERO MASCULINO	GÊNERO FEMININO
A	5,33	5,53
C	5,47	5,40
E	5,13	4,63
F	5,68	5,70
G	4,77	5,80
H	5,97	5,57
I	4,03	6,10
L	4,77	4,30
M	6,53	5,17
N	5,53	5,00
O	6,40	6,63
Q1	7,03	6,73
Q2	5,53	4,70
Q3	3,97	4,40
Q4	5,83	5,33

Gráfico 3. *Média dos estenos dos fatores primários, segundo gênero.*

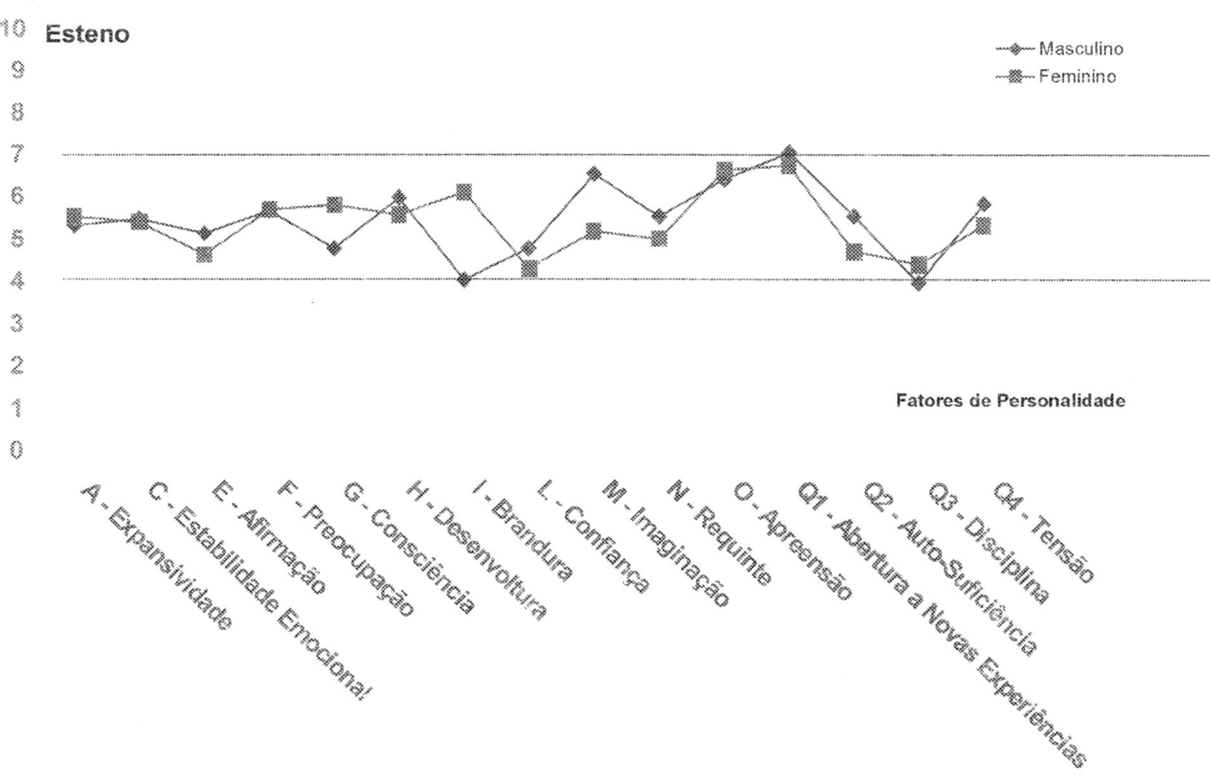

Serão discutidos a seguir, os fatores que apresentam médias abaixo ou acima da população de referência.

FATOR Q1 – ABERTURA A MUDANÇAS (Conservador x Experimentador)

Os alunos do gênero masculino apresentam perfil com resultado acima do limite superior da população brasileira em Q1. Por apresentarem esse perfil (Q1+, Experimentador), tendem a pensar em formas novas e melhores de fazer as coisas, gostam de quem expressa pontos de vista diferentes e se aborrecem com o trabalho que é familiar e rotineiro. Costumam interessar-se por assuntos de ordem intelectual e são capazes de criticar e levantar dúvidas relativamente a conceitos básicos, submetendo à crítica conceitos fundamentais. Céticos e inquiridores, tendem a ser pouco moralizadores e mais tolerantes com as inconveniências da vida. Chama a atenção o fato de que as alunas apresentam-se próximas do limite superior.

FATOR Q3 – DISCIPLINA (Sem Autodisciplina x Controlado)

Os alunos do gênero masculino apresentam perfil com resultado abaixo do limite inferior da população brasileira em Q3 (Q3, Sem Autodisciplina). Tendem, portanto, a deixar as coisas à própria sorte e sentem-se à vontade em ambientes desorganizados. Não valorizam a força de vontade, são pouco atenciosos e dedicados, além de não levar em consideração as exigências sociais.

Não houve diferença dos alunos do gênero masculino e do gênero feminino, quanto aos outros fatores (primários e globais), quando comparados com a amostra da população brasileira. Considerando-se todos os fatores, não houve diferença entre os dois grupos (rp =0,85).

Perfil do Estilo de Resposta dos alunos do gênero masculino e do gênero feminino

O perfil do Estilo de Resposta dos alunos do gênero masculino e do gênero feminino encontra-se dentro da norma da população brasileira (AI – Escala de Administração de Imagem; NF – Escala de Não-Freqüência e AQ – Escala de Aquiescência).

Sumário

Sumarizando o resultado do 16 PF, o perfil geral dos dois grupos não apresentou diferença significativa, o mesmo ocorrendo com os fatores globais de personalidade. Pequenas diferenças foram encontradas nos fatores primários de personalidade:

- Fator I (Brandura): estudantes do gênero feminino (I+) são sensíveis, harmoniosos e sentimentais, em contraposição aos alunos (I-) que são práticos, objetivos e realistas.
- Fator M (Imaginação): os alunos do gênero masculino possuem imaginação, são criativos, e perdem-se em seus pensamentos e fantasias.
- Há maior número de alunos do gênero masculino concentrados nos extremos inferiores em I (Brandura).
- Há maior número de estudantes do gênero feminino concentrados nos extremos inferiores em L (Confiança), mostrando que confiam e acreditam nas pessoas.
- Alunos de ambos os gêneros estão no limite superior em Q1 (Abertura a Novas Experiências), o que sugere que, em relação à população brasileira de referência, tendem a ser mais experimentadores, renovadores e a não gostar de rotinas.
- Os alunos do gênero masculino aparecem no limite inferior em Q3 (Disciplina) em comparação com a população brasileira de referência.
- O Estilo de Resposta de ambos os gêneros mostrou que suas respostas foram válidas, mas foi encontrada uma diferença significativa, do ponto de vista estatístico, na Escala de Aquiescência, com maior número de respostas afirmativas dadas pelos alunos, o que poderia ser interpretado como uma tendência a ter menos *insight*.

TAT

Clima da situação de teste

No momento da aplicação do teste, os dois psicólogos responsáveis por essa tarefa buscaram criar um ambiente de cordialidade, com o intuito de favorecer o aparecimento do potencial criativo dos alunos. Chamou a atenção o fato de que a grande maioria dos estudantes, de ambos os gêneros, mostrou ter disponibilidade para participar dessa fase da pesquisa e demonstrou ter o desejo consciente de cooperar com os aplicadores do teste. Quatro alunos (dois do gênero feminino e dois do masculino) chegaram a explicitar verbalmente a satisfação que tinham em realizar a tarefa.

Aspectos formais

Alguns aspectos formais, observados no transcorrer da aplicação do teste, serão apresentados a seguir:

- Estudantes do gênero feminino sofreram maior impacto emocional diante das pranchas. Esse impacto, algumas vezes, revelou-se por um silêncio prolongado e, outras, por expressões como: *ichi!; não dá pra ver... ah! agora deu...; essa eu não sei! O que é isso aqui?; nossa! não tenho a menor idéia de como começar isso aqui!; chii...; já está contando tempo? Nossa Senhora! Não vem nada na minha cabeça!; a senhora está dificultando as coisas...; que situação é essa? meu Deus!*
- Dez alunos, sem diferença entre os gêneros, verbalizaram, espontaneamente, que o teste era muito difícil. Alguns chegaram a demonstrar insatisfação com a própria *performance.*
- Três alunos do gênero feminino e cinco do gênero masculino apresentaram dificuldade para executar o teste, sendo necessário que o examinador os estimulasse.
- Um aluno, do gênero masculino, apresentou ansiedade crescente no transcorrer do teste.
- Dois alunos do gênero masculino recusaram-se a contar uma história, rejeitando a prancha.

- Dois alunos do gênero masculino reagiram com cinismo e displicência diante das pranchas.
- Um estudante, do gênero feminino, fez observações pejorativas ao ver as pranchas.

Interpretação do conteúdo das histórias

Realizou-se, inicialmente, uma interpretação global das cinco pranchas de cada aluno, em um total de trezentas pranchas. A seguir, foi feito um estudo de gênero, com o intuito de comparar a dinâmica da personalidade dos dois grupos nas suas similaridades e diferenças.

Aspectos comuns de ambos os gêneros

- A maioria dos alunos tende a permanecer a maior parte do tempo na posição depressiva.
- A grande maioria das estórias desenvolvidas pelos alunos abordou os temas propostos pelas pranchas, o que significa que esses estudantes são capazes de estabelecer um bom contato com a realidade.
- A escolha da profissão médica aparece como um dos pilares da construção da identidade dos alunos e tem a função inconsciente de:

  - Ser um campo favorável para o exercício da reparação.

  - Mitigar, conter e transformar os impulsos destrutivos em algo construtivo e aceito socialmente (sublimação).

  - Satisfazer os desejos narcísicos de êxito e admiração (minoria dos alunos)
- Os alunos encontram-se, ainda, na fase da adolescência e tentam elaborar as perdas que caracterizam tal fase.
- A construção da identidade está ligada a conflitos relacionados à tentativa de diferenciar-se das figuras parentais.
- Os objetivos de vida (ideal do ego) estão ligados, predominantemente, à realização profissional e ao reconhecimento pessoal.

- Os alunos buscam seu ideal com grande perseverança e possuem um superego tenaz.
- O grupo estudado apresentou um nível satisfatório de criatividade na elaboração das estórias formuladas a partir das pranchas do teste.

Diferenças entre os gêneros

A comparação de gêneros mostrou que:

Estudantes do gênero feminino

- Possuem maturidade afetivo-emocional.
- Possuem acentuado senso de responsabilidade.
- Entram facilmente em contato com a própria subjetividade (boa capacidade de *insight*).
- Tentam corresponder às expectativas parentais.
- Têm grande necessidade de serem amados.
- Vivem conflitos decorrentes de relacionamentos afetivos.
- Alguns alunos, ao apresentarem dificuldades na elaboração da posição depressiva, tendem a apresentar conteúdos melancólicos, com sentimentos de culpa persecutória, impotência e desvalia.
- Alguns alunos apresentam um superego rígido e utilizam, com freqüência, a racionalização e a formação reativa como mecanismos de defesa.

Estudantes do gênero masculino

- São mais imaturos emocionalmente, com conseqüente dificuldade para lidar com o próprio mundo mental, sobretudo com os impulsos agressivos, que são mais intensos.
- Demonstram dificuldade para entrar em contato com a própria subjetividade (menor capacidade de *insight*).
- Possuem uma necessidade premente de diferenciação da figura paterna e buscam, com isso, estabelecer o próprio poder fálico.
- Apresentam um tendência maior para a disputa, ou seja, são mais competitivos.

- São ambiciosos tanto na área profissional, como na área pessoal.
- São inseguros quanto à própria capacidade para realizar seus projetos.
- Alguns alunos, ao apresentarem dificuldades na elaboração da posição depressiva, tendem a oscilar para a posição esquizoparanóide, que passa a ser a configuração emocional predominante, com tendência à realizar dIssociações.

Discussão

Comentários iniciais

O estudo da vocação médica é uma tarefa complexa. Trata-se de um tema que abrange desde a história da profissão médica, até a personalidade, com seus aspectos conscientes e inconscientes, variáveis sociais como a família, a origem, a raça e a classe social, como, também, o perfil econômico. O maior obstáculo para a realização desse estudo é a inexistência de um instrumento capaz de abranger todos esses aspectos e, tampouco, de algum que possa detectar, especificamente, a vocação médica.

Pode-se concluir, apressadamente, que se trata de uma tarefa impossível de ser realizada, apesar de se perceber, com facilidade, a sua importância para diferentes áreas como a psicologia médica, a orientação vocacional, a seleção de futuros médicos, a escolha da especialidade, a assistência psicológica aos alunos e a educação médica. Alguns chegam a insinuar que a vocação médica não existe e que é apenas mais um produto da imaginação daqueles que se arriscam passar a vida estudando a mente humana. Outros, entre os quais me incluo, afirmam que a vocação médica não só existe, mas que é de fundamental importância para aqueles que almejam ser médicos.

Certa vez, durante uma consulta, uma paciente contou-me que seu filho é médico. Após uma pequena pausa, completou sua frase com grande orgulho: "doutor Millan, ele é um médico autêntico!" Aquilo me marcou profundamente. Conhecedora da personalidade de seu filho, provavelmente estava querendo me dizer que ele tem vocação. Mas se existem médicos "autênticos", a contrapartida disso é que há outros que não o são. São médicos sem vocação! E quantas pessoas com vocação médica, por inúmeros motivos, procuram outras áreas?

Surge, então, um grande problema. Qual a população ideal para o estudo da vocação médica? Os vestibulandos? Os alunos de medicina? Alunos de que ano? Seriam os médicos formados há pouco ou muito tempo? No presente estudo optou-se pelos primeiranistas da FMUSP, devido à grande dificuldade que enfrentaram para ser aprovados no vestibular, o que demonstra, a princípio, a existência de uma forte determinação para estudar medicina. Porém, evidentemente, tal determinação não garante que todos eles sejam possuidores de vocação médica. Além disso, esses alunos, por estarem no início do curso, ainda não haviam sido influenciados pela faculdade e, por isso, o aspecto vocacional "puro" pôde ser observado com maior clareza.

Há, também, a questão da grande diversidade de especialidades médicas e de suas subespecialidades. Na prática, esses profissionais trabalham de forma tão distinta que cabe indagar se teriam todos eles a mesma vocação. O que há em comum na atividade de um administrador hospitalar, de um cirurgião, de um pesquisador de laboratório, de um clínico geral e de um psiquiatra? Possivelmente, quase nada. Mas todos eles, caso tenham vocação, conseguirão o mesmo objetivo: proporcionar o bem-estar dos pacientes que, direta ou indiretamente, estão vinculados a eles. Talvez o conceito de vocação médica seja tão abstrato que não possa ser expresso em palavras, ou seja, estaria incluído na categoria dos conceitos inefáveis, assim como acontece com os sentimentos, dos quais todos sabem o significado, mas ninguém é capaz de defini-los, contentando-se apenas em descrever as situações em que se tornam presentes.

Diante do que foi exposto, conclui-se que aquele que se dispõe a enfrentar o desafio de estudar esse tema precisa cultivar a tolerância à frustração e estar consciente de que seu objeto de estudo não pode ser observado diretamente. Pode-se apenas tangenciá-lo e ouvir alguns ecos advindos de tempos remotos, que serão úteis para contribuir na formulação de hipóteses que, por definição, são provisórias. Novos estudos poderão refutar essas hipóteses ou, talvez, expandi-las, construindo, assim, o conhecimento dessa fascinante área.

E por que estudar vocação e gênero? Como foi visto no capítulo sobre a história da profissão médica (Margotta, 1996; Lyons e Petrucelli, 1997), proibiu-se a presença de mulheres na profissão durante milhares de anos, com raras exceções como na China, no século III a.C., e na Itália e na Alemanha, durante a Idade Média. No século XIX uma mulher surpreendeu a todos ao dar um exemplo visceral de vocação médica: simulou ser homem para ser admitida como cirurgiã no exército britânico e só teve sua verdadeira identidade revelada após a sua morte, depois ter realizado uma carreira de sucesso! Vê-se, portanto, que, até então, as mulheres eram consideradas incapazes para o exercício da profissão médica, possivelmente por suas características de personalidade, tidas como frágeis para essa função. Foi apenas a partir da segunda metade do século XIX que as portas da profissão médica começaram a abrir-se para as mulheres, porém, ainda de forma incipiente. Uma das principais responsáveis por essa mudança foi a tenaz Elizabeth Blackwell que, após ser recusada por inúmeras escolas norte-americanas, foi aceita por uma delas porque os alunos acreditaram tratar-se de uma piada, o que os levou a aceitar a sua admissão! Durante o curso, porém, foi proibida de assistir às aulas do aparelho reprodutor masculino! Cinco décadas depois, já no início do século XX, as duas primeiras estudantes de medicina da França tiveram de entrar no anfiteatro, para assistir às aulas, sob proteção policial!

Ainda no final do século XIX, começaram a surgir faculdades de medicina exclusivas para mulheres. Segregadas, é como se não existissem... O preconceito em relação a elas era tanto que para ter chance de concorrer a prêmios científicos, enviavam trabalhos com pseudônimos masculinos porque as sociedades médicas não as aceitavam. Além disso, as cátedras das universidades eram ocupadas exclusivamente por homens, as médicas não eram admitidas nos bons hospitais e tampouco em especialidades como cirurgia, ortopedia, urologia, entre outras. Causa espanto o fato de que as médicas só eram admitidas nos hospitais durante a guerra, caso aceitassem trabalhar como enfermeiras! Para enfrentar tamanha discriminação, foi criada, em 1919, a Associação Internacional de Médicas.

Foi apenas a partir da segunda metade do século XX que, gradativamente, as mulheres tornaram-se mais presentes na profissão médica. Porém, apesar de apresentarem uma performance acadêmica tão boa quanto a dos homens, continuaram a ser alvo de preconceito, até os dias de hoje. Felizmente, não foi mais preciso chamar a polícia para que pudessem assistir às aulas, mas são boicotadas em muitas especialidades, ganham menos do que seus colegas homens e raramente exercem funções de destaque no mundo acadêmico. Para piorar, não é raro que sejam vistas com maior desconfiança pelos pacientes quando exercem determinadas especialidades, como a cirurgia. Sobrecarregadas, engravidam tardiamente e têm menor número de filhos do que o restante da população, participam menos da vida acadêmica e de publicações científicas, recebem menos apoio de seus superiores e progridem, diante disso tudo, mais lentamente na profissão.

É interessante observar que, enquanto em outras áreas já se discute o impacto que as conquistas das mulheres provocaram na população masculina, há, ainda, na profissão médica, uma grande resistência para aceitar as mulheres, sem discriminá-las. Teria tal resistência algum fundamento ou seria fruto de puro preconceito e do milenar conservadorismo que caracteriza as instituições médicas?

Não faltam exemplos desse conservadorismo: as vestes brancas utilizadas pelos médicos contemporâneos eram utilizadas pelos médicos na Índia, no século VI a.C. e, já naquela época, o curso médico tinha seis anos de duração; desde o antigo Egito, em 1500 a.C., havia uma forte hierarquia profissional, que perdura até os nossos dias; Hipócrates introduziu, no século III a.C., as visitas médicas matinais que perduram até hoje e seu "juramento" é, ainda, um compromisso assumido pelos formandos das escolas médicas contemporâneas; a utilização obrigatória do carimbo ou do selo, nas prescrições ou em outros documentos médicos, é um costume advindo da medicina sumeriana (3000 a.C.); há relatos de que desde o século XVI os médicos trabalhavam tanto que mal havia tempo para as refeições e, muito antes disso, Hipócrates já chamava a atenção para o fato de que aquele que desejasse ser médico deveria ter disposição para o trabalho. Até hoje, os médicos trabalham muito e sentem-se estressados e desprestigiados quando isso não ocorre.

Outra lamentável conseqüência desse conservadorismo foi a perseguição e, em alguns casos, até a morte de médicos, por suas descobertas: Galeno, o pai da anatomia, criticado duramente e ameaçado por suas descobertas; Servet, considerado um herege e queimado vivo por seus estudos sobre a circulação; Stephanus, preso até a morte por descrever as válvulas venosas; Malpighi, atacado em sua casa por descrever os capilares; Jenner, advertido fortemente pela Sociedade Real Britânica por ter descoberto a vacina; Auembrugger, ridicularizado por ter descoberto a técnica da percussão; Semmelweiss, introdutor da antissepsia, rIdicularizado e demitido por sua descoberta, entre outros. Diante desse histórico, não é surpreendente que as mulheres tenham tido, e ainda tenham, muitas dificuldades para serem aceitas na profissão médica.

Há, portanto, inúmeros motivos que despertam o interesse para o estudo do gênero na medicina, uma tendência observada, hoje, em pesquisas do mundo inteiro. E por que não se utiliza a palavra "sexo" ao invés de gênero? Porque o termo gênero transcende o biológico, por estar fortemente vinculado a questões psicológicas, sociais e culturais (Person; Ovesey, 1999; McDougall, 1999).

Neste estudo, optou-se pela utilização de quatro diferentes instrumentos de pesquisa e de uma metodologia mista, quantitativa e qualitativa. Isso possibilitou observar a questão vocacional por diferentes ângulos e a realização de um estudo de gênero. Inicialmente nesta discussão, serão abordados os resultados de cada instrumento utilizado, começando pelo questionário socioeconômico, seguido pela entrevista, pelo 16 PF e, finalmente, pelo TAT. A seguir, será realizada uma análise das eventuais correlações existentes entre esses instrumentos e apresentado um panorama do desenvolvimento da vocação médica. Finalizando, serão apresentadas perspectivas para futuras pesquisas.

Questionário do perfil socioeconômico

A observação dos resultados do questionário do perfil socioeconômico, o primeiro instrumento aplicado na pesquisa, já traz algumas questões interessantes. A média de idade dos alunos que participaram do estudo foi de 18,5 anos, muito próxima da média dos 103 alunos não amostrados, que foi de 18,7 anos. Isso mostra que esses alunos entram na faculdade de medicina muito jovens, no final da fase de adolescência, quando ainda está em andamento o processo de consolidação de sua identidade. Em outros países, como nos Estados Unidos, o ingresso no curso médico, que tem quatro anos de duração, se dá aos 22 ou 23 anos, após a realização de um curso básico. Com essa idade alguns alunos da FMUSP já estão se formando!

Cabe, aqui, indagar se essa precocidade é saudável para os alunos, se é adequada para o ensino da medicina e se contribui para uma boa relação médico-paciente, uma vez que as pressões a que os alunos são submetidos no ano do vestibular são tremendas e as vicissitudes vividas durante o curso não são poucas (ver capítulo sobre a FMUSP). Essa é uma questão que fica em aberto para reflexões futuras. Em princípio, quanto maior a maturidade do aluno, melhores condições ele terá para enfrentar os obstáculos inerentes à formação médica e, com isso, terá recursos emocionais para aproveitar melhor o curso. Para alguns autores, prolongar demais a formação médica retardaria muito a entrada do aluno no mercado de trabalho, uma vez que, nos dias de hoje, a realização de, no mínimo, dois anos de residência médica é quase obrigatória. Por outro lado, sabe-se que, ao contrário de outras áreas, o médico é um profissional de grande longevidade.

Por pertencerem a uma baixa faixa etária, todos os alunos que participaram do estudo são solteiros, predominantemente de raça branca, vindo a seguir a amarela. Chama a atenção o fato de apenas um aluno (1,66%) ser de raça negra, o que demonstra que a raça é um forte fator limitante para o ingresso na FMUSP, provavelmente porque os candidatos de raça negra têm menos oportunidades para se preparar adequadamente para o vestibular. No ano 2000, a Fundação Universitária para o vestibular (FUVEST) realizou exames para a Universidade de São Paulo (USP), Escola Paulista de Medicina (UNIFESP), Faculdade de Ciências Médicas da Santa Casa de São Paulo e para a Academia de Polícia Militar do Barro Branco. Em seu relatório, a FUVEST (2000) mostra que, naquele ano, a média de idade dos aprovados foi semelhante a dos ingressantes na FMUSP e que apenas 2,3% dos alunos matriculados para a prova eram negros, considerando-se todas as áreas, sendo que esse número caiu para 1,3% entre os aprovados, percentual próximo ao dos alunos da FMUSP. Por sua vez, o censo realizado pelo IBGE, em 2000, mostrou que 53,8% da população brasileira declara-se branca, 39% parda, 6,2% negra, 0,5% amarela e 0,4% indígena (IBGE, 2002). Evidentemente, esses números demonstram a existência de uma grande exclusão social da população negra e parda, como conseqüência de seu baixo poder aquisitivo, o que os impede de prepararem-se adequadamente para o vestibular.

Quanto à naturalidade, destaca-se o fato de que 96,68% dos alunos são oriundos do Estado de São Paulo, com predomínio marcante da capital (76,66% X 20,02%). Ao se comparar com o estudo realizado há quarenta anos, citado anteriormente (Pacheco e Silva e Lipszic, 1962), nota-se uma forte tendência à redução do percentual de alunos vindos do interior do Estado de São Paulo e de outros Estados. O grande crescimento do número de escolas médicas no interior do Estado e em outras regiões do país pode ser um dos fatores que contribuiu para essa mudança. Cabe, porém, lembrar que a pesquisa anterior incluía, também, alunos da Escola Paulista de Medicina, o que pode dificultar a comparação com o atual estudo.

Um percentual significativo de alunos (30%) refere não ter religião, percentual muito superior ao da população brasileira em 2000, que era de 4,8% (IBEGE, 2002), o que poderia ser interpretado como a existência de uma postura cientificista diante da vida. Entre os que possuem religião, a maioria é de católicos, como ocorre com a população brasileira.

Um dado relevante é o grande percentual de pais e mães de alunos com curso superior. Enquanto 80% dos pais dos alunos do grupo estudado possuem curso superior, apenas 47,9% dos pais dos alunos aprovados na FUVEST têm essa escolaridade. O mesmo ocorre com as mães dos alunos (81,6% X 43,8%). É possível que o fato de essas famílias valorizarem o desenvolvimento intelectual tenha servido de estímulo para que esses alunos se dedicassem a uma área que exige não só muito preparo para o ingresso na faculdade, como, também, uma atualização permanente, durante toda a vida profissional.

Como foi visto nos capítulos anteriores, tradicionalmente a profissão médica possui um forte caráter familiar: no antigo Egito, o conhecimento médico era transmitido de pai para filho; o mesmo ocorria na China, onde os conhecimentos eram guardados a sete chaves; Esculápio, deidificado pelos Gregos, teve dois filhos médicos; Hipócrates, o pai da medicina, era filho de médico e tinha em sua ascendência cerca de quarenta médicos; a família árabe Butha-Yishu dominou a medicina daquela região durante grande parte da Idade Média; na Europa, no século XVII, o acesso à faculdade era assumidamente facilitado aos filhos de médicos.

Essa forte ascendência familiar profissional também apareceu entre os alunos que fizeram parte da amostra estudada, onde 26,66% deles são filhos de médicos e ou de médicas. Enquanto 25% desses alunos são filhos de pais médicos, apenas 8,33% deles possuem mães médicas. Considerando-se, também, os familiares, até primos em segundo grau, o percentual de parentes médicos sobe para 63,33%. Siverston (1988), em um estudo com alunos da Faculdade de Medicina de Wisconsin, concluiu que 17,4% deles eram filhos de médicos. Por sua vez, Weisse (1993) relatou que cerca de 27% de seus colegas da Faculdade de Medicina de Nova Jersey eram filhos de médicos e que 35 anos depois, em 1993, esse percentual subiu para 37%, número até superior ao encontrado na FMUSP, o que mostra que esse fenômeno se repete em diferentes culturas. Nos dias de hoje, o acesso ao conhecimento está democratizado, mas a experiência profissional de um pai ainda pode ser de grande utilidade para seu filho, orientando-o quanto à melhor forma de buscar uma boa formação e, com isso, desenvolver-se bem profissionalmente.

Apenas 26,66% dos alunos entraram na FMUSP na primeira tentativa em que prestaram vestibular, percentual inferior ao grupo de alunos aprovados na FUVEST no mesmo ano (36,6%). Possivelmente isso ocorreu devido à maior dificuldade para ser aprovado na FMUSP, em comparação com os outros cursos. Chama a atenção o grande percentual de alunos (31,66%) que fizeram três ou mais tentativas, o que demonstra uma grande determinação para estudar medicina. Esse percentual é muito superior ao dos alunos matriculados em todas as áreas da FUVEST no ano 2000 (7,8%).

Apenas um aluno do grupo estudado (1,66%) cursou exclusivamente escola pública durante o curso fundamental e o ensino médio, ao contrário do que ocorria no passado. Esse percentual sobe para, aproximadamente, 23% quando se leva em conta os alunos de todas as áreas, aprovados na FUVEST. É possível que essa discrepância tenha ocorrido devido à baixa qualidade de ensino das escolas públicas brasileiras, que não preparam seus alunos para competir com as escolas particulares no vestibular para a FMUSP. Essa falha acaba por favorecer os estudantes que têm condições financeiras para arcar com os custos de sua formação, sendo que aqueles que possuem menor renda têm maior dificuldade de acesso ao curso superior em escolas públicas gratuitas.

Soma-se ao que foi exposto o fato de que apenas um aluno (1,66%) que participou da pesquisa realizou seus estudos do ensino médio no período noturno, enquanto 5,7% dos aprovados na FUVEST o fizeram. Além disso, apenas 15% dos alunos ingressantes na FMUSP, que participaram deste trabalho, não realizaram preparação em cursinho pré-vestibular, sendo que esse percentual sobe para 31,6% quando se leva em conta todos os cursos da FUVEST. Esses dados apontam, novamente, para a existência de um afunilamento socioeconômico para o ingresso na FMUSP, uma vez que esses cursinhos são caros e, aqueles que estudam à noite, em geral, o fazem para trabalhar durante o dia, a fim de contribuir para o sustento familiar.

A maior parte dos alunos (75%) tem o pai como o principal provedor familiar, não exerce nenhuma atividade remunerada (96,66%), dependerá totalmente dos pais para seu sustento durante o curso (81,66%) e pretende continuar morando com a família (76,66%). A renda familiar predominante é maior do que vinte salários (66,66%), sendo que 30% dos alunos possuem renda familiar entre dez e vinte salários e apenas dois alunos (3,32%) abaixo disso. Esses percentuais diferenciam-se dos alunos aprovados na FUVEST, pois o percentual de alunos que exerce alguma atividade remunerada sobe de 3,34% para 24%, a dependência total dos pais para o sustento durante o curso cai, acentuadamente, de 81,66% para 28,7% e a pretensão de morar com a família cai de 76,66% para 59,9%. Esses números mostram que a grande maioria dos alunos da amostra estudada pertence à classe média e que apresenta uma forte dependência da família para o seu sustento. Esses estudantes têm consciência de que o curso médico é extremamente absorvente e não vêem perspectivas de se sustentar durante a graduação. A renda familiar da maior parte dos alunos confirma a hipótese de que a condição socioeconômica é um forte fator limitante para o ingresso na FMUSP, havendo predominância da classe média e média-baixa, sendo que os de baixa renda são exceções no grupo.

Comparando-se com o estudo já citado de Pacheco e Silva e Lipszic (1962), que mostrou que 45% dos estudantes eram de classes inferiores e que 24 dos 124 alunos passaram por grandes dificuldades e privações para ingressar na escola médica, conclui-se que a exclusão social para o ingresso na FMUSP se acentuou nas quatro últimas décadas. A mudança do nível socioeconômico entre alunos norte-americanos, nas últimas quatro décadas, também foi apontada por Weisse (1993), citado anteriormente. O percentual de alunos pertencentes a famílias de baixa renda caiu de 51% em 1958 para 18% em 1993, o que mostra que, mesmo em um país desenvolvido, há grande dificuldade para o ingresso nas faculdades de medicina entre os menos favorecidos economicamente.

Enquanto apenas 5% dos alunos que participaram da pesquisa iniciaram outro curso superior, cerca de 22% dos aprovados na FUVEST em 2000, o fizeram, o que mostra uma tendência do aluno que ingressa na FMUSP ter menos dúvidas quanto à opção vocacional.

Como foi visto no capítulo sobre a FMUSP, as primeiras turmas que se formaram tinham pouquíssimas mulheres, sendo que apenas no final da década de sessenta elas alcançaram um percentual acima de 20% e, em 1992, chegaram a constituir 48% dos formandos, um recorde até os nossos dias. Em 2000, matricularam-se no primeiro ano 65% de alunos do gênero masculino e apenas 35% do gênero feminino. Porém, entre os inscritos no vestibular, que assinalaram como primeira opção a FMUSP, havia apenas 37% de alunos do gênero masculino e 63% do gênero feminino, ou seja, houve uma inversão entre os gêneros. O mesmo ocorreu quando se considera todas as áreas da FUVEST, porém de forma menos acentuada, ou seja, 46,7% dos inscritos eram do gênero masculino, sendo que, entre os matriculados, esse percentual subiu para 57,3% (FUVEST, 2000). A interpretação desses dados é uma tarefa difícil e arriscada. Talvez os alunos do gênero masculino dediquem-se mais no transcorrer da preparação para o vestibular, atuando com maior agressividade e competitividade, traços de personalidade que usualmente estão mais presentes nos homens do que nas mulheres. Outra possibilidade seria a presença de um maior controle emocional dos homens no momento da prova, o que lhes proporcionaria melhor performance.

Destaca-se o fato de que em todos os quesitos não pareados do questionário socioeconômico não houve diferença estatística significativa entre os gêneros. A homogeneidade da amostra possibilitou que o gênero fosse a única variável a ser investigada na entrevista e nos testes psicológicos (16 PF e TAT).

Entrevista semidirigida sobre a escolha da profissão

É surpreendente que aproximadamente 40% dos sessenta alunos que participaram do estudo tenham optado definitivamente pela medicina antes de ingressar no ensino médio, ou seja, antes dos 15 anos de idade. Esse percentual é superior ao encontrado em outros países, como mostram as pesquisas de Yancik (1977) em 26 escolas norte-americanas (10%), de Fejardo-Dolci (1995) no México (27%), de Beedham (1996) na Inglaterra (24%) e D'Ottavio *et al.* (1997) na Argentina (17%). Nessa idade predomina a escolha profissional embasada em fantasias, como foi visto no capítulo sobre teorias vocacionais. Possivelmente essas fantasias passaram por um processo de amadurecimento e transformaram-se em motivações consistentes, a ponto de perpetuar a opção pela medicina, feita na infância.

A grande maioria (93,33%) dos alunos procurou obter informações sobre a profissão médica antes do vestibular, o que demonstrou que não se satisfizeram com seu desejo infantil de ser médicos. Foram em busca de informações objetivas, diretamente na fonte, ou seja, com os próprios médicos e nas faculdades de medicina. Assistiram, também, a palestras, procuraram obter informações na mídia, em livros e até acompanhar consultas ou cirurgias. Chama a atenção que apenas três alunos procuraram orientação vocacional. Ela não faz sentido para quem tem convicção de sua vocação.

Os alunos de ambos os gêneros não são ingênuos. Ao entrar na faculdade, têm plena consciência da crise vivida pela medicina, uma vez que 90% deles possuem uma imagem desfavorável ou parcialmente desfavorável da profissão médica nos dias de hoje. Para eles, os médicos são mal remunerados, não têm tempo para o lazer e para a família, são pouco reconhecidos, há dificuldade para conseguir trabalho, muitas escolas médicas são de baixa qualidade, as condições de trabalho são ruins, há problemas na relação com os pacientes, as condições sociais do Brasil são precárias, há muita competição entre os médicos, a profissão é estressante, a medicina está desumanizada e há médicos com espírito muito comercial. Mas, mesmo assim, eles querem estudar medicina. A vocação não sucumbe diante de todos esses obstáculos! E soma-se a isso o fato de o vestibular para a FMUSP ser o mais difícil de toda a FUVEST. Aqui foi um dos poucos momentos em que apareceu uma diferença significativa, do ponto de vista estatístico, entre os gêneros, uma vez que estudantes do gênero feminino deram um maior número de respostas desfavoráveis. Talvez isso aponte para a existência de uma consciência quanto à já citada discriminação em relação às mulheres na profissão médica.

Os alunos, sem diferença significativa entre os gêneros, também estão conscientes de que estudar medicina não é nada fácil. Além da já mencionada falta de tempo e das dificuldades da relação com os pacientes, citam o grande volume de matéria, dificuldades quanto ao método de estudo, o *stress*, o exame para ingressar na residência, a falta de didática dos professores, a escolha da especialidade, entre outros. Mais uma vez, a vocação médica não se esvaneceu diante de tantos obstáculos. Esses resultados contrastam com o que foi apresentado por Alexander *et al.* (1992) que afirma que muitos jovens norte-americanos iniciam o curso médico sem ter uma noção clara das demandas da profissão médica e que, por isso, se desiludem e acabam por abandonar o curso, fato que raramente ocorre em nosso meio.

Cerca de 30% dos alunos, de ambos os gêneros, foram desencorajados a estudar medicina por seus familiares, por amigos, namorados e até por seus médicos. Disseram a eles, entre outros argumentos, que se trata de uma profissão que exige muito sacrifício, que o curso é muito difícil, que não terão tempo para se dedicar à família, que a profissão é estressante, que o vestibular é difícil, que seria uma "loucura" e que ficariam nervosos ao ver sangue. Um aluno contou um episódio curioso, pois lhe disseram que ele não tinha "cara de médico", como se isso fosse motivo para desistir da medicina! É de se estranhar que as mulheres não foram mais desencorajadas do que os homens, uma vez que, como foi visto, enfrentarão maiores dificuldades do que eles na profissão.

O percentual de alunos da FMUSP que foram desaconselhados a fazer medicina é muito inferior ao encontrado por Imperato e Nayeri (1991) na Universidade de New York (68%). O desencorajamento partiu principalmente de médicos e amigos. As razões também foram, em parte, diferentes, privilegiando questões de ordem econômica, como o alto custo do seguro por erro médico, a queda de rendimentos e o alto custo da formação. A contaminação por doenças graves e a excessiva regulamentação governamental também foram citadas. Aqui, também não foram encontradas diferenças entre os gêneros. Estudos da década de setenta mostravam um percentual mais baixo de alunos que haviam sido desencorajados, com predomínio das mulheres. A comparação do presente estudo com esses resultados mostra que a preocupação dos brasileiros volta-se mais para aspectos emocionais e subjetivos, o que é típico da cultura latina, enquanto norte-americanos mostram-se mais preocupados com questões de ordem prática e financeira. O alto percentual de desencorajamento naquele país mostra o quanto a medicina está em crise, uma vez que os próprios médicos são os que mais desaconselham os alunos, o que demonstra a presença de uma insatisfação com a profissão. O fato de as mulheres já terem sido, anteriormente, mais desestimuladas a seguir a carreira médica pode significar que já estão sendo aceitas com maior naturalidade na profissão.

Apesar de tantos aspectos desfavoráveis, o futuro médico não desiste do vestibular para medicina, mas vacila. Cerca de 33% dos alunos, sem distinção de gênero, cogitaram inscrever-se em uma área não médica no exame vestibular. Esses números não surpreendem uma vez que, diante dos obstáculos citados anteriormente, é natural que o aluno viva uma certa ambivalência e chegue a pensar se vale a pena dedicar-se à profissão médica. A maioria, porém, jamais cogitou mudar de área. Isso, sim, é surpreendente! Pesquisa com ex-alunos da FMUSP, citada anteriormente (Lima Gonçalves e Marcondes, 1991), mostrou que a ambivalência em relação à escolha profissional não desapareceu após o término do curso, uma vez que 14% dos 940 médicos que responderam ao questionário afirmaram que pretendiam abandonar a medicina. Esse percentual é superior ao encontrado por Beedham (1996), na Inglaterra, onde 20% dos médicos estavam arrependidos pela escolha da profissão, mas apenas um terço destes pretendia abandoná-la.

Enquanto 70% dos alunos do gênero masculino revelaram ter se indentificado com alguém para a escolha da profissão médica, apenas 36,66% dos alunos do gênero feminino o fizeram, diferença significativa do ponto de vista estatístico. Esse achado é esperado, uma vez que há um menor número de mulheres atuando na profissão médica, em comparação com os homens, o que diminui a possibilidade de identificação das alunas com pessoas do mesmo gênero. Evidentemente, sempre há a possibilidade de ocorrerem identificações parciais ou até de forma predominante com os indivíduos do sexo oposto. Cabe também lembrar que grande parte do processo de identificação, presente desde o nascimento, é inconsciente e que dificilmente é detectado por uma entrevista e tampouco pelos próprios indivíduos. Familiares, amigos e médicos da família foram os mais citados como modelos. Patch Adams, o personagem de cinema que representa o aluno com uma visão humanística da medicina, também foi citado.

Os alunos do curso pré-médico norte-americano, que pretendiam estudar medicina e desistiram, alegaram que uma das principais razões de sua desistência foi o fato de terem sido desaconselhados a cursar medicina, principalmente por médicos. Quando o perfil desses alunos foi comparado com o dos que não desistiram, conclui-se que eram mais pessimistas quanto à possibilidade de alcançar uma carreira de sucesso e mais preocupados com a falta de tempo, o que iria interferir na vida privada (Colquitt e Killian, 1991; Chuck, 1996). É interessante notar que os argumentos utilizados para justificar a desistência são muito semelhantes à imagem que os alunos de medicina têm do curso e da profissão. O que diferencia um grupo do outro? Talvez o citado pessimismo esteja ligado à consciência desses candidatos de que lhes falta vocação para a medicina, o que limitaria suas chances de sucesso.

A maior parte dos alunos (76,66%), sem diferença significativa entre os gêneros, pensou em fazer alguma especialidade, ao entrar na faculdade. As áreas clínicas ou cognitivas apareceram em primeiro lugar, com 39 respostas, seguidas das técnicas-cirúrgicas e das intermediárias (20), e das tecnológicas e burocráticas (5). Esse relevante percentual pode ser conseqüência do alto grau de especialização da medicina contemporânea, que acabou por influenciar os alunos de forma marcante. Uma aluna chegou a citar uma subespecialidade, a ortopedia pediátrica. Essa precocidade é uma fonte de estresse que se agrega a tantas outras já citadas anteriormente, ou seja, o aluno mal entra na faculdade e já está preocupado com a rigorosa seleção que enfrentará para ingressar na residência, seis anos depois.

O alto percentual de primeiranistas que já pensam em fazer alguma especialidade é superior ao da Universidade de Northwestem, em Chicago, onde 45% dos alunos pensaram, provisoriamente, em alguma área ao entrar na faculdade, enquanto que 22% desses alunos já haviam optado definitivamente por uma especialidade (Zeldow *et al.*, 1992). Na Espanha, o percentual encontrado para escolha definitiva da especialidade foi surpreendente, 55,69%, sem diferença entre os gêneros (Miralles *et al.*, 1997). Por sua vez, Osborn (1993), da Universidade da Califórnia, chama a atenção para o fato de que as mulheres preocupam-se mais com o número de horas de trabalho ao escolherem a especialidade. Todos esses dados mostram o quanto está presente na mente dos primeiranistas de medicina a escolha da especialidade médica. Cabe indagar se isso é construtivo para o aluno, tanto do ponto de vista emocional, como acadêmico. Cogitar uma área é algo natural e saudável, mas escolher definitivamente uma especialidade antes de iniciar o curso não faz sentido algum, uma vez que o aluno ainda não conhece as inúmeras alternativas existentes na profissão médica e corre o risco de não se dedicar ao curso como deveria, por supor que as matérias que não são ligadas a sua escolha não são importantes. Assim, o aluno deixa de ter a cultura geral médica que é fundamental para qualquer especialista.

Alunos de ambos os gêneros deram respostas concretas e abstratas em proporções semelhantes quanto às expectativas do seu futuro profissional. Chama a atenção o fato de que, em geral, essas expectativas são otimistas: os alunos esperam realizar-se pessoalmente, ter trabalho, ter uma remuneração justa, ser um bom profissional, atuar em consultório ou hospital, obter a gratidão dos pacientes, aperfeiçoar-se, ter uma atuação social, ser respeitados pelos médicos, estar bem com a família, entre outras. Houve apenas uma resposta, dada por duas alunas, com um tom pessimista, ao afirmarem que os médicos enfrentam preconceitos. A pesquisa de Pacheco e Silva e Lipszic (1962) difere desses resultados no que tange à projeção profissional e social, expectativa presente em 27% das respostas na década de sessenta e ausente na atual pesquisa, o que mostra que os alunos com essas expectativas estão procurando outras áreas, visto que a profissão médica dificilmente poderá satisfazê-los nesse aspecto. Por sua vez, Ginzberg e Brann (1980) encontraram expectativas bastante pessimistas entre 150 segundanistas da Faculdade de Medicina da Universidade da Columbia, em Nova York, com grande preocupação em relação às dificuldades que a profissão médica enfrenta no momento, como a perda de liberdade do médico, o excessivo controle governamental, o declínio da prática privada e o excesso de burocracia. Enquanto as mulheres mostraram-se mais preocupadas com a saúde dos carentes, com a educação médica e com os direitos humanos, os homens preocuparam-se mais com a competitividade, com o ganho financeiro, com a ingerência governamental e com a falta de humanismo de seus colegas.

Praticamente todos os alunos que participaram da pesquisa acreditam que a profissão médica irá interferir em sua vida privada, sem distinção entre os gêneros. Aqui, mais uma vez, destaca-se a preocupação com a falta de tempo, seguida da relação médico-paciente, do isolamento social, do horário desregrado, da visão diferente do mundo que o médico adquire devido a sua profissão, da necessidade de ter compostura e do desgaste profissional. Apenas duas alunas mostraram-se preocupadas com o fato de que as médicas demoram mais para ter filhos, o que chega a surpreender. Esses resultados reforçam a idéia de que os alunos estão conscientes dos obstáculos inerentes à profissão que escolheram.

A maior parte dos alunos respondeu que, para eles, seria indiferente casar-se com um(a) médico(a). Porém, 21,66% responderam que gostariam de ter um cônjuge da mesma profissão, pois haveria maior compreensão mútua, teriam mais assunto para conversar, o nível cultural seria semelhante e haveria maior companheirismo. Apenas quatro alunos, todos do gênero masculino, responderam o contrário, mas não chegou a haver diferença significativa, do ponto de vista estatístico, com o gênero feminino. Esses resultados mostram que, de modo geral, os alunos do gênero masculino possuem uma boa imagem da mulher médica e vice-versa, fato que não ocorreu em um estudo realizado por Aron *et al.* (1968), na França. Naquela ocasião, a maioria dos primeiranistas de medicina respondeu que a profissão médica era uma prerrogativa masculina e que não gostariam que suas futuras esposas fossem médicas, porque não estavam dispostos a dividir com elas o prestígio da profissão! É possível que, se o estudo fosse repetido hoje, chegaria a resultados diferentes.

Chama a atenção o fato de que para 91,66% dos alunos, sem diferença entre os gêneros, *as características de personalidade* estão entre os cinco atributos mais importantes para que alguém seja um bom médico, seguida da *habilitação profissional* (80%), *da boa relação com o paciente* (60%), do fato de *gostar da profissão* (30%) e de *ser feliz* (1,66%). Em um mundo onde se valoriza cada vez mais o tecnicismo na medicina, os alunos dão um grande exemplo ao destacar a necessidade da existência do equilíbrio entre os aspectos humanos e técnicos da profissão médica. Todos eles responderam que acreditam ter, potencialmente, esses atributos.

Entre as características de personalidade, o *altruísmo* se destacou como a resposta mais freqüente (54), seguida por *ser humano* (12), *ser esforçado* (9), *ter responsabilidade* (8), *ter humildade* (7), *ser paciente* (5), *ser honesto* (5), *ser aberto a novos conhecimentos* (4), *gostar do ser humano* (4), *ser sensível* (4), *não ter preconceitos* (3) *ser ético* (3) e *seguro* (3), entre outras. Além de citarem diretamente a *boa relação com o paciente*, enquadram-se nessa categoria respostas como *ser atencioso com o paciente, saber ouvi-lo, transmitir confiança, respeitá-lo*, entre outras. Além disso, os alunos acreditam que o bom médico deve *ter conhecimento* e *competência*, deve *estar sempre atualizado*, deve ter *habilidade* e *experiência*, *boa formação*, entre outras características cognitivas. Em suma, o aluno entra na faculdade de medicina com um ideal do ego que é nobre e ao mesmo tempo, pretensioso, por ser difícil de se alcançar. A teoria psicanalítica nos ensina que o ideal do ego está estritamente relacionado com o superego, que exigirá do aluno o cumprimento de suas metas. Como reagirá o aluno quando isso não for possível? Esse é um assunto que será discutido mais adiante.

Como foi visto acima, as *características de personalidade* foram os atributos mais citados pelos alunos para que alguém seja um bom médico, com 55 respostas. Porém 44 desses alunos acreditam que essas características não podem ser ensinadas. Ou seja, afirmam que as principais características do futuro médico já estão presentes antes do ingresso na faculdade. Estariam referindo-se à vocação médica? É surpreendente que doze dos 48 alunos que consideram a *habilitação profissional* como um atributo importante, acreditam que se trata de algo que não pode ser ensinado. Para que serviria, então, a faculdade de medicina? Além disso, dez dos 36 alunos que acham importante que o médico tenha uma *boa relação com seu paciente* também acreditam que isso não pode ser ensinado. Qual seria, então, a utilidade do curso de psicologia médica? Para a maior parte dos alunos que citou que *gostar da profissão* é um atributo importante para o médico, trata-se de algo que não pode ser ensinado. Seria mais um elemento da vocação médica? Para o único aluno que deu *ser feliz* como resposta, trata-se de algo que não se ensina. Aqui, também não houve diferença significativa entre os gêneros.

A comparação desses resultados com o estudo realizado por Price (1971) mostra que nos seus achados valorizou-se mais a habilitação profissional do que os outros atributos. Cabe lembrar que naquele estudo buscou-se investigar a opinião da população geral norte-americana. Sade (1985) fez investigação semelhante com professores da Faculdade de Medicina da Universidade da Carolina do Sul. Mais uma vez, os atributos ligados à habilitação profissional apareceram em primeiro lugar, seguidos de uma característica de personalidade (ser emocionalmente estável) e da capacidade para estabelecer uma boa relação com o paciente. Ao serem indagados quanto aos atributos que não podem ser ensinados, os professores deram destaque a características de personalidade como ser emocionalmente estável, íntegro, franco, intelectualmente honesto, enérgico, ter entusiasmo e ser aplicado.

Vê-se, portanto, que, enquanto os artigos norte-americanos destacam a importância de atributos cognitivos e ligados à habilitação profissional, os primeiranistas da FMUSP mostraram-se mais preocupados com aspectos humanísticos da medicina, como fazia Hipocrátes, há mais de 2.400 anos. Porém, esses mesmos alunos não deixam de valorizar a importância da habilitação profissional como ter conhecimento, competência, estar sempre atualizado, ter habilidade, experiência e boa formação, entre outras respostas.

Ao serem indagados quanto aos objetivos que se deve alcançar para ser um médico de sucesso, a *habilitação profissional* aparece em primeiro lugar com 41 respostas, seguidas das *características de personalidade* (19), do fato de *gostar da profissão* (18) e de *ter boa relação com o paciente* (17). Vem, a seguir, respostas que não foram dadas no item anterior como a *realização econômica* (13), *a realização interior* (10), a *estabilidade social* (4) e o *exercício de atividades científicas* (1). Observa-se que o perfil do bom médico é diferente do perfil do médico de sucesso, segundo os alunos. É importante lembrar que, enquanto a definição do bom médico é dada pelo aluno, o perfil do médico de sucesso é determinado pela sociedade e pode mudar de uma cultura para outra. Portanto, os alunos acreditam que a sociedade brasileira valoriza mais a habilitação profissional do que eles o fazem, e que ainda leva em conta outros aspectos que, para eles, não são requisitos para que alguém seja um bom médico, como a realização econômica e a estabilidade social. É interessante notar que a realização interior é citada como um dos objetivos alcançados pelo médico de sucesso, condição que inclui o gostar da profissão, mas que se relaciona com algo mais profundo e com a maturidade emocional, pois implica a capacidade de tolerar frustrações, algo que não ocorre, necessariamente, com quem gosta de uma profissão. Aquele que se realiza interiormente o faz mesmo diante das vicissitudes impostas pela vida ou pela atividade que realiza. É possível que muitos dos que gostam da profissão médica estejam realizados interiormente mas, certamente, há aqueles que diante de obstáculos profissionais, como a morte de um paciente ou a má evolução de um caso, sentem-se frustrados, fracassados ou fiquem à busca de um culpado pelo o que ocorreu, que pode ser ele mesmo ou o seu paciente. Certamente, nesse último caso, está-se diante de alguém que não se mostra realizado interiormente.

É interessante observar que enquanto as alunas apontaram significativamente mais o fato de o médico gostar de sua profissão e de estabelecer uma boa relação com os pacientes para alcançar o sucesso, os alunos destacaram, de forma significativa, com maior freqüência a realização econômica. Possivelmente, isso indica que, em nossa cultura, o homem ainda se identifica fortemente com a função do provedor, enquanto a mulher identifica-se com aquele que cuida. Chama a atenção que apenas um aluno associou o sucesso profissional com atividades científicas e didáticas, o que mostra que o interesse do aluno pela medicina, ao entrar na faculdade, está ligado principalmente à prática médica propriamente dita. Esses resultados vêm ao encontro do já citado artigo de Kruijthof *et al*. (1992), da Universidade de Amsterdam.

Quando se perguntou, diretamente, aos alunos o motivo da escolha da profissão, destacou-se o *altruísmo* com quarenta respostas, seguido de longe da *curiosidade* e do *interesse intelectual* (23), do *interesse pela relação humana* (15), pela *influência de terceiros* (9), pelo *perfil da profissão* (7), pelo *tipo e local de trabalho* (2) e pelo *retorno financeiro*, com apenas uma resposta. Não houve, aqui, diferença significativa entre os gêneros, do ponto de vista estatístico.

Entre as respostas categorizadas como altruísmo, destaca-se o *desejo de ajudar as pessoas,* com 38 respostas, o que, mais uma vez, mostra que esses alunos possuem um ideal hipocrático diante da profissão. Apenas dois alunos manifestaram seu altruísmo de forma onipotente, ao responderem que gostariam de salvar as pessoas da morte, como se esse fosse o objetivo final da medicina e não uma eventual conseqüência do cuidado médico. Entre as respostas categorizadas como *curiosidade* e *interesse intelectual,* chama a atenção a presença de oito respostas expressando *o desejo de conhecer o corpo humano*, o que seria uma confirmação do instinto epistemofílico proposto por Melanie Klein, citado anteriormente, que afirma que o interesse intelectual origina-se da curiosidade que o bebê tem em conhecer os conteúdos do corpo materno. Trata-se de um mecanismo inconsciente que, diante da questão vocacional, torna-se consciente, sem que os alunos tenham ciência dessa teoria.

O *interesse pela relação humana* aparece em dezesseis respostas, enquanto apenas dois alunos responderam que esperam ter a *gratidão das pessoas*, uma expectativa que, no futuro, poderá ser frustrada, pois nem sempre isso acontece. Evidentemente, a gratidão de um paciente é sempre bem-vinda, mas quando se torna o motivo da escolha da profissão médica, cria-se um entrave na relação médico-paciente, uma vez que o médico passa a depender apenas do paciente para satisfazer-se e sentir-se realizado.

Nove alunos responderam que optaram pela profissão *por influência de terceiros*. É interessante notar que, dos dezesseis alunos que possuem pais médicos, apenas seis deles afirmaram ter sido influenciados por eles conscientemente. O fato de os outros dez alunos terem negado essa influência não significa que ela não tenha ocorrido. Um aluno afirmou que escolheu cursar medicina porque seus pais queriam que fosse médico, enquanto que uma aluna afirmou que seu pai gostaria de ter sido médico e que, agora, ela estaria satisfazendo o seu desejo. Evidentemente, caso esses alunos não tenham outras motivações para a escolha da profissão, serão extremamente infelizes no futuro, pois estarão alienados de sua verdadeira vocação e exercendo o que Winnicott (1988) chamou de *falso self*, ou seja, o *self verdadeiro*, espontâneo, saudável e alegre, é substituído por outro que é artificial, submisso e excessivamente adaptado ao meio, o que impede que o indivíduo realize-se interiormente.

O *local de trabalho* foi um fator importante para a escolha da medicina para seis alunos, enquanto que apenas um aluno afirmou ter escolhido a profissão por *interesse financeiro*. Por sua vez, sete alunos que relataram ter escolhido a medicina pelo *perfil da profissão* deram algumas respostas dignas de destaque: "A medicina é uma profissão emocionante, bonita, profunda, a profissão mais linda que existe!". Observa-se nessas respostas o grande afeto e admiração que esses alunos possuem em relação à profissão médica, com um certo grau de idealização.

Comparando-se esses resultados com a pesquisa realizada na FMUSP e na Escola Paulista de Medicina, em 1962, por Pacheco e Silva e Lipszic, observa-se que, naquela ocasião, cerca de 10% dos alunos estavam em busca de prestígio e outros 10% de ganho material e ascensão social, o que não se vê no atual estudo, possivelmente pelas mudanças ocorridas na profissão médica, desde então. Essas motivações também foram freqüentes nos trabalhos de Ginzberg e Brann (1980), Kahler e Soule (1991). Porém, na maioria dos artigos sobre motivações conscientes, já citados, as respostas foram semelhantes às encontradas no presente estudo, com destaque ao altruísmo (Siverston, 1988; Sadeghi-Nejad e Marquard, 1992; Parmley, 1993; Zaher, 1999; Ignarra, 2002).

16 PF

Nota-se, nas duas últimas décadas, um crescente interesse no estudo da personalidade do estudante de medicina e do médico, com ênfase nas diferenças de gênero. A maioria dos instrumentos de pesquisa foi desenvolvida para o estudo de aspectos patológicos da personalidade, não sendo adequados para a avaliação de uma população saudável, como a dos primeiranistas de medicina. Sabe-se da alta incidência de transtornos ansiosos, obsessivo-compulsivos, depressivos e de suicídio entre os estudantes de medicina, mas esses casos não devem ser vistos como um padrão para a maioria dos alunos (Simon, 1968; Lloyd e Gartrell, 1984; Millan *et al.*, 1990). Por outro lado, sabe-se também que a incidência de quadros psicóticos e de abuso de drogas, com exceção do álcool, é menor do que a da população geral, embora quando ocorram tragam graves conseqüências, devido às atribuições inerentes à atividade médica (Baldwin *et al.*, 1991; Pasnau *et al.*, 1994; Andrade *et al.*,1995; Millan *et al.*, 1999). Diante disso, torna-se de fundamental importância o uso de testes para avaliação da personalidade normal em estudos com alunos de medicina. Nesta pesquisa optou-se pelo 16 PF, um teste validado para a população brasileira, mas que ainda não havia sido aplicado em estudantes de medicina em nosso país.

Os resultados descritos anteriormente mostram grande similaridade entre os gêneros na maior parte dos fatores primários. Os autores do teste esperam que seja encontrada diferença significativa de gênero nos fatores A (Expansividade), E (Afirmação) e I (Brandura). No presente estudo encontra-se diferença no Fator I (Brandura), onde as alunas apresentam estenos superiores aos dos alunos, o que significa que tendem a ser sensíveis, delicadas, sofredoras, artistas, refinadas, sentimentais, confiantes na empatia, caprichosas, femininas, exigentes, impacientes, dependentes e sem senso prático. Além disso, reclamam por atenção e auxílio, não toleram pessoas rudes e ocupações grosseiras, tendem a transtornar o desempenho de grupos e a perturbar-lhes o moral com problemas frívolos e irreais. Os alunos, por sua vez, mostraram uma tendência a ser práticos, realistas, masculinos, independentes, responsáveis, céticos diante de questões culturais e subjetivas, firmes, durões, cínicos e convencidos. Preocupam-se principalmente com a objetividade e apresentam um enfoque mais utilitário, deixando em um segundo plano os sentimentos das pessoas, o que pode trazer problemas diante de situações que exigem sensibilidade. A esperada maior Expansividade (Fator A) das alunas e a tendência à Afirmação (Fator E) dos alunos não foram encontradas.

Entre os fatores primários, além do fator I, foi encontrada diferença significativa, entre os dois grupos, no Fator M (Imaginação), onde os alunos apresentaram resultados superiores ao das alunas, o que significa que tendem a ser informais, desinteressados por problemas corriqueiros do cotidiano, boêmios, criativos, com grande imaginação, subjetivos, interessados no que é "essencial", individualistas, envolvidos em seus pensamentos, além de perderem coisas, esquecerem do tempo e ignorarem os detalhes práticos, por estarem muito entretidos com suas idéias. Por sua vez, as alunas tendem a fazer corretamente o que é prático e exeqüível, preocupam-se com detalhes, permanecem tranqüilas em situações de emergência, carecem de imaginação, são concretas e com os "pés no chão".

É interessante notar que a praticidade, tão importante para a profissão médica, aparece para ambos os gêneros, porém em diferentes fatores primários. Além disso, apesar de os alunos terem apresentado valores significativamente superiores nos resultados brutos em Q2 (Auto-Suficiência), o mesmo não se repetiu com os estenos. É possível que, se a amostra fosse maior, essa diferença estivesse presente em ambos os resultados. De qualquer forma, há uma possível tendência de os alunos seguirem seu próprio caminho e não necessitarem de apoio e aprovação, enquanto que as alunas apresentam uma possível tendência para trabalhar e para tomar decisões com outras pessoas, por necessitarem da aprovação de quem as cerca.

O *coeficiente* r_p, proposto pelos autores do teste para comparar o perfil geral dos fatores primários de duas populações, mostrou haver semelhança entre os dois grupos estudados. O fato de não ter sido encontrada nenhuma diferença significativa nos cinco fatores globais, confirmou essa semelhança. Esses resultados sugerem que o sucesso no vestibular para o ingresso na FMUSP está relacionado com um determinado perfil de personalidade, que não é determinado pelo gênero.

Com o intuito de obter informações complementares, que usualmente não são exploradas pelo 16 PF, analisou-se o número de alunos de ambos os gêneros que estão fora do intervalo de estenos que se espera encontrar na população geral (entre 4 e 7), independente da mediana de cada fator primário estar ou não dentro desse intervalo. Concluiu-se, então, que há um maior número de alunas nos extremos inferiores (< 4) do Fator L (Confiança), o que significa que tendem a ser alegres, leais, esperam dos outros um tratamento justo, possuem senso de bem-estar, preocupam-se com os outros e estabelecem relacionamentos satisfatórios. Cabe lembrar que a mediana desse fator não apresentou diferença significativa entre os gêneros. Outro resultado obtido por meio dessa análise foi que há um maior número de homens nos extremos inferiores em I (Brandura), o que reforça os resultados encontrados anteriormente.

A apresentação clássica dos resultados do teste, por meio de um gráfico (ver resultados, gráfico 3), pode induzir o leitor a um erro de interpretação, uma vez que os pontos da curva representam a média do esteno de cada fator. Do ponto de vista estatístico, o correto seria o uso da mediana, porque os fatores de personalidade não têm uma distribuição contínua como, por exemplo, o peso e a idade. O gráfico sugere diferença significativa entre os dois grupos em G (Consciência), I (Brandura) e M (Imaginação), porém, como foi visto acima, encontrou-se diferença significativa, do ponto de vista estatístico, somente em I e M. Conclui-se que, ao se usar a média dos estenos dos fatores e não a mediana, encontram-se diferenças entre os dois grupos que, na realidade, não existem.

A observação do gráfico mostra que alunos de ambos os gêneros concentram-se próximo ao limite superior (7) em Q1 (abertura a mudanças), o que significa que, em relação à população geral brasileira, esses alunos apresentam o perfil do Experimentador, ou seja, tendem a pensar em formas novas e melhores de fazer as coisas, gostam de quem expressa pontos de vista diferentes e se aborrecem com o trabalho que é familiar e rotineiro. Costumam interessar-se por assuntos de ordem intelectual, e são capazes de criticar e de levantar dúvidas relativas a conceitos básicos, submetendo à crítica conceitos fundamentais. Céticos e inquiridores, tendem a ser pouco moralizadores e mais tolerantes com as inconveniências da vida.

Outro achado dessa observação é que a média do fator Q3 (Disciplina) dos alunos é um pouco mais baixa do limite proposto para a população de referência (4), enquanto que a das alunas é próxima a esse limite. Isso seria, em princípio, surpreendente, pois significa Sem Autodisciplina, ou seja, que esses alunos tendem a deixar as coisas à própria sorte, sentem-se à vontade em ambientes desorganizados, não valorizam a força de vontade, são pouco atenciosos e dedicados, além de não levar em consideração as exigências sociais. Esses achados, a princípio, contradizem os dados da literatura, que descreve os alunos de medicina como indivíduos que possuem um perfil de personalidade com traços obsessivos (Martins, 1990; Schneider, 1991). É possível que essa aparente contradição se deva ao momento em que os alunos estavam passando quando da realização do teste, nas primeiras semanas de aula, ocasião em que estavam ainda desfrutando o seu merecido descanso, após um ano ou mais de rigorosa preparação para o vestibular. Viviam, portanto, a "fase de euforia" (Millan *et al.*, 1991), um clima de festa que não combina com auto-controle e, menos ainda, com disciplina. Outra possibilidade é que os alunos de medicina e os médicos sejam muito disciplinados para algumas coisas e pouco para outras, o que pode ter sido detectado pelo teste. A observação desse curioso fenômeno não é difícil de ser feita. Basta ir à sala de espera de um médico e ver a expressão de desânimo dos pacientes que chegaram pontualmente, e que estão aguardando há muito tempo. Além disso, ouve-se com freqüência dos chefes de equipe de hospitais que conseguir que os médicos cumpram o horário e sigam a rotina é uma tarefa quase impossível de ser realizada. Finalmente, cabe lembrar que dos 180 alunos que iniciaram o primeiro curso pré-médico da FMUSP, em 1912, 58 perderam o ano por falta e 52 foram suspensos por indisciplina!

Quanto às escalas de validade (Estilo de Resposta), ambos os grupos apresentaram respostas dentro do intervalo considerado válido. Porém, os alunos apresentaram resultados superiores aos das alunas quanto à Aquiescência, ou seja, tendem a responder verdadeiro a um item com maior freqüência, sem se importar com o seu conteúdo. Uma possível explicação para esse achado é que os homens possuem maior dificuldade para entrar em contato com suas emoções, tendo, portanto, menor *insight*.

O 16 PF vem sendo utilizado com muita freqüência nas últimas décadas, principalmente para realização de estudos na área de medicina psicossomática (Medline, 2002). Porém, a sua utilização para o estudo da personalidade do estudante de medicina é recente. Green *et al.* (1991), do País de Gales, investigaram a correlação entre personalidade (16 PF) e performance acadêmica, e concluíram que não houve correlação significativa entre essas duas variáveis e tampouco entre os gêneros. Os mesmos autores realizaram um outro estudo utilizando o 16 PF e, mais uma vez, não encontraram correlação entre personalidade e performance acadêmica (Green *et al.*, 1993). Desta vez, porém, encontrou-se diferença de gênero em dois fatores, sendo que as mulheres apresentaram resultados inferiores em M (Imaginação) e em Q2 (Auto-suficiência), resultados semelhantes aos encontrados no presente estudo.

Com os mesmos objetivos, Peng *et al.* (1995) também utilizaram o 16 PF e concluíram que os alunos apresentaram estenos superiores em F (Preocupação) e H (Desenvoltura), enquanto as alunas apresentaram escores superiores nos fatores G (Consciência), L (Confiança) e Q3 (Disciplina). Esses resultados divergem dos outros estudos, possivelmente devido à diversidade da amostra, composta por estudantes oriundos da Malásia, Índia e China, com diferenças culturais marcantes em relação aos países do ocidente. Por sua vez, Meit *et al.* (1999) aplicaram o 16PF em primeiranistas da Faculdade de Medicina de West Virgínia e encontraram diferenças significativas entre os gêneros em sete fatores primários, possivelmente devido à utilização de testes paramétricos que, como foi visto anteriormente, não são adequados para a análise de perfis de personalidade. Mohammadreza *et al.* (1999) lançaram mão de diversos instrumentos para avaliar a personalidade de estudos de medicina, porém sem utilizar o 16 PF. Os resultados mostraram que alunos de ambos os gêneros possuem perfis de personalidade semelhantes, o que vem ao encontro dos resultados do presente trabalho.

TAT

A descrição dos aspectos formais da aplicação do TAT mostrou que, de modo geral, os alunos apresentaram grande disposição em cooperar com os aplicadores do teste, demonstrando ter uma postura bastante construtiva. O grande impacto emocional diante das pranchas, sofrido por alguns alunos, demonstra o vigor do teste em mobilizar emoções profundas. Esse impacto foi preponderante entre as alunas, o que poderia ser resultado de sua maior sensibilidade.

É curioso que dez alunos, sem distinção entre os gêneros, verbalizaram espontaneamente que o teste era muito difícil, sendo que alguns chegaram a mostrar insatisfação com a própria performance. Parece que esses alunos posicionaram-se diante do teste como se estivessem fazendo uma prova, situação que é mais familiar para eles. Diante dessa suposta tarefa cognitiva, queriam tirar boas notas, responder corretamente e agradar o examinador, como se existissem estórias corretas ou erradas. A atitude desses alunos diante do teste pode ser interpretada como um indício da existência de uma autocrítica exacerbada.

Para outros alunos, o impacto diante das pranchas foi paralisante, sendo necessário que o examinador os estimulasse para que pudessem realizar a tarefa proposta. Tal dificuldade pode estar ligada à presença de ansiedade ou de inibição. Um aluno apresentou ansiedade crescente no transcorrer do teste, o que pode ser interpretado como o fracasso de suas defesas psíquicas, que se enfraqueceram diante do aumento da intensidade de suas emoções.

Uma minoria de alunos, com predominância do gênero masculino, recusou-se a contar alguma estória, reagiu com cinismo e displicência ou fez comentários pejorativos no transcorrer da aplicação do teste. Tais reações podem ser vistas como conseqüência de um bloqueio emocional ou de fortes defesas psíquicas. Porém, outra possibilidade é que essas reações estejam ligadas à intensa agressividade desses alunos ou, até mesmo, ao seu sadismo.

A questão do sadismo do médico não é nova, já tendo sido tema de um comentário de Freud, quando afirmou que o desejo de tornar-se médico seria o desdobramento de uma disposição sádica infantil (ver capítulo sobre vocação médica). A forma de convívio entre os estudantes de medicina tanto no curso, como em competições esportivas e nos trotes, hoje proibidos na FMUSP, são testemunhos da existência desse sadismo. As barbáries ocorridas em competições entre faculdades de medicina, como a INTERMED, são indescritíveis, sendo que o nível de violência entre as torcidas chegou a tal ponto que a prefeitura de Ribeirão Preto proibiu que a competição voltasse a se realizar naquela cidade. Não é raro que um aluno seja hospitalizado após essas brigas e se tem notícia de que estudantes chegaram a ficar com seqüelas graves, irreversíveis, provocadas por agressões durante essas competições.

A relação entre alunos e professores de medicina, ocasionalmente, também é permeada por esse sadismo, de ambas as partes. Professores, por vezes, humilham seus alunos e os submetem a regimes de trabalho massacrantes, sob o argumento de que eles passaram por isso e que, portanto, os alunos também terão de passar. É a cultura do sadismo sendo transmitida de geração à geração, legitimada pela "ciência"! Uma pesquisa realizada por Baldwin *et al.* (1991), em dez faculdades de medicina norte-americanas, mostrou que o percentual surpreendente de 96,5% de alunos haviam sofrido algum tipo de maltrato durante o curso, como terem sido tratados aos gritos, obrigados a realizar tarefas como forma de punição, terem os créditos de seu trabalho desviados por terceiros e até mesmo terem sido agredidos fisicamente. Não houve diferença entre os gêneros, com exceção do fato de as mulheres terem sofrido assédio sexual com maior freqüência. Os principais agentes desses maus tratos foram, em primeiro lugar, os residentes, seguido dos médicos da faculdade, das enfermeiras, dos pacientes e dos próprios colegas de classe. Os autores indagam como é possível formar um médico gentil em um ambiente desses e indagam porque os alunos se submetem a isso, por tanto tempo, sem se queixar.

O pior de todos os sadismos, porém, é o do médico em relação ao seu paciente. Aquele que deveria ser o responsável pelo cuidado do outro transforma-se em um monstro, tal qual o já citado Dr. Hyde. Não faltam exemplos para ilustrar esse sadismo, mas, aqui, optou-se pela transcrição de um chocante depoimento do médico Drauzio Varella, relembrando fatos que ocorreram quando era estudante de medicina:

> *No meu tempo de faculdade, a maioria dos professores falava num tom educado com os alunos e elevava a voz para fazer perguntas ao doente, na cama. As mulheres todas eram dona Maria e os homens, seu Zé, sem exceção. No início, os alunos ficavam chocados, mas, com o passar do tempo, boa parte adotava a estupidez dos mais velhos como norma de conduta.*
> *Naquele tempo, as mocinhas que chegavam ao pronto-socorro do Hospital das Clínicas com sangramento ginecológico, provocado por abortos clandestinos, eram submetidas à curetagem uterina sem anestesia. Os chefes de serviço justificavam esse procedimento, por meio do qual o colo do útero é pinçado, tracionado com uma garra de metal e raspado por dentro com um instrumento em forma de pequena colher, dizendo que se dessem anestesia o pronto-socorro ficaria mais lotado ainda. Pareciam imaginar que, se deixassem de sentir dor, as moças engravidariam por prazer, só para fazer curetagem nas Clínicas.*
> *Nós, daquela geração de universitários rebeldes dos anos 60, obedecíamos como cordeiros às ordens superiores de curetar a sangue-frio. Não deve doer tanto assim, pensávamos, resignados* (Varella, 2000, p. E-10).

Felizmente, casos como esse são exceção e não a regra, o que não deixa de causar indignação. Cabe reafirmar, também, que a postura agressiva e destrutiva dos alunos durante a aplicação do teste foi uma exceção, pois o que se viu em relação à maior parte dos alunos foi uma postura construtiva e um desejo de colaborar. De qualquer forma, esse é um assunto preocupante e que merece ser investigado com cuidado, para que os responsáveis pela formação médica busquem formas de eliminar tão grave desvio, uma vez que, do ponto de vista psicanalítico, esses indivíduos apresentam um funcionamento mental primitivo, com falhas no mecanismo de sublimação e com preponderância da configuração esquizoparanóide.

A interpretação do conteúdo das estórias trouxe outros elementos importantes para a compreensão do que se passa em um nível profundo, do ponto de vista psicológico, com os estudantes que foram examinados. Sem distinção entre os gêneros, os alunos mostraram ter um bom contato com a realidade, o que vem ao encontro dos dados da literatura que sugerem que os alunos de medicina apresentem baixa incidência de quadros psicóticos (Fogel, 1983; Pasnau e Stoessel, 1994). Isso não é surpreendente, uma vez que indivíduos psicóticos têm grande dificuldade de ser aprovados no vestibular, não por falta de inteligência, mas por não apresentarem condições emocionais para se preparar adequadamente para as provas. Raramente, porém, um desses alunos consegue transpor esse obstáculo e chega até a se formar, com grandes percalços durante o curso, tanto na relação com os pacientes, como com seus colegas e professores.

Em encontros de serviços de assistência aos estudantes de medicina, tem-se realizado uma discussão, que não cabe ser aprofundada aqui, a respeito da necessidade de instituir uma triagem psicológica para o candidato ao curso médico. Aqueles que defendem esse ponto de vista, entre os quais me incluo, acreditam que uma profissão que lida com a vida humana não pode ter uma seleção apenas cognitiva, pois médicos despreparados emocionalmente colocarão em risco a vida de seus pacientes, mesmo que saibam de cor tudo o que está nos livros de medicina. Os que argumentam contra essa posição temem que a seleção seja feita de forma arbitrária, por ser subjetiva, e que acabe levando a injustiças. Cabe lembrar que, pela constituição brasileira, não é permitida a realização de qualquer outra seleção, no exame vestibular para medicina, que não seja a cognitiva. Paradoxalmente, qualquer estudante de outra área que deseje fazer um estágio em uma empresa passa por rigorosa seleção psicológica!

Voltando ao TAT, a escolha da profissão médica apareceu como um dos pilares da construção da identidade dos alunos, de ambos os gêneros, tendo a função inconsciente de ser um campo favorável para o exercício da reparação, para mitigar, conter e transformar os impulsos destrutivos em algo construtivo e aceito socialmente (sublimação) e para satisfazer seus desejos narcísicos de êxito e admiração. Esses achados confirmam, experimentalmente, as hipóteses clássicas acerca das motivações inconscientes da escolha da profissão médica, já citadas (Simmel, 1926; Krakowski, 1973; Ahumada, 1982; Schneider, 1991).

Como foi visto anteriormente, a capacidade de reparação é inerente à maturidade emocional, ou seja, à posição depressiva. Essa configuração emocional foi preponderante para ambos os gêneros. Observou-se, porém, que alguns alunos ainda apresentam dificuldades na elaboração dessa posição, com conseqüências distintas para os diferentes gêneros. Enquanto os alunos tendem a oscilar mais para a posição esquizoparanóide, onde inexiste a capacidade de reparação, as alunas, por apresentarem maior maturidade emocional, tendem a permanecer parcialmente na posição depressiva, com coloridos esquizoparanóides, trazendo como conseqüência o surgimento de pseudo-reparações onipotentes ou melancólicas, no último caso com sentimentos de impotência, desvalia e culpa persecutória.

Os resultados do TAT mostraram que a necessidade de reparação e a sublimação superaram, de longe, os desejos narcísicos de êxito e admiração como motivações inconscientes da escolha da profissão. Apesar disso, historicamente, os médicos são tidos como pessoas extremamente narcisistas e vaidosas. Quem sabe, essa minoria faça a fama. Dizem as más línguas que havia um médico que era tão vaidoso, mas tão vaidoso e cheio de si, que toda a vez que contava o pulso de suas pacientes subtraía dez batimentos! Essa vaidade manifesta-se de diferentes formas como a exposição exagerada na mídia (muitas vezes até por meio da contratação de um assessor de imprensa), pela exposição, também exagerada, de diplomas no consultório, pela ostentação de bens materiais, pela divulgação do atendimento realizado a clientes famosos, pela autopromoção no transcorrer da consulta, acompanhada de críticas a colegas, entre outras. A auto-experimentação realizada por médicos e estudantes de medicina, citada no capítulo sobre a história da profissão médica, por um lado poderia ser vista como um ato de heroísmo mas, por outro, como uma busca sem limites de admiração, de sucesso e de consagração, conseqüente a fortes pulsões narcísicas.

Chama a atenção que os alunos, de ambos os gêneros, vivem conflitos relacionados à tentativa de diferenciar-se das figuras parentais, aspectos característicos da construção da identidade do adolescente. Para superar essa fase, além de se diferenciar dos pais, os alunos terão de elaborar as perdas de experiências infantis, prazerosas, que tendem a não se repetir mais. O teste mostrou, também, que os alunos, de ambos os gêneros, têm como ideal do ego a realização profissional e o reconhecimento pessoal. Buscam esses objetivos com grande perseverança, sob o olhar de um superego tenaz.

Alguns alunos, com predominância do gênero feminino, apresentam um superego rígido e uma tendência a utilizar a racionalização e a formação reativa como mecanismos de defesa, configurando traços obsessivos de personalidade que, classicamente, são descritos entre os médicos (Schneider, 1991). Além desses traços, da maior maturidade e da tendência a apresentar quadros melancólicos, as alunas também mostraram ser mais responsáveis, ter boa capacidade de *insight*, ter grande necessidade de serem amadas e de corresponder às expectativas parentais, e vivem com maior freqüência conflitos decorrentes de relacionamentos afetivos. Os alunos, por sua vez, devido à menor maturidade emocional, apresentam dificuldade para lidar com o próprio mundo mental, sobretudo com os impulsos agressivos, que são mais intensos. São, também, mais competitivos e ambiciosos, mas inseguros quanto à própria capacidade para realizar seus projetos. Essas diferenças de gênero encontradas pelo TAT não surpreenderam, por serem típicas do desenvolvimento emocional de homens e mulheres.

Um aspecto que merece ser destacado é que o fato de os homens serem mais competitivos não significa, necessariamente, que a competição entre os médicos irá diminuir com a maior presença de mulheres na profissão. O filósofo espanhol Marías (1989) lembra que enquanto a rivalidade entre os homens é, sobretudo, profissional, ou seja, compete-se por um resultado, entre a mulheres a rivalidade é pessoal, o que é mais profundo e grave. Por sua vez, a psicanalista Silvia Lobo aborda a questão do ódio entre as mulheres e da difícil possibilidade de existir solidariedade entre elas. No seu desenvolvimento psíquico, a menina sofre um duro golpe narcísico ao tentar superar o abandono de seu primeiro objeto de amor e identificação, a sua mãe. Enlutada e decepcionada, volta-se para o pai, buscando nele a completude almejada. O olhar do pai sexualiza a menina e lhe concede a qualidade feminina, criando a ilusão ou o mito do homem como criador da mulher. Portanto, quando duas mulheres competem, o que está em disputa é a qualidade feminina, sendo que a rival é odiada por ameaçar-lhe roubar a própria feminilidade (Lobo, 1993).

Inter-relação entre os instrumentos de pesquisa

Apesar de terem sido utilizados, neste trabalho, quatro diferentes instrumentos de pesquisa, por vezes houve convergências de resultados, que serão destacadas a seguir.

A semelhança entre os dois grupos estudados salta aos olhos, tanto na entrevista, que abordou diretamente aspectos vocacionais, como nos testes psicológicos, que buscaram investigar o perfil de personalidade e a dinâmica inconsciente dos alunos. Evidentemente, essa comparação não pôde ser feita em sua plenitude no questionário socioeconômico, devido ao pareamento realizado entre os dois grupos, com o intuito de reduzir variáveis que pudessem distorcer os resultados do principal objetivo da pesquisa. Vê-se portanto que, de modo geral, homens e mulheres que ingressaram na FMUSP, em 2000, apresentam um perfil muito semelhante.

A importância da ascendência familiar profissional aparece no questionário do perfil socioeconômico, principalmente por parte dos alunos, e é reforçada na entrevista, onde os familiares aparecem como um dos modelos de identificação profissional. É possível que essa ascendência não seja exclusiva da medicina mas, certamente, tem grande importância desde os primórdios da profissão, como foi visto anteriormente.

A perseverança e a determinação quanto à escolha profissional podem ser observadas em diferentes momentos da pesquisa, constituindo um traço marcante da personalidade dos alunos. Ou seja, eles estão fortemente determinados a estudar medicina e a superar todos os obstáculos que possam surgir em seu trajeto. No questionário, chama a atenção que a maior parte deles enfrentou dois ou mais vestibulares, e que estão conscientes de que irão depender economicamente da família durante o curso. A entrevista mostra que, com freqüência, há uma opção precoce pela profissão médica. Mostra, também, a consciência que os alunos têm das condições da medicina nos dias de hoje e das dificuldades que irão encontrar durante o curso. Além disso, quase um terço deles foi desaconselhado a fazer medicina e, mesmo assim, não desistiu, e praticamente todos sabem que a profissão que escolheram irá interferir em sua vida privada.

Sem nenhuma exceção, os alunos responderam que acreditam ter, potencialmente, os atributos necessários para que alguém seja bom médico e mostraram-se otimistas quanto as suas expectativas profissionais, apesar de estarem conscientes dos obstáculos que terão de enfrentar no transcorrer de sua vida profissional e do mau momento pelo qual passa a profissão médica. O TAT mostrou que alunos, com predominância do grupo feminino, apresentam uma tendência a quadros melancólicos e que possuem traços obsessivos. Esses aspectos criam substratos próprios para que esses alunos reajam com quadros depressivos quando não correspondem as suas próprias expectativas ou diante de frustrações de sua vida acadêmica e, posteriormente, profissional, como baixas notas, dificuldades de relacionamento com colegas e professores, reprovação no exame para ingressar na residência, má evolução ou morte de um paciente, eventuais erros, más condições de trabalho, baixa remuneração, entre outras. Além disso, o fato de estarem estudando em um centro de excelência aumenta a pressão por uma boa performance.

Vê-se, portanto, que de modo geral esses alunos, que não são a maioria, já ingressam na faculdade com uma propensão a apresentar quadros depressivos, que vêm se configurando como a patologia psiquiátrica mais freqüente entre estudantes de medicina do mundo inteiro e que, em alguns casos, evolui, de forma dramática, até o suicídio (Loreto, 1971; Schawartz *et al.*, 1978 ; Lloyd e Gatrell, 1984; Chan, 1991; Millan *et al.*, 1991). É possível, também, que as dificuldades inerentes ao curso de medicina contribuam como fator desencadeante desses quadros. Os responsáveis pela elaboração do currículo médico devem estar atentos a isso e evitar desgastes desnecessários, que não acrescentam nada à formação do aluno, mas que podem ter um alto custo do ponto de vista emocional.

O TAT também mostrou que alguns alunos apresentaram uma tendência a permanecer grande parte do tempo na posição esquizo-paranóide, devido a dificuldades de elaborar a posição depressiva, ou seja, de se responsabilizar pelos seus impulsos agressivos e tolerar a culpa de tê-los dirigido a pessoas queridas. Esses resultados se repetiram no 16 PF, onde as alunas concentraram-se em maior número nos extremos inferiores em L (Confiança), mostrando que confiam e acreditam mais nas pessoas, em comparação aos alunos. Caso não haja um amadurecimento emocional desses alunos, pode-se estar diante de problemas graves, pois nessa configuração psicológica não há tolerância à frustração e todo aquele que não gratifica é visto como um inimigo ou perseguidor. Trata-se portanto de uma dissociação emocional, em que não há capacidade de gratidão e tampouco de reparação. Um médico, nessas condições, é capaz de cometer atos violentos contra si mesmo ou contra terceiros, o que, infelizmente, não tem sido raro em nosso meio. São indivíduos que apresentam transtornos de personalidade, em geral *borderlines*, paranóides ou associais, e não de psicóticos, como se poderia supor.

Enquanto o TAT mostrou que alunos de ambos os gêneros possuem criatividade, o 16 PF mostrou valores mais altos em M (Imaginação) para os alunos, porém as alunas não estão fora da média da população de referência brasileira e tampouco os alunos superaram essa média. Portanto, os resultados dos dois testes não parecem ser conflitantes. Além disso, a maior necessidade de corresponder às expectativas das alunas, observada no TAT, confirmou-se no 16 PF, onde os alunos apresentaram uma maior tendência à Auto-Suficiência (Q2). Por sua vez, o Fator I (Brandura), com resultados repetidamente superiores para as alunas no 16 PF, confirmou-se no TAT, onde mostraram ter maior capacidade de estar em contato com a própria subjetividade (capacidade de *insight*), o que se relaciona com sensibilidade.

Como foi visto em capítulos anteriores, a vocação médica é determinada por muitas variáveis psicológicas e socioeconômicas. Embora o senso comum leve a crer que diferença de gênero implica em diferenças marcantes de personalidade, isso nem sempre é verdade. Os resultados deste estudo sugerem que o sucesso em ingressar na FMUSP relaciona-se com um perfil de personalidade que não é determinado pelo gênero. Em outras palavras, isso significa que é possível que o perfil de personalidade influencie no sucesso do candidato, embora a seleção seja apenas cognitiva. Significa, também, que a vocação médica transcende o gênero.

As diferenças encontradas entre os gêneros podem ser enriquecedoras em uma profissão com tantas especialidades, como a medicina. A maior sensibilidade das alunas, observada no 16 PF e a sua maior capacidade de *insight*, que apareceu nos dois testes psicológicos, podem auxiliá-las na relação médico-paciente. A agressividade dos alunos, observada no TAT, aliada a sua auto-suficiência e imaginação, revelada pelo 16 PF, podem ser de grande utilidade, por exemplo, em situações de emergência. Esses são alguns exemplos, o que não significa que um aluno não possa estabelecer uma boa relação médico-paciente e tampouco que uma aluna não possa agir eficazmente em uma situação de emergência. Uma das maiores injustiças cometidas na medicina foi, e ainda é, a seleção de alunos para especialização tendo como critério principal o gênero. O mesmo também ocorre em concursos para altos cargos acadêmicos, como foi visto no capítulo sobre a FMUSP. Não há argumentos científicos que justifiquem isso, ou seja, seleções desse tipo são fruto de puro preconceito e de discriminação. Quem deve ser avaliado é a pessoa, independente de seu gênero. Caso tenha condições de exercer uma especialidade ou uma importante função acadêmica, por que não deve ser aceita?

Segundo Muszkat (1993), não se deve correr o risco de assumir o discurso de que a mulher é sempre vítima, posição que não é saudável, por enfraquecê-la ainda mais. Ser homem, em uma cultura patriarcal, também não é uma tarefa fácil por ter de cumprir a obsessão de ter um bom desempenho profissional e sexual, diz a autora, que afirma a seguir:

> *Homens e mulheres não são iguais, igualam-se apenas na sua incompletude. A preocupação com a igualdade aponta para a desmoralização do feminino. Quem sabe se nós, mulheres, ao invés de imitarmos os homens, assumíssemos a incompletude e nos preocupássemos com a restauração da dignidade do feminino?* (p. 78)

As palavras da autora são de grande pertinência em um mundo que busca superar os conflitos de gênero, utilizando, muitas vezes, um mecanismo tipicamente psicótico: a negação das diferenças. Longe de serem um problema, são exatamente essas diferenças que podem enriquecer homens e mulheres, trazendo um benefício tanto no campo social, como no psicológico.

A união de alguns elementos dos diferentes instrumentos de pesquisa aponta para a hipótese de que, em geral, os primeiranistas da FMUSP são possuidores de vocação médica. No questionário do perfil socioeconômico, observou-se o quanto esses alunos lutaram para ser aprovados no vestibular, uma vez que a maioria deles prestou duas ou mais vezes, além do fato de poucos terem ingressado em outros cursos, anteriormente. Na entrevista, chama a atenção a escolha precoce da profissão, a resistência ao desaconselhamento a estudar medicina, a identificação com médicos, o interesse em buscar informações sobre a profissão antes do vestibular, os atributos que acreditam ser necessários para que alguém seja um bom médico, a imagem que possuem do médico de sucesso, as críticas aos desvios da medicina atual e o fato de poucos alunos procurarem orientação vocacional.

No TAT destacou-se o fato de que a maioria dos alunos tem a medicina como um dos pilares da construção de sua identidade, com a função inconsciente de ser um campo favorável para a reparação que, como foi visto, está ligada ao altruísmo, o principal ingrediente da vocação médica. Chama, também, a atenção o fato de que o objetivo de vida desses alunos está ligado, predominantemente, à realização profissional e ao reconhecimento pessoal, o que buscam com grande perseverança. Por sua vez, o 16 PF mostrou que, em comparação ao restante da população, os alunos são abertos à mudança, ou seja, possuem espírito científico, o que é fundamental para quem deseja ser médico. Além disso, o fato de os alunos terem respondido o teste de forma confiável sugere que são pessoas íntegras, outro atributo essencial para o médico.

Em seu livro *Tempo e subjetividade no mundo contemporâneo*, Marília Millan (Millan, 2002) chama a atenção para o fato de que o século XX caracterizou-se, sobretudo, por um colossal desenvolvimento técnico-científico. Hipnotizados e seduzidos por isso, a humanidade tornou-se refém da satisfação imediata. Abandonaram-se as ideologias embasadas no bem comum, com conseqüente falência de valores como a solidariedade, a responsabilidade e a ética, aspectos nucleares da vocação médica. A soberania do presente torna a capacidade de prevenção seriamente abalada, "miopia temporal" que leva ao esquecimento da prática de cuidar do mundo e de prepará-lo para as gerações futuras. Acossados pela velocidade e pela satisfação narcísica de poder e onipotência, decepa-se o tempo de sua dimensão passada e futura, afirma a autora. Com isso, perde-se a possibilidade de conservar o passado enquanto memória e aprendizado, assim como a capacidade de prever e de prevenir problemas futuros. A medicina, por sua vez, insiste em aprender com o passado e esforça-se, cada vez mais, para adotar o modelo preventivo.

Se antes buscamos a eternidade pela adoração aos deuses, hoje acreditamos encontrá-la ocupando o lugar da própria divindade. A mídia que, no mundo globalizado, fornece in-

formações aos quatro cantos do planeta, em uma velocidade espantosa, nos confere a ilusão da onisciência. A tela do computador e a Internet permitem que estejamos em vários lugares e com várias pessoas ao mesmo tempo, o que nos faz acreditar em nossa onipresença. A capacidade de criar e re-criar rapidamente novos objetos leva-nos a crer em nossa ilimitada onipotência (p. 17-8).

Depara-se, aqui, com dois graves problemas. Alguém que acredita ter ocupado o lugar da divindade não necessita de médico. Mas quando, por força da natureza humana, acaba por adoecer, sente-se forçado a procurar um médico e o faz com muita raiva. O desejo de uma resolução imediata da doença, e a intolerância a eventuais efeitos colaterais e aos limites da medicina, fazem com que se confundam, com freqüência, intercorrências naturais do tratamento com o erro médico, trazendo um grave prejuízo à relação médico-paciente. Não é por acaso que se ouvem relatos de que muitos médicos são agredidos fisicamente por seus pacientes, principalmente em situações de urgência. Há, também, os pacientes que optam por procurar o fácil caminho das inúmeras terapias alternativas, que combinam magia e curandeirismo, prometendo curas rápidas e definitivas. Desprezam-se, assim, 2.400 anos de experiência da história da medicina.

Dando prosseguimento a sua reflexão, a autora afirma:

Sacrificar a temporalidade é um dos sintomas de algo maior e mais profundo: a derrocada da subjetividade. Na medida em que os objetos da tecnologia triunfam, o sujeito perde terreno e lugar. Assim, se por um lado ganhamos poder e satisfação narcísica, por outro perdemos o contato com nossa própria essência, que é necessariamente atravessada pela temporalidade (e pela morte), o que nos fragiliza e deprime... Fragilizados e roubados em nossa essência de ser no mundo, buscamos cada vez mais apoio nos objetos materiais e em figuras que nos definam e amparem (p. 118).

A leitura atenta desse texto demonstra que o espírito do mundo contemporâneo é diretamente oposto ao que se vê entre os primeiranistas da FMUSP. Investir em uma longa formação e ter como modelo o médico altruísta, humano, esforçado, responsável, humilde, paciente, honesto, aberto a novos conhecimentos, sensível e que valoriza o ser humano, é algo que, de fato, caminha na contramão do espírito pós-moderno, o que deve ser comemorado. Porém, indaga-se até quando esses alunos serão capazes de resistir às pressões para abandonar sua postura idealista e substituí-la por uma atitude cínica diante do sofrimento humano. Os professores de escolas médicas, que são importantes modelos para seus alunos, têm a difícil tarefa de manter viva a esperança de que, apesar de tudo, ainda é possível ser um médico com vocação, como fez Hipócrates, há 2.400 anos, e muitos outros médicos que o sucederam.

De acordo com Arruda (1999), o ensino em seu conteúdo é fugaz, sendo rapidamente esquecido, e o que fica é a postura do profissional que ensina, é o seu exemplo.

> *Através dos contatos individuais ou em grupos, vai sendo construída a identidade de cada um, para o exercício da função que se propõem, ou seja, de exercer a Medicina. Devemos nos ater a estes fatos, no sentido de procurar os professores mais amadurecidos, mais bem dotados e com posturas profissionais adequadas para preservar a sensibilidade do aluno, seu espírito humanitário, permitindo-lhe formar seus princípios éticos, de forma natural, oriunda de sua própria experiência* (p. 66).

O desenvolvimento da vocação médica

Assim como outros atributos do psiquismo humano, a vocação médica precisa desenvolver-se para alcançar a sua maturidade. Os elementos obtidos nesta pesquisa forneceram alguns subsídios para que se faça uma tentativa de elaborar um panorama desse desenvolvimento. Certamente, o que será apresentado a seguir é provisório e deverá ser modificado, à medida que outras populações de alunos de medicina sejam estudadas.

Tendo como ponto de partida a teoria de desenvolvimento da personalidade, proposta por Melanie Klein (Klein, 1974), pode-se supor que o estágio embrionário da vocação médica se dá no transcorrer do primeiro ano de vida, caso seja possível a elaboração da posição esquizopararanóide e, posteriormente, da posição depressiva. Isso significa dizer que, nos primeiros meses de vida, o bebê possui um ego extremamente frágil, o que faz com que viva qualquer experiência de frustração ou de desconforto de forma catastrófica, havendo intenso medo de aniquilamento. Há uma dependência absoluta da mãe, que ora é vista como um bom objeto, ao satisfazer a criança, e ora é vista como um objeto mau e perseguidor, quando a frustra. Não há, portanto, integração dos impulsos agressivos e amorosos. A conseqüente projeção desses impulsos faz com que o mundo seja visto de forma maniqueísta, o que leva à idealização de objetos internos e externos para aplacar os objetos perseguidores. Surgem, então, fantasias de que existem objetos onipotentes, que estariam acima da condição humana: seriam imortais, inatingíveis e donos da verdade absoluta. Há momentos em que a criança se identifica com o objeto idealizado e há outros em que os vê projetados em alguém como, por exemplo, os heróis das estórias infantis, que se contrapõem ao mal e sempre vencem. Quando o sentimento de onipotência está presente, desaparecem a dúvida, a insegurança e a necessidade de pedir ajuda a outras pessoas. Há a fantasia primitiva de que querer é poder e nega-se toda e qualquer fragilidade humana. Diante dessa configuração, não há preocupação com o outro e tampouco a possibilidade de sentir gratidão diante de uma ajuda. A inveja e o sadismo aparecem na sua forma mais bruta.

Quanto maior for a capacidade de acolhimento e continência da mãe, e quanto menos intensos forem os impulsos destrutivos inatos da criança e sua voracidade, maior a probabilidade de elaboração dessa configuração emocional e da entrada na posição depressiva, o que é fundamental para o desenvolvimento emocional. Gradativamente, o bebê percebe que seu amor e seu ódio são dirigidos para o mesmo objeto, o que faz emergir um sentimento de culpa, que se não for tolerado, fará com que haja uma volta à posição esquizoparanóide. Caso isso não ocorra, há uma progressiva integração dos impulsos agressivos e amorosos. Como conseqüência, surge a noção de responsabilidade pelos próprios atos, o respeito e a preocupação com os outros e uma maior segurança em relação aos recursos existentes. Aceitam-se, então, os limites, internos e externos, sem que isso implique conformismo, e surge a capacidade de amar o objeto sem o manto da idealização. A auto-estima estabelece-se de forma consistente e há maior flexibilidade em relação a si e aos outros. Desenvolve-se, então, a capacidade de sentir gratidão, a generosidade e o altruísmo, que constituem a semente da vocação médica.

Evidentemente que um bebê não tem condições de elaborar a posição depressiva a ponto de alcançar tudo o que foi descrito. Esse é um processo longo que, quando tem êxito, só acontece na idade adulta. Entretanto, por maior maturidade que um indivíduo tenha, em circunstâncias desfavoráveis poderá oscilar para a posição esquizoparanóide.

Durante a infância, o desejo de ser médico está ligado a fantasias que se manifestam no brincar, que se constitui em um espaço para elaborar ansiedades, e satisfazer desejos e curiosidades É nessa fase que surgem as primeiras identificações com médicos, porém de forma ainda imatura. O médico é visto como uma pessoa poderosa, carismática e adorada por todos, capaz de resolver qualquer problema e de salvar todas as vidas. Essa figura aproxima-se muito dos pajés, tidos como senhores da vida e da morte. A doença é vista como um inimigo que precisa ser eliminado a qualquer custo, de preferência, exorcizado. Não há, aqui, pessoas doentes, mas pessoas "tomadas" por doenças. Não é-à toa que seriados com médicos-heróis fazem tanto sucesso... Portanto, nessa fase, a satisfação narcísica é o principal atrativo da profissão médica, ou seja, ser poderoso e admirado por todos. Isso ocorre devido à fragilidade egóica, que facilita a oscilação da posição depressiva para a esquizoparonóide. Apesar disso, muitos já optam definitivamente pela medicina nessa fase.

Com a entrada na adolescência, gradualmente os heróis da infância vão sendo abandonados e passam a ser até menosprezados. Surgem, então, novos heróis, que ainda são idealizados, mas de forma menos intensa do que na fase anterior. É o momento das críticas e dos questionamentos, é o momento da busca da própria identidade. Surge, então, uma forte tendência à formação de grupos, que possuem a função de reafirmar a própria existência e de reassegurar a auto-estima. Os valores do grupo ganham, assim, grande importância e, em geral, possuem um tom reivindicatório, que, ocasionalmente, desemboca em atitudes anti-sociais. Surge, também nessa fase, o interesse por questões filosóficas e a indignação diante das injustiças sociais que para alguns adolescentes poderão ser superadas por meio da sua atuação como médico. Tudo isso ocorre concomitante ao desenvolvimento da sexualidade e diante de instabilidades de humor, que provocam turbulências no cotidiano do jovem, com momentos de grande revolta, raiva e depressão. Aqueles que já pensam em estudar medicina e que são filhos de médicos terão de superar o conflito típico da adolescência de diferenciar-se dos pais, porém sem destruir a identificação profissional. Novas identificações com familiares médicos, com amigos ou com o próprio médico da família ganham importância nesse delicado momento.

É, então, a partir da metade da segunda década de vida que o adolescente cria, em sua mente, a imagem do profissional que gostaria de ser. Essa imagem, progressivamente, vai ganhando forma e consistência até que, ao entrar na faculdade de medicina o aluno acredita que, em primeiro lugar, o médico deve ter características de personalidade peculiares, ou seja, deve ser altruísta, humano, esforçado, responsável, humilde, paciente, honesto, aberto a novos conhecimentos, sensível, que gosta do ser humano, sem preconceitos, deve ter ética e ser seguro. Além disso, deve ter uma habilitação profissional adequada, ou seja, ter conhecimento e competência, estar sempre atualizado, ter habilidade e experiência, boa formação, entre outras características cognitivas. Mas, para o futuro médico, é também necessário ter a capacidade de estabelecer uma boa relação com o paciente, saber ouvi-lo, respeitá-lo e transmitir confiança. Finalmente, o médico deve gostar de sua profissão e exercê-la com prazer. A realização econômica é vista como uma conseqüência natural do bom desempenho profissional e não como o único objetivo a ser alcançado. Para a maioria desses alunos, as citadas características de personalidade e o fato de alguém gostar da profissão médica são atributos que não podem ser ensinados, por serem intrínsecos à pessoa. É o que se chama de vocação médica.

Convictos de sua vocação, poucos alunos que ingressam no curso médico procuram orientação vocacional durante o segundo grau. Mas o desejo de estudar medicina não os satisfaz. Eles querem conhecer melhor a profissão e, para isso, conversam com médicos, visitam faculdades de medicina, assistem a palestras, procuram obter informações na mídia, em livros e até acompanham consultas e cirurgias. Na busca por essas informações, descobrem que a profissão não vai bem, pois os médicos são mal remunerados, não têm tempo para o lazer e para a família, são pouco reconhecidos por seu trabalho, há dificuldade para conseguir emprego ou para montar um consultório, muitas escolas médicas são de baixa qualidade, as condições de trabalho são ruins, há problemas na relação com os pacientes, as condições sociais do Brasil são precárias, há muita competição entre os médicos, a profissão é estressante, a medicina está desumanizada e há médicos com espírito muito comercial. Diante de tantas más notícias, muitos candidatos à profissão médica desistem e optam por outras áreas. Alguns, que ainda estavam em dúvida, também desistem após serem desencorajados por familiares, amigos, namorados(as) e até por seus médicos.

Os que seguem adiante buscam obter informações mais detalhadas sobre o curso médico e descobrem que terão de enfrentar muitas dificuldades como a falta de tempo para o lazer, para estar com a família, e com antigos amigos e para namorar. A relação com os pacientes muitas vezes é difícil, há muita matéria para estudar, o curso é estressante e no final terá de enfrentar a seleção para a residência. Mais uma vez, muitos alunos colocam na balança a sua vocação de um lado, esses obstáculos de outro e aça bam por desistir de prestar vestibular para medicina.

Surge, então, um novo e difícil obstáculo: o próprio exame vestibular. Poucos são aprovados na primeira vez, sendo mais freqüente duas, três ou até quatro tentativas. Inúmeros candidatos abandonam a idéia de estudar medicina, após serem reprovados. Outros, lamentavelmente, por dificuldades financeiras para se preparar, de forma adequada, desistem antes do primeiro vestibular ou, quando chegam a prestar, fracassam por terem estudado em escolas públicas, cujo nível de ensino é insatisfatório. Infelizmente, perdem-se, assim, indivíduos com grande vocação para a medicina, uma vez que as dificuldades socioeconômicas constituem-se em um forte fator limitante para o desenvolvimento da vocação médica.

Os sobreviventes aprovados no vestibular são otimistas pois, apesar de tudo, acreditam que estudando medicina irão realizar-se pessoalmente, terão trabalho, uma remuneração justa, serão bons profissionais, obterão a gratidão dos pacientes, estarão sempre atualizados, terão uma atuação social, serão respeitados pelos outros médicos e estarão bem com sua família. Enfim, confiantes na sua vocação, acreditam que terão condições de superar os obstáculos e de se realizar tanto no campo profissional, como no pessoal.

No que se diz respeito ao perfil de personalidade, esses alunos encontram-se na média da população quanto à estabilidade e tensão emocional, à apreensão, à sobriedade, ao fato de serem conscienciosos diante do que é eticamente correto, quanto à tendência a ser afirmativo ou humilde, à tendência em confiar nos outros, à desenvoltura, à autoconfiança e ao requinte. As alunas tendem a ser mais brandas ou sensíveis do que os alunos que, por sua vez, tendem a ser mais criativos do que as alunas, sempre dentro da média da população. Ambos estão nos limites superiores quanto à abertura à mudança, e nos limites inferiores da disciplina.

Ao serem observados mais profundamente, vê-se que esses alunos, em sua maioria, possuem uma personalidade integrada, são generosos, sentem prazer em ajudar as pessoas, sendo, portanto, altruístas. A escolha da profissão configura-se como um dos pilares de sua identidade e o desenvolvimento profissional é perseguido com grande perseverança. As alunas possuem maior maturidade emocional, maior senso de responsabilidade e maior capacidade de *insight*. Possuem, ainda, grande necessidade de serem amadas e apresentam quadros melancólicos com maior facilidade. Por sua vez, os alunos são mais agressivos, ambiciosos e competitivos mas, ao mesmo tempo, inseguros, com uma tendência maior à dissociação psicológica.

O ingresso na faculdade, justamente comemorado, marca o início da lapidação da vocação médica. Os professores, novos modelos de identificação, têm um papel importante nesse processo de amadurecimento, que consiste, principalmente, na percepção dos limites da medicina, da aprendizagem, do ser humano, do médico e do paciente. Algo que é tão fácil de ser dito e tão difícil de ser vivido, e assimilado com consistência. Por essa razão, espera-se que o curso médico tenha o importante papel não apenas de ensinar as matérias que estão nos livros, mas também de criar condições para que seus alunos possam desenvolver sua vocação médica de forma satisfatória.

Durante o curso médico, alguns alunos abandonam a faculdade. Porém, são minoria, assim como os médicos formados que procuram outras atividades. A desistência da medicina é, em geral, uma decisão mais saudável do que a permanência nessa atividade sem ter vocação, o que certamente traz grande frustração e infelicidade, pois os sacrifícios impostos pela profissão serão vividos sem os benefícios que ela pode oferecer, o que provocará raiva e revolta.

A vocação médica transcende as especialidades. Não importa se um médico está em seu consultório conversando com um paciente ou em um laboratório examinando uma lâmina. O médico sem vocação examina a lâmina mecanicamente e perde a noção de que por trás daquela imagem existe uma pessoa que sofre. Por sua vez, o clínico sem vocação examina o seu paciente apressadamente, buscando se livrar de uma tarefa que o aborrece. O médico genuíno, aquele que tem vocação, não examina apenas lâminas, examina lâminas de pessoas que estão doentes e que necessitam de sua ajuda. Ele conversará com interesse com seus pacientes e fará o possível para ajudá-los a superar sua doença, ou então dará conforto e apoio caso se trate de uma situação irremediável.

Não é raro que indivíduos sem vocação médica atuem na profissão, por inúmeras razões. Alguns utilizam perversamente a medicina como forma de exercer poder e controle sobre o paciente, outros estão interessados apenas no retorno econômico, ou em satisfazer sua vaidade. Há, também, aqueles que buscam, perversamente, atuar seu sadismo em seus pacientes, enquanto outros procuram satisfazer seu masoquismo submetendo-se a condições de trabalho subumanas. Alguns médicos, apesar de terem vocação, acabam gradativamente, por opção, afastando-se da medicina para se dedicar a outras atividades como a política e o comércio, a literatura, entre outras. Conclui-se que não basta ser médico, é necessário manter-se médico!

Perspectivas para futuras pesquisas

No início do século XXI, quando as atenções estão dirigidas cada vez mais para os avanços tecnológicos da medicina, ficando os aspectos humanísticos em segundo plano, torna-se premente dar continuidade ao estudo da vocação médica. Como perspectiva, seria interessante realizar estudos comparativos em diferentes escolas médicas, com alunos de outras áreas e, também, com vestibulandos. Além disso, seria enriquecedora a realização de um estudo prospectivo com os alunos que participaram da pesquisa, com o intuito de observar o seu desenvolvimento vocacional, no transcorrer do curso. Esses resultados poderão ser úteis aos vestibulandos, aos alunos e professores de medicina, àqueles que se dedicam à psicologia médica, à orientação vocacional, aos serviços de assistência psicológica aos estudantes de medicina e aos responsáveis pela elaboração dos currículos dos cursos médicos.

Conclusões

Os resultados obtidos neste trabalho possibilitam chegar às seguintes conclusões:

- Foram encontradas poucas diferenças entre os dois grupos estudados.

- Confirma-se a importância da tradição familiar como um elemento da vocação médica, assim como a identificação com terceiros.

- O nível socioeconômico é um fator limitante para o ingresso na FMUSP.

- Os alunos são perseverantes, raramente optam por outras áreas antes da medicina e tendem a fazer sua escolha precocemente.

- Os alunos são otimistas quanto ao seu futuro e quanto a sua capacidade, apesar de estarem conscientes das dificuldades que encontrarão durante o curso e no transcorrer de sua vida profissional.

- Alunos de ambos os gêneros possuem uma visão hipocrática (humanista) da medicina.

- Os resultados vão ao encontro das teorias vocacionais psicológicas e sociais, mas refutam as teorias econômicas.

- A entrevista e o teste projetivo monstraram que os alunos possuem uma verdadeira predisposição altruísta e que a profissão médica ocupa uma posição central em suas vidas.

- Os resultados sugerem que o grupo estudado possui vocação médica, que deverá ser desenvolvida no transcorrer de sua vida acadêmica e profissional.

• **A vocação médica transcende o gênero.**

7. Referências bibliográficas

ACKERMAN, S.J.; HILSENROTH, M.J.; CLEMENCE, A.J.; WEATHRILL, R.; FOWLER, J.C. "Convergent validity of Rorschach and TAT scales of object relations". *Journal of Personality Assessment*, v. 295-306, 2001.

AHUMADA, J. "Sobre el delirio inconsciente de bondad y ayuda". *Psicoanálisis*, v. 4, n. 2, p. 405-3, 1982.

ALEXANDER, F.G.; SELESNICK, S.T. *História da psiquiatria*. São Paulo, IBRASA, 1968, 573 p.

ALEXANDER, S.F.; LYON, L.J.; NEVINS, M.A.; YCRE, L.R.; TRAYER, S.T. "Ten years of orienting college students to carrers in medicine". [Comentário.] *JAMA*, v. 267, n. 24, p. 3330-1, 1992.

ALLPORT, G.W. *Psicologia de la personalidad*. Buenos Aires, Editorial, 1961, 578 p.

AMERICAN PSYCHIATRIC ASSOCIATION – *Manual Diagnóstico e Estatístico dos transtornos mentais*. 4. ed. Porto Alegre, Artes Médicas, 1995, 830 p.

ANDERSON, J. "Doctors and their careers: the future?" [Letter.] *British Journal of Hospital Medicine*, v. 54, n. 5, p. 235, 1995.

ANDRADE, A.G.; BASSIT, A.Z.; MESQUITA, A. M. "Prevalência do uso de drogas entre alunos da Faculdade de Medicina da Universidade de São Paulo (1991-1993)". *Revista ABP-APAL*, v. 17, p. 41-46, 1995.

ANDRADE, M.P.M. *As defesas psíquicas dos estudantes de medicina São Paulo, 2000*. 100 p. Tese (Doutorado) – Escola Paulista de Medicina, Universidade Federal de São Paulo.

ARON, E.; THOUVENOT, A.; MARTIN, M.; BARUS, J.; TAJAN, A. "La vocation médicale". *Ann Med Psychol*, v. 126, p. 493-504, 1968.

ARRUDA, P.C.V. "As relações entre alunos, professores e pacientes". *In*: Millan, L.R.; De Marco, O.L.N.; Rossi, E.; Arruda, P.C.V. *O universo psicológico do futuro médico*. São Paulo, Casa do Psicólogo, p. 43-73, 1999.

ARRUDA, P.C.V. "Depoimento ao Grapal". *In*: Millan, L.R.; De Marco, O.L.N.; Rossi, E.; Arruda, P.C.V. *O universo psicológico do futuro médico*. São Paulo, Casa do Psicólogo, p. 192, 1999.

ARRUDA, P.C.V.; MILLAN, L.R. "A vocação Médica". *In*: Millan, L.R.; De Marco, O.L.N.; Rossi, E.; Arruda, P.C.V. *O universo psicológico do futuro médico. São Paulo, Casa do Psicólogo*, p. 15-29, 1999.ASSIS, M. *Dom Casmurro*. São Paulo, Novo Século Editora, p. 61, 2002.

BAIRD, L.L. "The caracteristics of medical students and their views of the first year". *Journal of Medical Education 50*, p. 1092-1099, 1975.

BALDWIN, W.C.; DAUGHERTY, S.R.; ECKENFELS, J. "Student perceptions of mistreatment and harassment during medical school". *The Werstern Journal of Medicine*, v. 155, p. 140-5, 1991.

BALDWIN, D.C.; HUGHES, P.H.; CONARD, S.E.; STORR, C.L.; SHEEHAN, D.V. "Substance use among senior medical students". *JAMA*, v. 265, p. 2074-8, 1991.

BALINT, M. *El médico, el paciente y la enfermedad*. Buenos Aires, Editorial Libros Básicos, v. 2, p. 79, 1961.

BARONDESS, J.A.; GLASER, R.J. "Attitudes toward the medical career: findings from the alpha omega alpha survey of college and university undergraduates". *Academic Medicine*, v. 68, n. 5, p. 323-28, 1993.

BEEDHAM, T. "Why do young doctors leave medicine?" *British Journal of Hospital Medicine*, v. 55, n. 11, p. 699-701, 1999.

BEGLIONINI, H. "Sociedade reúne 350 médicos escritores". *Jornal do CREMESP*, v. 18, n. 137, p. 16, 1999.

BELLODI, P.L. *Personalidade e escolha de especialidade médica: o clínico e o cirurgião para além dos estereótipos*. Tese (Doutorado) – Instituto de Psicologia, Universidade de São Paulo. São Paulo, 1999, 290 p.

BELLODI, P.L.; MARTINS, M. A. "Projeto tutores: da proposta à implantação na Graduação da Faculdade de Medicina da Universidade de São Paulo (FMUSP)". *Rev. HU-USP*, v. 11, n. ½, p. 52-8, 2001.

BELLODI, P.L.; CARDILLO, G.Z. "O aluno da FMUSP e seus colegas". *In*: *O perfil do aluno da Faculdade de Medicina da Universidade de São Paulo em 2002*. São Paulo, FMUSP, p. 11-9, 2002.

BELLODI, P. L.; CARDILLO, G.Z. "O aluno da FMUSP e sua vida pessoal". *In*: *O perfil do aluno da Faculdade de Medicina da Universidade de São Paulo em 2000*. São Paulo, FMUSP, 2002.

BINET, A.; SIMON, T. *The development of intelligence in children*. New York, Amo Press, 1973 [c 1916], 336 p.

BITTAR, R.E.; MARCONDES, E. "Critérios para seleção e organização de conteúdos: integração horizontal e vertical". Documento CEDEM, n. 4, p. 55-65, 1994.

BJORKSTEN, O.; SUTHERLAND, S.; MILLER, C.; STEWART, T. "Indetification of medical student problems and comparison with those other students". *Medical Educacion*, v. 58, p. 759-67, 1983.

BLASCO, P.G. *O médico de família, hoje*. São Paulo, Sobramfa, 1997, 201 p.

BLAU, P.M.; GUSTAD, J.W.; JESSOR, R.; PARNES, H.S.; WILCOOK, R.C. "Ocupational choice: a conceptual framework", *apud* Ferretti, C.J. *Uma nova proposta de orientação vocacional*. São Paulo, Cortez, 1997, 109 p.

BLAYA, M. *Dinâmica de grupo em psiquiatria*. Alter, v. 3, p. 193-200, 1972.

BLEGER, J. *Psicologia da conduta*. Porto Alegre, Artes médicas, 1989, 242 p.

BOHOSLAVSKY, R. *Orientação Vocacional – A estratégia clínica*. São Paulo, Martins Fontes, 1981, 221 p.

BORDIEU, P.; PASSERON, J.C. *Reproduction in education, society and culture*. London, Sage Publications, 1977, 254 p.

BOULOS, M. "Objetivos educacionais do ensino médico". *Documento CEDEM*, n. 4, p. 45-54, 1994.

BRITO, T. "Depoimento ao Grapal". *In*: Millan, L.R.; De Marco, O.L.N.; Rossi, E.; Arruda, P.C.V. *O universo psicológico do futuro médico*. São Paulo, Casa do Psicólogo, p. 201, 1999.

BRUNINI, C. *Aforismos de Hipócrates*. São Paulo, Typus/IBEHE, 1998, 173 p.

BYNDE, G. "Doctors and their careers: the future?" [Letter.] *British Journal of Hospital Medicine*, v. 54, n. 5, p. 235, 1995.

CABRAL, R.H.; CADAVAL, G.A.; ESMANHOTO, V.G.; FIGUEIREDO, R.M.B.; LIMA GONÇALVES, E.; MARCONDES, E.; NOVIS, V.F.; TOLEDO, M.L.; VILIBAR, R.A. *Perfil do aluno da Faculdade de Medicina da Universidade de São Paulo em 1991*. São Paulo, FMUSP, 1992, 51 p.

CAMPOS SILVA, L.B. *A escolha da profissão – uma abordagem psicossocial*. São Paulo, Unimarco Editora, 1996, 221 p.

CAPLOW, T. *The sociology of work*. Minneapolis, University of Minnesota Press, 1962, 330 p.

CARVALHO LOPES, O. *A medicina no tempo*. São Paulo, Edições Melhoramentos/ Editora da Universidade de São Paulo, 1970, 339 p.

CATELL, J.Mc.K. "Mental tests and measurements". *Mind*, v. 15, p. 373-81, 1890.

CATTELL, R.B.; EBER, S.W. *16 PF – Manual abreviado*. São Paulo, CEPA, 1997.

CHAN, DW. "Depressive symptoms and depressed mood among chinese medical students in Hong Kong". *Comper Psychiatry*, v. 32, p. 170-80, 1991.

CHUCK, J.M. "Do premedical students know what are they getting into?" *WJM*, v. 164, n. 3, p. 228-30, 1996.

COHEN, A.P. "Comentários acerca de la vocacion: sus relações com la adolescencia y la pasion". *In*: 2as Jornadas – Fantasias, Pensamento y Accion, Buenos Aires, 1995. *Anais*. Buenos Aires, Asociación Psicoanalítica de Buenos Aires, p. 295-311, 1995.

COHEN, J.J. "Too many doctors: a prescription of bad medicine". [Editorial.] *Academic Medicine*, v. 71, n. 6, p. 654, 1996.

COLQUITT, W.L.; KILLIAN, C.D. "Students who consider medicine but decide against it". *Academic Medicine*, v. 66, n. 5, p.273-8, 1991.

CONSELHO FEDERAL DE MEDICINA. "A profissão médica no mundo". *Medicina-Conselho Federal*, v.10, n. 87, p. 4, 1997.

CONSELHO FEDERAL DE MEDICINA. "Os riscos da chegada do Managed Care". *Medicina-Conselho Federal*, v. 12, n. 93, p.18-9, 1998.

CRITES, J.O. *Vocational psychology*. New York, McGraw Hill, 1969.

CUNHA, J.A.; FREITAS, N.K.; RAYMUNDO, M.G.B. "Catálogos de técnicas úteis". *In*: Cunha, A. J. (org.). *Psicodiagnóstico-R*. Porto Alegre, Artes Médicas, p. 135-218, 1993.

D'OTTAVIO A.E.; IMPERIALE, G.; VILLAR, I. "Why argentinian students studied medicine then and now". [Letter.] *Academic Medicine*, v. 72, n. 10, p. 833-4, 1997.

DE ANGELIS, C. "Women in medicine". *A.J.D.C.*, v. 145, p. 49-52, 1991.

DE ARMOND, M. "Stress among medical students". *Arizona Medicine*, v. 37, p. 167-9, 1980.

DE MARCO, O. L. N. "Para compartilhar de sua fome". *In*: Millan, L.R.; De Marco, O. L.N.; Rossi, E.; Arruda, P.C.V. *O Universo psicológico do futuro médico*. São Paulo, Casa do Psicólogo, p. 240-4, 1999.

DRUMMOND DE ANDRADE, C. "Verbo ser". In: DRUMMOND DE Andrade, C. *Menino antigo*. Rio de Janeiro, José Olympio Editora, p.112, 1974.

ERIKSON, E.H. *Identidade, juventude e crise*. Rio de Janeiro, Zahar, 1976, 324 p.Falcão, E.C. "Gaspar de Oliveira Vianna". *Médicos*, v. 1, n. 5, p. 40-7, 1998.

FEJARDO-DOLCI, G.E.; LAGUNA-GARCIA, J.; LEÓN-CASTAÑEDA, M.E.P.; GUTIÉRREZ, H. "Seleccion de la carrera y perspectivas de desarrollo profesional en estudientes de medicina". *Salud Publica de Mexico*, v. 37, n. 1 p. 31-6, 1995.

FERNANDEZ, A.F. *Fundamentos de La Psiquiatria Actual*. Madrid Editorial Paz Montalvo, 1979, 786 p.

FERRARI, H.A. "Acerca de la vocacion médica". *In*: FERRARI H.A. *Salud mental en medicina*. Buenos Aires, López Libreros Editores, p. 251-60, 1996.

FERRAZ, B. "Gerenciamento da Saúde – Maneged Care". São Paulo, *Jornal do CREMESP*, v. 17, n. 127, p.10, 1998.

FERRETI, J.C. *Uma nova proposta de orientação vocacional*. São Paulo, Cortez Editora, 1997, 109 p.

FOGEL, B.J. "Attending to the emotional problems of future physicians". *J. Florida*, v. 70, n. 111, 1983.

FOLHA DE S. PAULO. "Consultas médicas e venda de medicamentos pela Internet". São Paulo, *Folha de S. Paulo*, p. 1, 3º caderno, 12 jan. 1999.

FREITAS, N.K.; COSTA-FERNANDES, E. "TAT". *In*: Cunha, A.J. (org.). *Psicodiagnóstico-R*. Porto Alegre, Artes Médicas, p. 366-76, 1993.

FREUD, S. *Obras completas*. Madrid, Editorial Biblioteca Nueva, 1973, 3667 p.

FREUD, S. "Depoimento a Ernest Jones". *In*: Jones, E. *Vida e obra de Sigmund Freud*. Rio de Janeiro, Zahar Editores, p. 62-3, 1979.

FUNDAÇÃO FACULDADE DE MEDICINA. "Relatório Anual 2000". São Paulo, FMUSP, 2001, 48 p.

FUNDAÇÃO UNIVERSITÁRIA PARA O VESTIBULAR. "Vestibular FUVEST 2000: inscritos por opção de curso". http://www.script.fuvest.br, 2000.

FUVEST. "Vestibular 2000". São Paulo, 2000.

GELLATT, H.B. "Decision – Making: a conceptual frame of reference for counseling", *apud* Campos Silva, L.H. *A escolha da profissão, uma abordagem psicossocial.* São Paulo, Unimarco, 1996, 221 p.

GINZBERG, E. *Occupational choice, an approach to a general theory, by Eli Ginzberg.* New York, Columbia University Press, 1951, 271 p.

GINZBERG, E.; BRANN, E. "How the medical student views his profession and its future". *Inquiry*, v. 17, p. 195-203, 1980.

GOLDBERG, I. "Doctors and their carrers". [Editorial.] *British Journal of Hospital Medicine*, v. 53, n. 11, p. 545-46, 1995.

GOMES DO AMARAL, J.L.G. "Na Medicina 'moderna' há ainda lugar para os pacientes e seus médicos?" [Editorial.] *Jornal da APM*, n. 246, p. 2, 1999.

GORDIN, R.; JACOBSEN, S.J.; RIMM, A.A. "Similarities in the personalities of women and men who were first year medical students planning careers as surgeons". *Academic Medicine*, v. 66, n. 9, p. 560, 1991.

GOUGH, H.G. "What happens to creative medical students?" *Journal of Medical Education*, v. 51, p. 461-67, 1976.

GREEN, A.; PETERS, T.J.; WEBSTER, D.J.T. "An assessment of academic and personality". *Med Educ*, v. 25, p. 243-8, 1991.

GREEN, A.; PETERS, T.J.; WEBSTER, D.J.T. "Preclinical progress in relation to personality and academic profiles". *Med Educ*, v. 27, p. 137-42, 1993.

GREENLICK, M.R. "Educating physicians for the twenty first century". *Academic Medicine*, v. 70, n. 4, p. 179-185, 1995.

GRINBERG, L. *Culpa y Depression.* Buenos Aires, Editorial Paidos, 1963, 247 p.

GROVER, P.L.; RESSIER, K.E. "Diagnosis and treatment of academic frustration syndrome". *Medical Education*, v. 53, p. 734-40, 1978.

HAY, D.P. "Apologetic medicine". *Wisconsin Medical Journal*, v. 87, p.25, 1988

HEIMANN, P.; ISAACS, S.; RIVIERE, J. *Os progressos da Psicanálise*. Rio de Janeiro, Zahar Editores, p. 313-43, 1982.

HENRY, P.; LEONG, F.T.L.; ROBINSON, R. "Choice of medical specialty: analysis of students'needs". *Psychological Reports*, v. 71, p. 215-24, 1992.

HERSHENSON, D.B.; ROTH, R.M. "A decisional process model of vocation development", *apud* Campos Silva, L. H. *A escolha da profissão, uma abordagem psicossocial.* São Paulo, Unimarco, 1996, 221 p.

HOELLERICH, V.L. "Idealism and medical school". *Nebraska Medical Journal*, p. 343, december, 1982.

HOIRISCH, A. "O problema da identidade médica". Tese (Professor Titular) – Faculdade de Medicina, Universidade Federal do Rio de Janeiro. Rio de Janeiro, 1976, 113 p.

HOLLAND, J.L. *Tecnica de la eleccion vocacional, tipos de personalidad y modelos ambientales*. México, Trellas, 1973, 138 p.

HOLLINGSHEAD, A.B. *Elmtown's youth, the impact of social classes on adolescents.* New York, J. Wiley, 1949, 480 p.

IBGE. "Censo 2000". São Paulo, *Folha de S. Paulo*, Suplemento especial A1, p. 1-6, 9 de maio de 2002.

IGNARRA, R.M. "Medicina: representações de estudantes sobre a profissão". Tese (Doutorado) – Faculdade de Saúde Pública da Universidade de São Paulo. São Paulo, 2002, 96 p.

IMPERATO, P.J.; NAYERI, K. "First year medical student exprériences with being discouraged from entering medical school". New York, *New York State Journal of Medicine*, v. 91, n. 6, p. 243-44, 1991.

IRIART. C. "Managed Care – voracidade em direção à América Latina". *Ser médico*, v. 2, n. 9, p. 17-9, 1999.

JAQUEMIN, A.; IOZZI, M. "Rorschach – Como estímulo à fantasia". *In*: Cunha, A.J. (org.). *Psicodiagnóstico-R*. Porto Alegre, Artes Médicas, p. 399-433, 1993.

JATENE, A.D. "Depoimento ao Grapal". *In*: Millan, L.R.; De Marco, O.L.N.; Rossi, E.; Arruda, P.C.V. *O universo psicológico do futuro médico*. São Paulo, Casa do Psicólogo, p. 156, 1999.

JEAMMET, P.; REYNAUD, M.; CONSOLIS, S. *Psicologia Médica*. Rio de Janeiro, Ed. Masson, 1982, 421 p.

JONES, E. *Vida e obra de Sigmund Freud*. Rio de Janeiro, Zahar Editores, p. 62-3, 1979.

JORNAL DO CREMESP. "As primeiras Médicas Brasileiras". São Paulo, v. 18, n. 139, 1999.

JOSEPH, B. "A inveja na vida cotidiana". Trabalho apresentado em reunião científica da Sociedade Brasileira de Psicanálise de São Paulo. São Paulo, 1987, 16 p.

KAHLER, J.A.; SOULE, D.J. "A survey of students' attitudes toward medical school and factors motivating them to become phisician". *South Dacota Journal of Medicine*, p. 269-72, september, 1991.

KASSEBAUM, D.G.; SZENAS, P.L. "Factors influencing the specialty choices of 1993 medical school graduates". *Academic Medicine*, v. 69, n. 2, p. 164-70, 1994.

KASSIRER, J.P. "Doctor discontent". São Paulo, *Jornal do CREMESP*, v. 18, n. 138, p.16, 1999.

KERSEY, D.; BATES, M. *Please understand me: character & temperament types*. Del Mar, Prometheus Nemesis, 1984, 207 p.

KLEIN, M. "Algumas conclusões teóricas sobre a vida emocional dos bebês". *In*: Klein, M.; HEIMANN, P.; ISAACS, S.; RIVIERE, J. *Os progressos da Psicanálise*. Rio de Janeiro, Zahar Editores, p. 216-55, 1982.

KLEIN, M. *Contribuições à psicanálise*. São Paulo, Editora Mestre Jou, 1981, 539 p.

KLEIN, M. *Inveja e gratidão*. Rio de Janeiro, Imago Editora, 1974, 139 p.

KLEIN, M. "Notas sobre alguns mecanismos esquizóides". *In*: Klein M.; HEIMANN, P.; ISAACS, S.; RIVIERE, J. *Os progressos da psicanálise*. Rio de janeiro, Zahar Edirores, 1982.

KLEIN, M. *O sentimento de solidão*. Rio de Janeiro, Imago Editora, 1975, 156 p.

KNOW, P.; CAMPBEL, D.G.; WILLIAMS, MG. "Sociotropy and autonomy; preliminary evidence for construct validity using TAT narratives". *Journal of personality assessment*, v. 77, p.128-38, 2001.

KRAEPELIN, E. *Introduction à la psychiatrie clinique*. Paris, Vigot, 1907, 439 p.

KRAKOWSKI, A.J. "Doctor – Doctor Relationship III: A study of feelings influencing the vocation and its tasks". *Psychosomatics*, v. 14, p. 156-61, 1973.

KRAKOWSKI, A.J. "Stress and the practice of medicine II. Stressors, stresses and strains. Psychoter". *Psychosom*, v. 38, p. 11-23, 1982.

KRUIJTHOF, C.J.; VAN LEEUWEN, C.D.; VENTEVOGEL, P.; VAN DER HORST, H.E.; VAN STAVEREN, G. "Career. Perpectives of women and men medical students". *Medical Education*, n. 26, p. 21-6, 1992.

KWON, P.; CAMPBEL, D.G.; WILLIAMS, M.G. "Sociotropy and autonomy: preliminary evidence for construct validity using TAT narratives". *Journal of Personality Assessment*, v. 77, p. 128-38, 2001.

LACAZ, C.S. *Temas de medicina*. São Paulo, Lemos Editorial, 1997, 245 p.

LACAZ, C.S. "Depoimento ao Grapal". *In*: Millan, L.R.; De Marco, O.L.N.; Rossi, E.; Arruda, P.C.V. *O universo psicológico do futuro médico*. São Paulo, Casa do Psicólogo, p. 165, 1999.

LACAZ, C.S. *História da Faculdade de Medicina – USP*. São Paulo, Atheneu, 2000, 224 p.

LAPLANCHE, J.; PONTALIS, J.B. *Vocabulário de psicanálise*. São Paulo, Martins Fontes, 1997, 552 p.

LEUNG, G.M. "Do you have any regrets about entering medicine?" *Can Med Assoc*, v. 154, n. 8, p. 1231-32, 1996.

LIBERMAN, D. "Self corporal sojuzgado y self ambiental sobreadaptado". *In*: TERCER SYMPOSIUM Y CONGRESSO INTERNO, APDEPA, Buenos Aires, 1980, Anais, *apud* Ahumada, J. "Sobre el delirio inconsciente de bondad y ayuda". *Psicoanálisis*, v. 4, n. 2, p. 405-30.

LIMA GONÇALVES, E. "Pós-Graduação e Residência Médica no Brasil." *Documento CEDEM*, n. 1, p. 1-85, 1992.

LIMA GONÇALVES, E.; Marcondes, E. *Perfil do ex-aluno da Faculdade de Medicina da Universidade de São Paulo*. São Paulo, FMUSP, 1991, 72 p.

LLOYD, C.; GARTRELL, N.K. "Psychiatric symptoms in medical students." *Compr Psychiatry*, v. 25, p. 552-65, 1984.

LOBO, S. "O ressentimento feminino: a dor de se sentir não presenteada". In: SILVA, M.C.P.; BARROS FRANÇA, M.T.; DELLA NINA, M; TITAN, S.V.; ABP (org.). *Em busca do feminino – Ensaios psicanalíticos*. São Paulo, Casa do Psicólogo, p. 71-8, 1993.

LYONS, F.A.C.S.; PETRUCELLI, R.J. *História da medicina*. São Paulo, Editora Manole Ltda, 1997, 615 p.

MACHADO, M.H.; REGO, S.; OLIVEIRA, S.; LOZANA, J.A.; PEREIRA, S.R.; PINTO, L.F.; CAMPOS, M.; SERTÃ, F.; BRAGA, E.; BARCELLOS, E.R. *Os médicos no Brasil – um retrato da realidade*. Rio de Janeiro, Editora Fio Cruz, 1999, 244 p.

MANENTE, M.L.M.F. "A opção pela medicina: determinantes psicossociais – um estudo exploratório entre médicos residentes do Hospital São Paulo". Dissertação (Mestrado) – Escola Paulista de Medicina, Universidade Federal de São Paulo. São Paulo, 1992, 172 p.

MARAÑON, G. *Vocacion y ética*. Madrid, Zig-Zac, 1935.

MARCONDES, E. "Depoimento ao Grapal". In: Millan, L.R.; De Marco, O.L.N.; Rossi, E.; Arruda, P.C.V. *O universo psicológico do futuro médico*. São Paulo, Casa do Psicólogo, p. 175, 1999.

MARCONDES, E. "Humanidades no currículo médico – fundamentos humanísticos na formação geral do médico". São Paulo, *Rev. HU-USP*, v. 11, n. ½, p. 34-43, 2001.

MARGOTTA, R. *História Ilustrada da Medicina*. Lisboa, Reed International Books Limited, 1996, 192 p.

MARÍAS, J. *A felicidade humana*. São Paulo, Livraria Duas Cidades, 1989, 414 p.

MARTINS, L.A.N. *Residência Médica: um estudo prospectivo sobre dificuldades na tarefa assistencial e fontes de estresse*. Tese (Doutorado) – Escola Paulista de Medicina. São Paulo, 1990, 227 p.

MARTINS, M.A. "Depoimento ao Grapal". In: Millan, L.R.; De Marco, O.L.N.; Rossi, E.; Arruda, P.C.V. *O universo psicológico do futuro médico*. São Paulo, Casa do Psicólogo, p. 185, 1999.

MASCARETTI, L.S.; SANTOS, M.S.; CARDILLO, G.Z. "Os alunos da FMUSP, seus currículos e seus professores". *In*: *O perfil do aluno da Faculdade de Medicina da Universidade de São Paulo em 2000*. São Paulo, FMUSP, p. 20-30, 2002.

MASCARETTI, L.S.; SANTOS, M.S.; SAKAI, C.E.N.; CARDILLO, G.Z. "O aluno FMUSP, seu projeto de vida profissional". *In*: *O perfil do aluno da Faculdade de Medicina da Universidade de São Paulo em 2000*. São Paulo, FMUSP, p. 42-5, 2002.

MAZZIERI, B.R. *Símbolos na medicina*. São Paulo, Museu Histórico da Faculdade de Medicina da USP Professor Carlos da Silva Lacaz, 1995, 93 p.

MC DOUGALL, J. "Teoria sexual e psicanálise. *In*: CECCARELLI, P.R. (ed.). *Diferenças Sexuais*. São Paulo, Escuta, p. 11-25, 1999.

MÉDICOS. Maurício Oscar da Rocha e Silva. *Médicos*, v. 1, n. 5, p. 56-64, 1998.

MEIT, S.S.; YASEK, V.Y. "Personality traits of incoming WVU medical students: phase I gender findings". *The West Virginia Medical Journal*, v. 95, p. 123-6, 1999.

MELEIRO, A.M.A.S. *O médico enquanto paciente*. Tese (Doutorado) – Faculdade de Medicina, Universidade de São Paulo. São Paulo, 1998. 290 p.

MELLO FILHO, J. *Concepção psicossomática: visão atual*. Rio de Janeiro, Edições Tempo Brasileiro, 1979, 214 p.

MERRIL, J. M.; CAMACHO, Z.; LAUX, L.F.; THORNBY, J.I.; VALLBONA, C. "Authoritarianism's role in medicine". [Editorial.] *The American Journal of the Medical Sciences*, v. 310, n. 3, p. 87-90, 1995.

MERRIL, J.M.; CAMACHO, Z.; LAUX, L.F.; THORNBY, J.I.; VALLBONA, C. "Machiavellianism in medical students". *The American Journal of the Medical Sciences*, v. 305, n. 5, p. 285-88, 1993.

MILLAN, L.R. "O Curso Médico no Brasil". *In*: Millan, L.R.; De Marco, O.L.N.; Rossi, E.; Arruda, P.C.V. *O Universo Psicológico do Futuro Médico*. São Paulo, Casa do Psicólogo, p. 31-42, 1999.

MILLAN, L.R.; DE MARCO, O.L.N.; ROSSI, E.; MILLAN, M.P.B.; ARRUDA, P.C.V. "Alguns aspectos psicológicos ligados à formação médica". *Rev. ABP – APAL*, v. 13, p. 137-42, 1991.

MILLAN, L.R.; ROSSI, E.; DE MARCO, O.L.N. "A psicopatologia do estudante de medicina". *In*: Millan, L.R.; De Marco, O.L.N.; Rossi, E.; Arruda, P.C.V. *O Universo Psicológico do Futuro Médico*. São Paulo, Casa do Psicólogo, p. 83-101, 1999.

MILLAN, L.R.; ROSSI, E.; DE MARCO, O.L.N. "O suicídio entre estudantes de medicina". São Paulo, *Rev. Hosp.Clin.Fac. Med. S. Paulo*, v. 45, p. 145-9, 1990.

Millan, M.P.B. *Tempo e subjetividade no mundo contemporâneo*. São Paulo, Casa do Psicólogo, 2002, 137 p.

MILLER, D.C.; FORM, W.H. *Industrial sociology; an introduction of the sociology of work relation*. New York, Haper, 1951, 896 p.

MIRALLES, M.D.; CORRECHER, J.M.P.; RICO, R.C.; ROJAS, J.L.V.; POLO, F.C.; BARBERO, M.G.; HEREDIA, J.M. "La vocación por la especilidad de los estudiantes de medicina". Revista Clínica Española, v. 180, n. 6, p. 337-40, 1987.

MOHAMMADREZA, H.; GLASER, K.; XU, G.; VELOSKI, J.J.; CRISTIAN, E.B. "Gender comparisons of medical students psychosocial profiles". *Med Educ*, v. 35, p. 342-9, 1999.

MONTELEONE, P.P.R. "Robotização da medicina?" São Paulo, *Jornal do CREMESP*, v. 17, n. 127, p. 10, 1998.

MORAES SILVA, M.C.V. *TAT – Aplicação e Interpretação do Teste de Apercepção Temática.* São Paulo, Editora Pedagógica e Universitária Ltda, 1989, 58 p.

MURRAY, H.A. *TAT. Teste de Apercepção Temática.* São Paulo, Casa do Psicólogo, 1995, 35 p.

MUSZKAT, M.E. "Um e outro". In: SILVA, M.C.P.; BARROS FRANÇA, M.T.; DELLA NINA, M.; TITAN, S.V.; ABP (org.). *Em busca do feminino – Ensaios psicanalíticos.* São Paulo, Casa do Psicólogo, p. 71-8, 1993.

NASBY, W.; READ, N.W. "Personality profiles". *Journal of Personality*, v. 65, p. 854- 03, 1997.

NOTZER, N.; BROWN, S. "The feminization of the medical profession in Israel". *Medical Education*, n. 29, p. 377-81, 1995.

NUNES, M.L.T. "Entrevista psicológica". *In*: Cunha, J. A. *Psicodiagnóstico-R.* Porto Alegre, Artes Médicas, p. 29-63, 1993.

ONCKEN, L. "Dia Internacional da Mulher". *Jornal da APM*, n. 498, p. 3-4, 2000.

ORGANIZAÇÃO MUNDIAL DA SAÚDE. *Classificação de transtornos mentais e de comportamento da CID 10.* Porto Alegre, Artes Médicas, 1993, 351 p.

OSBORN, E.H.S. "Factors influencing students' choices of primary care or otherspecialties". *Academic Medicine*, v. 68, n. 7, p. 572-4, 1993.

OSBORN, E.H.S.; ERNSTER, V.L.; MARTIN, J.B. "Women's attitudes toward careers in academic medicine at the University of California, San Francisco". San Francisco, *Academic Medicine*, v. 67, n. 1, p. 59-62, 1992.

OUTEIRAL, J.O. "Prefácio à edição brasileira". *In*: Winnicott, D.W. *O ambiente e os processos de maturação.* Porto Alegre, Artes Médicas, p. 9-12, 1988.

PACHECO E SILVA, A. C. "A seleção dos estudantes de medicina". *In*: Pacheco e Silva, A. C.; Lipszic, S. L. *Estudantes de medicina de hoje*. São Paulo, Universidade de São Paulo, p. 65-70, 1962.

PACHECO E SILVA, A.C.; LIPSZIC, S.L. *Estudantes de Medicina de hoje*. São Paulo, Universidade de São Paulo, 1962, 70 p.

PARMLEY, W.W. "Do you want your child to become a doctor?" [Editorial.] *Journal of the American College of Cardiology*, v. 21, n. 2, p. 549, 1993.

PARSONS, F. "Choosing a vocation". Boston, Houghton Mifflin, 1909, *apud* Campos Silva, L.B. *A escolha da profissão – uma abordagem psicossocial*. São Paulo, Unimarco, 1996, 221 p.

PASNAU, R.; STOESSEL, P. "Mental health service for medical students". *Medical Education*, v. 28, p. 33-9, 1994.

PENG, R.; KHAN, H.H.; EDARIAH, A.B. "Personality and performance of preclinical medical students". *Med Educ*, v. 29, p. 283-8, 1995.

PEPITONE-ARREOLA-ROCKWELL, F.; ROCKWELL, D.; CONE, N. "Fifty two medical students suicide". *Am J .Psychiatry*, v. 138, p. 198-201, 1981.

PERSON, E.; OVESEY, L. "Teorias psicanalíticas da identidade de gênero". In: CECCARELLI, P.R. (ed.). *Diferenças Sexuais*. São Paulo, Escuta, p. 121-50, 1999.

PESSANHA, A.L.S. *Além do divã – um psicanalista conversa sobre o cotidiano*. São Paulo, Casa do Psicólogo, 2001, 217 p.

PIMENTA, S.G.P. *Orientação Vocacional e decisão – estudo crítico da situação no Brasil*. São Paulo, Edições Loyola, 1979, 135 p.

PINHEIRO, M.V. "A questão da saúde no Brasil". *Vitrô Psiquiatria*, v. 2, n. 2, p. 47-50, 1998.

PORTER, R. *The Cambridge illustrated history of medicine*. New York, Cambridge University Press, 1996, 399 p.

PRICE, P.B.; LEWIS, E.G.; LOUGHMILLER, G.C.; NELSON, D.E.; MURRAY, S.L.; TAYLOR, C.W. "Atributes of a good practicing physician." *Journal of Medical Education*, v. 46, p. 229-37, 1971.

RAMOS DA SILVA, M.L. *Personalidade e escolha profissional – subsídios de Keirsey e Bates para a orientação vocacional.* São Paulo, Editora Pedagógica Universitária, 1992, 129 p.

RIOS, I.C. "Tempos de pasteurização da subjetividade". *Ser médico*, v. 2.

ROCCO, P.R. "Relação estudantes de medicina-paciente". *In*: Mello Filho, J. *Psicossomática hoje*. Porto Alegre, Artes Médicas, p. 45-56, 1992.

ROGERS, D.E. "On entering medicine". *Bull.* New York, N.Y. Acad. Med., v. 69, n. 1, p. 61-8, 1993.

ROSENTHAL, M.P.; TURNER, T.N.; DIAMOND, J.; RABINOWITZ, H.K. "Income expectations of first-year students at Jefferson Medical College as a predictor of family practice specialty choice". *Academic Medicine*, v. 67,n. 5, p. 328-31, 1992.

ROSSI, E.; DE MARCO, O.L.N.; MILLAN, L.R. "O médico do futuro – Entrevistas com alunos da Faculdade de Medicina da Universidade de São Paulo". *In*: Millan, L.R; De Marco, O.L.N.; Rossi, E.; Arruda, P.C.V. *O Universo Psicológico do Futuro Médico*. São Paulo, Casa do Psicólogo, p. 213-39, 1999.

ROSSI, E.; DE MARCO, O.L.N.; MILLAN, L.R. "O passado, o presente, o futuro – entrevistas com professores da Faculdade de Medicina da Universidade de São Paulo". *In*: Millan, L.R; De Marco, O.L.N.; Rossi, E.; Arruda, P.C.V. *O Universo Psicológico do Futuro Médico*. São Paulo, Casa do Psicólogo, p. 155-206, 1999.

RUSSEL, M.; KAROL, D. *16 PF – quinta edição*. São Paulo, CEPA, 1999, 124 p.

SADE, R.M.; STROUD, M.R.; LEVINE, J.H.; GLENN, A.F. "Criteria for selection of future physicians". *Ann. Surg.*, p. 225-30, February, 1985.

SADEGHI-NEJAD, A.; MARQUARDT, M.M. "Medical school applicants and the appeal of medicine as a career". *The American Journal of Medicine*, v. 93, p. 335-37, 1992.

SANTOS FILHO, L. *História geral da medicina brasileira*. 2 v.São Paulo, Editora Hucitel/Editora da Universidade de São Paulo, 1991.

SANTOS FILHO, L. *Pequena história da medicina brasileira*. São Paulo, Buriti, 1966, 150 p.

SCHNEIDER, P.B. *Regards discrets et indiscrets sur le médecin*. Paris, Masson, 1991, 177 p.

SCHULTHEISS, O.C.; BRUNSTEIN, J.C. "Assessment of implicit motives with a research version of the TAT: picture profiles, gender differences, and relations to other personality measures". *Journal of Personality Assessment*, v. 77, p.71-86, 2001.

SCLIAR, M. *Paixão transformada – história da medicina na literatura*. São Paulo, Companhia das Letras, 1996, 307 p.

SCLIAR, M. "Oswaldo Gonçalves Cruz". *Médicos*, v. 1, n.5, p. 12-9, 1998.

SEGAL, H. *As idéias de Melanie Klein*. São Paulo, Editora Cultrix/ Editora da Universidade de São Paulo, 1979, 165 p.

SEGNINI, L. *Mulheres no trabalho bancário*. São Paulo, Edusp, p. 7, 1998.

SHAWARTZ, A.H.; SWARTZBURG, M.; LIEB, J.; SLABY, A.E. "Medical school and the process of desillusionment". *Medical Education*, v. 12, p. 182-85, 1978.

SHILL, M. "TAT measures of gender identity in father-absent males". *Journal of Personality Assessment*, v. 45, p. 136-46, 1981.

SIMMEL, E. "The doctor game, illness and the profession of medicine". *I.J.P.*, v. 7, p. 470-83, 1926.

SIMON, H.J. "Mortality among medical students". *J. Med. Educ.*,v. 43, p. 1175-82, 1968.

SIMON, R. "O complexo tanatolítico justificando medidas de psicologia preventiva para estudantes de medicina". *Bol. Psiq.*, v. 4, n. 4, p. 113-14, 1971.

SIVERSTON, S.E. "Why medical students become medical students." *Wisconsin Medical Journal*, v. 87, p. 23-5, 1988.

SMITH, A. *Investigación de la natureza y causas de la riqueza de las naciones*. Barcelona, Espana Bancaria, 1933, 343 p.

SOUZA, P.V. "Diagnóstico de orientação vocacional – o uso do TAT". *In*: GUNTERT, A.E.V.A. (org.). *A escolha profissional em questão*. São Paulo, Casa do Psicólogo, 1995, 347 p.

SPIEGEL, D.A.; SMOLEN, R.C.; JONAS, C.K. "Interpessonal conflicts involving student in clinical medical education". *Journal of Medical Education*, v. 60, p. 819-29, 1985.

STEINBROOK, R. "Money and career choice". [Letter.] *The New England Journal of Medicine*, v. 330, n. 18, p. 1311-2, 1994.

SUPER, D.E.; BOHN, M.J. *Psicologia ocupacional*. São Paulo, Atlas, 1972, 229 p.

VARELLA, D. "Espera na fila". São Paulo, *Folha de S. Paulo*, p. E-10, 12 de agosto, 2000.

VOCAÇÃO. *In*: *Enciclopédia Brasileira Mérito*, n. 20, p. 447. Porto Alegre, 1964.

WEEKS, W.B.; WALLACE, A.E.; WALLACE, M.M.; WELCH, H.G. "A comparison of educational costs and incomes of physicians and other professionals". *The New England Journal of Medicine*, v. 330, n. 18, p. 1280-94, 1994.

WEISSE, A. B. "Books doctors read". *Hospital Practice*, p. 68-76, october, 1993.

WENDER, L. "Psicoanalisis de la vocacion". *Rev. Psicoanal*. 1, v. 22, p. 69-97, 1965.

WERNECK, J.S. "Nota à segunda edição brasileira". *In*: Murray, H.A. *TAT – Teste de Apercepção Temática*. São Paulo, Casa do Psicólogo, 1995.

WHITEHOUSE, C. "Pre-medicine and selection of medical students". *Medical Education*, v. 31, Supplement 1, p. 3-6, 1997.

WINNICOTT, D.W. *O ambiente e os processos de maturação*. Porto Alegre, Artes Médicas, 1988, 268 p.

WOLF, T.M. "Stress and health: enhancing well-being during medical school". *Medical Education*, v. 28, p. 8-17, 1994.

WORLD HEALTH ORGANIZATION. *Classificação de Transtornos Mentais e de Comportamento da CID 10.* Porto Alegre, Artes Médicas, 1993, 351 p.

YANCIK, R. "Time of decision to study medicine: its relation to specialty choice". *Datagram*, v. 52, p. 78-81, 1977.

ZAHER, V.L. *Da vocação médica ao exercício profissional.* Tese (Doutorado) – Faculdade de Medicina, Universidade de São Paulo. São Paulo, 1999, 272 p.

ZELDOW, P.B.; PRESTON, R.C.; DAUGHERTY, S.R. "The decision to enter a medical specialty: timing and stability". *Medical Education*, v. 26, p. 327-32, 1992.

ZELDOW, P.B.; CLARK, D.C.; DAUGHERTY, S.R.; ECKENFELS, E.J. "Personality indicators of psychosocial adjustment in first year medical students". *Soc. Sci. Med.*, n. 1, p. 95-100, 1985.

ZIMERMAN, D. E. "A formação psicológica do médico". *In*: Mello Filho, J. *Psicossomática hoje.* Porto Alegre, Artes Médicas, p. 64-69, 1992.

Sobre os organizadores da coleção

Luiz Roberto Millan

Psiquiatra. Psicanalista. Doutor em Ciências pela Faculdade de Medicina da Universidade de São Paulo; Médico do GRAPAL – Grupo de Assistência Psicológica ao Aluno – da Faculdade de Medicina da Universidade de São Paulo. Membro Associado da Sociedade Brasileira de Psicanálise de São Paulo. Co-autor do livro *O Universo Psicológico do Futuro Médico.*

Orlando Lúcio Neves de Marco

Psicólogo. Psicanalista. Psicólogo do GRAPAL – Grupo de Assistência Psicológica ao Aluno – da Faculdade de Medicina da Universidade de São Paulo. Co-autor do livro *O Universo Psicológico do Futuro Médico.*

Plinio Montagna

Médico Psiquiatra e Psicanalista. Pós-graduação em Psiquiatria no Institute of Psychiatry da Universidade de Londres como bolsista da OMS, mestre em Psiquiatria pela Faculdade de Medicina da USP, formação em Psicodrama pela Sociedade de Psicodrama de SP, da qual foi presidente. Psicanalista didata e docente do Instituto da Sociedade Brasileira de Psicanálise de São Paulo. Presidente da Associação Brasileira de Psicoterapia e do Comitê de Psicanálise e Psicoterapia da APM. Foi Professor Assistente de Psiquiatria da FMUSP. Ex-Presidente da Associação Brasileira de Psicanálise.